Comptabilisez vos succès!

La simulation de cas intégrés : guide du candidat

Comptabilisez vos succès!

La simulation de cas intégrés : guide du candidat

par

Sylvie Deslauriers, PhD

MSc BAA FCMA CA CGA

professeure en Sciences comptables

Université du Québec à Trois-Rivières

AB + Publications

Comptabilisez vos succès!
La simulation de cas intégrés : guide du candidat
par Sylvie Deslauriers

© 2007 AB + Publications

Conception graphique et infographie : Sabina Kopica et Maxim Regnaud
Couverture : Sabina Kopica
Lecture commentée : Marie-Ève Caron-Laramée
Mise en page : Marie-Ève Caron-Laramée

205, Vachon #2
Trois-Rivières, Québec
Canada
G8T 1Z6
819-379-6730 (téléphone)
819-379-1243 (télécopieur)
info@ABplusPublications.com
www.ABplusPublications.com

ISBN 978-0-9738038-1-5

Dépôt légal : 2007, révisé en 2009
Bibliothèque nationale du Canada
Bibliothèque et Archives nationales du Québec

Imprimé au Québec, Canada

Version anglaise de ce volume :
Accounting for success! The candidate's guide to integrated case simulations
AB + Publications, 257 pages, © 2005.   ISBN 978-0-9738038-0-8

À mes parents

Alice et Jean-Guy

Remerciements

J'aimerais tout d'abord souligner la collaboration de mes collègues du département des Sciences comptables de l'Université du Québec à Trois-Rivières. Leur confiance inébranlable en ma capacité de mener à bien la rédaction de ce volume a certes été un élément de motivation, et je leur en suis reconnaissante.

Mes remerciements s'adressent également à mes collègues des autres universités. Leur accueil rapide et enthousiaste de la toute première version de mon volume a été une source d'encouragement non négligeable. De même, son utilisation répandue au Québec m'a grandement encouragée à le faire traduire pour les marchés canadien anglais et américain.

Je tiens à exprimer ma gratitude aux étudiants et aux candidats qui simulent des cas multidisciplinaires. Merci à vous tous de votre présence, de votre désir d'exceller dans votre discipline et, surtout, de la confiance que vous accordez à vos professeurs. Cotoyer des étudiants motivés est un cadeau des plus appréciés.

Merci à Marie-Ève, qui a accepté au pied levé de participer à la finalisation de ce volume. J'ai apprécié sa motivation et son professionnalisme. Un merci particulier à mon amie Marie-Ginette pour son soutien moral constant.

Enfin, j'aimerais exprimer toute ma reconnaissante à mon mari Christian, qui a toujours cru que j'arriverais à respecter un échéancier plutôt serré, ce qui m'a valu plusieurs petits cafés moka toujours servis au bon moment.

Sylvie
xxx

Préface

Mon volume s'adresse aux étudiants et candidats qui doivent résoudre des cas intégrés multidisciplinaires au cours de leurs études en comptabilité.

Mes écrits sont le fruit de plus de vingt ans d'expérience dans la rédaction de cas, expérience issue de l'enseignement universitaire, de la consultation offerte à des bureaux d'experts-comptables ou de la correction d'examens professionnels. Les idées que j'y présente découlent de solutions, questions ou commentaires réels d'étudiants qui ont croisé mon chemin.

La rédaction initiale du livre Comptabilisez vos succès! s'est étalée sur plus de cinq ans. J'ai d'abord accumulé un grand nombre d'exemples, puis j'en ai fait une analyse poussée. Mon objectif était de simplifier, donc d'accélérer, le processus d'apprentissage par cas. Je sais, par expérience, que la résolution d'un cas multidisciplinaire, dans un contexte spécifique, constitue l'un des plus grands défis des études en comptabilité.

En adoptant un style direct, clair et précis, j'ai cherché à présenter les éléments clés de façon dynamique et intéressante, en y ajoutant une note d'humour à l'occasion. J'ai préféré m'adresser à chacun de vous plutôt que de me limiter à présenter une liste de concepts. C'est pourquoi je me sers de nombreux exemples et tableaux pour clarifier mes propos.

La résolution et l'analyse de cas sont un exercice qui requiert un bon jugement, et qui sert indéniablement à bonifier toute formation en comptabilité. Les bénéfices qu'on peut en retirer sont nombreux, tant au niveau personnel que professionnel. J'espère donc que vous prendrez plaisir à simuler des cas.

Tout commentaire – constructif – que vous me ferez parvenir sera le bienvenu, et je vous en remercie sincèrement.

Dr Sylvie Deslauriers

GLOSSAIRE

Terme	Définition
boîte (ou cadre) du cas	Ce sont les paramètres du travail à faire. Il sont définis par le rôle à jouer, la demande et l'axe central.
énoncé du cas	Le texte du cas lui-même ou le questionnaire de la simulation ou de l'examen. Il comprend le texte et les annexes.
axe central	Il s'agit du fil conducteur de la solution; très souvent quantitatif, précis et toujours concret. Il découle directement de la demande d'un cas.
guide d'évaluation	Contient les critères de correction d'un cas. Il existe plusieurs approches à l'évaluation : la correction globale, la correction semi-globale et le barème de correction.
indice du cas	Un fait provenant de l'énoncé du cas (texte et annexes) utilisé dans la solution à titre d'élément d'argumentation, de justification, de conclusion ou de recommandation.
solution proposée	Solution officielle à un cas, qui contient les idées qui offrent une solution adéquate, pas nécessairement complète. Il peut s'agir d'une réponse réelle d'un candidat.
plan de réponse	Liste des problèmes ou enjeux à traiter dans la solution, par ordre d'importance.

RUBRIQUES

POINT DE VUE   Observations découlant de l'expérience personnelle de l'auteure sur la lecture, la rédaction, la présentation et l'analyse d'un cas, de même que sur l'évaluation de la performance.

    Observations de l'auteure sur le processus de correction de la solution d'un cas.

Commentaire clé à retenir.

TABLE DES MATIÈRES

Partie 1 Lecture d'un cas

Partie 2 Contenu de la solution d'un cas

Partie 3 Présentation de la solution d'un cas

Partie 4 Analyse d'un cas

Lecture de la solution proposée **166**

Analyse du guide d'évaluation **176**

Correction d'une simulation **189**

Évaluation de sa performance **209**

Partie 5 Analyse de l'ensemble des cas

Notes personnelles sur le cas simulé **222**

Analyse globale des énoncés **235**

Analyse globale des solutions proposées **244**

Fiches-info par sujet **254**

Conclusion **267**

Partie 1
Lecture d'un cas

Aperçu du cas et du rôle à jouer
Lecture détaillée du texte
Lecture détaillée des annexes
Annotations
Aide-mémoire
Planification de la solution

2   La lecture active d'un cas est cruciale dans tout le processus de simulation ou d'examen. Vous devez comprendre la demande, puis planifier correctement la solution des divers problèmes ou enjeux. La lecture est l'étape où le candidat retrace les divers indices et aspects pertinents du cas qui l'aideront à le résoudre. Comme ceux-ci sont souvent dispersés en désordre dans l'énoncé du cas, une lecture méthodique est nécessaire pour arriver à bien saisir ce qu'il faut faire.

Personnellement, je crois que l'étape de la lecture exige au moins le quart, et parfois même jusqu'au tiers du temps alloué au cas. Par exemple, la lecture peut prendre de 21 à 28 minutes pour un cas de 84 minutes (35 points), de 60 à 80 minutes pour un cas de 4 heures (100 points) et de 75 à 100 minutes pour un cas de 5 heures (100 points).

Il existe cependant une situation où le temps de lecture est diminué : lorsque le texte d'un cas est séparé en deux parties remises aux candidats à deux moments différents. Dans cette situation, un « document de base » contenant divers renseignements sur l'entreprise et son secteur d'activité est distribué en premier. La deuxième partie, qui consiste en une dizaine de pages de « renseignements supplémentaires », est distribuée dans la salle de simulation ou d'examen. Lorsque cette stratégie a été adoptée, le « document de base » est remis aux candidats 48 heures avant l'examen proprement dit. Puisque les candidats ont eu l'occasion de prendre connaissance d'une partie de l'information à l'avance, il leur faudra moins de temps pour identifier et comprendre les problèmes ou enjeux à discuter. La lecture de l'énoncé d'un tel cas sera donc plus courte, c'est-à-dire de 50 à 60 minutes pour un cas de 4 heures. Je reviendrai sur les particularités de l'énoncé d'un cas « en deux parties » un peu plus loin.

Au début, il peut arriver que vous dépassiez le temps de lecture maximal suggéré ci-dessus, question d'apprendre à faire une lecture adéquate d'un cas et à mieux préciser le plan de réponse. Naturellement, le temps consacré à la lecture varie d'une situation à l'autre. Il dépend de la complexité du contexte, du travail à faire, à savoir si celui-ci est dirigé ou non, et de la difficulté à déterminer les problèmes ou enjeux à traiter.

Voici les trois principales étapes de lecture de l'énoncé d'un cas, étapes qui feront l'objet de plus amples explications dans les différentes sections de la première partie du présent volume.

1. Aperçu du cas et du rôle à jouer
2. Lecture détaillée du texte et des annexes en se servant d'annotations et d'un aide-mémoire
3. Planification de la solution

Aperçu du cas et du rôle à jouer

Lorsque vous décidez de simuler la rédaction d'un cas, vous devez rapidement en déterminer les composantes majeures. Dès les premières minutes, il est important de saisir les repères clés qui vous guideront tout au long de votre lecture. À mon avis, cette première partie de la lecture d'un cas ne devrait pas prendre plus de 5 minutes, un peu plus s'il s'agit d'un long cas de 4 ou 5 heures.

Voici les principales étapes de la démarche à suivre lors de la réception d'un cas.

Lire le travail à faire

En premier lieu, je suggère de lire le travail à faire ou travail à effectuer lorsque le cas prévoit une telle mention. Habituellement identifié comme tel, le travail à faire est court et situé entre le texte et les annexes. Il contient les énoncés généraux de la demande, qui vous guideront tout au long de votre lecture, dans le choix et l'utilisation des indices du cas. Personnellement, je prends le temps de lire attentivement et de réécrire l'essentiel du travail à faire sur une page distincte. Cela me permet de mieux en saisir le sens et de porter une attention accrue à chacun des mots mentionnés.

Chercher les paragraphes explicatifs

Il faut par la suite chercher le ou les paragraphes expliquant le travail à faire. Au nombre de un à quatre, parfois même cinq ou six, ils précisent ou complètent la demande. Ces explications supplémentaires sont souvent situées dans les paragraphes juste avant le travail à faire ou à la toute fin de la partie texte de l'énoncé du cas. Il faut donc regarder d'abord à cet endroit. Sinon, il faut chercher plus tôt, à la suite de la description de l'historique de l'entreprise, avant l'énumération du contenu des annexes ou après un bref compte rendu des personnes concernées par le dossier. Ces paragraphes explicatifs peuvent également être situés avant ou après une énumération de divers points à considérer.

Avec l'expérience, il vous sera de plus en plus facile de repérer ces paragraphes qui vous amèneront rapidement sur la bonne piste. D'ailleurs, ils sont habituellement regroupés ensemble, l'un à la suite de l'autre.

Voici quelques indices pouvant vous permettre de retracer ces paragraphes clés.

- Ils commencent parfois par des guillemets puisque le travail demandé est dicté par l'employeur ou le client, qui sont cités littéralement.

- Leur formulation fait également allusion à votre rôle. Ils débutent, par exemple, de la façon suivante : « Vous occupez depuis peu le poste de directeur du service de la comptabilité et vous faites face à… », ou encore, « M. Vitale fait appel à vos services de conseiller en gestion pour… ».

- Le problème ou l'enjeu à discuter est parfois clairement signalé au début du paragraphe. À titre d'exemple, cela peut débuter comme suit : « Le financement du nouveau produit reste à déterminer… », ou encore, « Sylvie ne sait pas à quel prix elle doit vendre son usine de fabrication ».

- La forme interrogative est parfois utilisée pour signaler clairement à quelle question vous devez répondre. Il peut s'agir d'une lettre comprenant une demande explicite : « Me suggérez-vous d'entreprendre des démarches pour faire inscrire des actions en bourse? ».

Puisque les paragraphes explicatifs complètent l'énoncé du travail à faire, ou travail à effectuer, il est préférable de les lire en même temps que celui-ci afin de les analyser simultanément. Vous obtenez ainsi un aperçu plus complet de la demande et pouvez mieux préciser le cadre de référence qui guidera votre lecture. Éventuellement, la détermination de « l'Objet » du cas sera un résumé précis et succinct de la demande.

4   Déterminer précisément le rôle à jouer

Il est très important de déterminer précisément le rôle à jouer, car cela influera sur toute la lecture du cas. Si vous êtes conseiller en gestion, par exemple, il faudra être à l'affût des décisions de gestion en suspens. Si, par contre, vous êtes vérificateur externe ou interne, il faudra identifier les éléments plus risqués qui exigent davantage d'attention. Le fait de comprendre le rôle à jouer guidera la lecture dans le sens voulu et facilitera la détermination des problèmes ou enjeux à résoudre. C'est comme un jeu de rôles où vous devez, le temps d'un cas, adopter la personnalité appropriée.

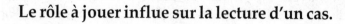

Le rôle à jouer influe sur la lecture d'un cas.

Voici l'exemple d'une phrase, tirée d'un cas, qui sera examinée d'un point de vue différent selon le rôle à jouer.

INFLUENCE DU RÔLE À JOUER SUR L'UTILISATION D'UN FAIT DU CAS

Phrase extraite de l'énoncé du cas : « Le directeur de la division reçoit un pourcentage du bénéfice net à titre de prime ».

Rôle à jouer	Aspects pouvant être traités dans la solution
Conseiller en gestion	– Le bénéfice net n'est pas nécessairement le meilleur moyen d'évaluer un dirigeant, car il peut contenir des éléments que celui-ci ne contrôle pas. – Il est préférable d'intégrer des éléments qualitatifs à l'évaluation d'un directeur, telle la qualité des produits.
Vérificateur externe (ou interne)	– Augmentation du risque inhérent. – Possibilité que les conventions comptables aient été choisies afin d'augmenter le bénéfice net.
Fiscaliste	– La prime est une dépense déductible dans l'année. – Elle doit être payée d'ici 180 jours pour qu'elle soit déductible.
Comptable interne ou contrôleur	– Charge de l'exercice courant à estimer et à comptabiliser (régularisation). – Inscription d'un passif à court terme en fin d'exercice.

Rôle à jouer	Aspects pouvant être traités dans la solution
Responsable des contrôles internes ou contrôleur	– Établir des contrôles permettant l'obtention d'une information fiable aux fins du calcul. – S'assurer que le directeur ne manipule pas les données financières à son avantage.
Arbitre d'un différend	– Il faut déterminer si la prime fait partie des dépenses admissibles compte tenu des clauses contractuelles.

Remarquez que l'aspect qui pourra éventuellement être traité dans la solution varie passablement selon le rôle à jouer, d'où l'importance de bien le préciser dès le départ.

POINT DE VUE

Ne pensez surtout pas qu'il n'y a qu'un rôle unique par cas. Il arrive fréquemment que l'on doive examiner certaines questions sous plusieurs angles, dans une perspective multidisciplinaire. Mon objectif ici est de vous sensibiliser à l'effet du rôle à jouer sur l'attitude à adopter en cours de lecture.

On peut toutefois dire qu'il existe un rôle majeur attribué à chaque cas, bien que d'autres aspects (importants ou plus secondaires) puissent également être demandés.

Examiner brièvement le contenu des annexes

Vous pouvez maintenant examiner brièvement le contenu des annexes, s'il y en a. L'objectif ici est de prendre connaissance du matériel mis à votre disposition pour résoudre le cas. Par exemple, la présence d'états financiers *pro forma*, d'une annexe portant sur un projet de regroupement ou sur une offre de financement est un indice clé. Je suggère, à cette étape, de feuilleter chacune des annexes (et non de les lire en détail) afin d'en avoir une vue d'ensemble. Pour un long cas, de 4 ou 5 heures, il existe habituellement une table des matières énumérant les diverses annexes. Il faut prendre le temps d'en noter le contenu.

Il est intéressant, lors du survol du texte et des annexes, de s'attarder aux titres et sous-titres qui sont souvent révélateurs : « problème de livraison des stocks », « préoccupations de la banque », « fraude d'un employé », « courriel du directeur de la production », « lettre du principal fournisseur », « extraits du dossier de vérification », « sommaire d'une discussion avec le contrôleur », etc. Cela donne déjà un bref aperçu des problèmes ou enjeux qui devront probablement être discutés. En remarquant le « problème de livraison des stocks » énoncé à l'annexe III, par exemple, vous serez plus enclin à faire des liens avec d'autres éléments d'information situés ailleurs. Lorsque, par la suite, vous lirez le texte du cas, le fait que la rapidité de livraison soit un facteur clé de succès dans le secteur retiendra votre attention plus rapidement.

Lecture détaillée du texte

Lorsque le candidat a bien déterminé le travail à faire ainsi que le rôle à jouer, il peut envisager la lecture détaillée du texte – énoncé du cas. Lors d'une simulation, il faut être conscient que le temps est limité et que plusieurs aspects du texte du cas ne seront lus qu'une seule fois. Bien qu'il soit souvent nécessaire de revenir sur des aspects déjà lus, la contrainte de temps empêche de tout relire deux fois.

Voici les principales étapes de la démarche à suivre lors de la lecture détaillée du texte.

Prendre connaissance de l'historique de l'entreprise

Le texte d'un cas fournit souvent l'historique de l'entreprise ou de son marché. On y présente, par exemple, un bref aperçu des changements de propriétaires au fil du temps, de la croissance de l'entreprise, de son créneau d'activité, etc. Cet historique figure normalement au début du texte et peut s'étendre jusqu'à deux pages dans un cas de 4 ou 5 heures.

L'information de ce type n'est pas nécessairement utile à la résolution du cas. Il faut donc discerner ce qui peut éventuellement servir à l'argumentation en se rappelant que la solution porte sur le temps présent ou futur. En effet, l'analyse des événements antérieurs à la dernière année est rare, à moins que ce ne soit explicitement demandé. Il ne serait pas pertinent, par exemple, de faire état des oublis ou des lacunes de la convention collective récemment renouvelée. Vous ne pouvez pas réécrire le passé.

Voici des exemples d'éléments pertinents à relever au cours de la lecture détaillée du texte d'un cas.

ÉLÉMENTS À RELEVER LORS DE LA LECTURE

Éléments pertinents	Exemples d'indices du cas
Facteurs clés de succès de l'entreprise ou du secteur	– Qualité du produit – Délai rapide de livraison – Adaptation continuelle à l'évolution du marché – Stabilité du chiffre d'affaires
Forces / Faiblesses / Possibilités / Menaces de l'entreprise ou du secteur	FO : coûts fixes maintenus à un bas niveau FA : système informatique désuet PO : développement du marché brésilien ME : arrivée d'un concurrent européen sur le marché
Objectifs de la direction ou du conseil d'administration	– Avoir recours, le moins possible, au financement par dette externe – Refuser tout projet dont le délai de récupération excède quatre ans – Effectuer une première émission d'actions à la bourse d'ici deux ans – Présenter un bénéfice en croissance soutenue

Éléments pertinents	Exemples d'indices du cas
Caractéristiques du comportement des dirigeants	– Manque d'organisation – Aversion marquée au risque – Pas de vision à long terme – Plusieurs opérations entre personnes apparentées – Décentralisation efficace des décisions

Préciser le travail à faire

Le texte d'un cas fournit également plusieurs indices permettant au candidat de préciser davantage le travail à faire. Il faut donc être attentif à toute phrase pouvant contribuer à cette précision. Plus vous comprendrez clairement la demande, plus votre solution sera susceptible d'être pertinente. On ne peut passer outre au fait qu'il faudra ultérieurement répondre à chacune des questions posées dans le cas.

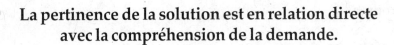

La pertinence de la solution est en relation directe avec la compréhension de la demande.

Il est parfois utile de faire le diagramme des diverses entreprises du cas, des divisions ou des personnes concernées. On y remarquera, par exemple, la présence d'un actionnaire étranger. Cela permet également de situer précisément chacune des parties lorsque vient le temps de rédiger la solution. De même, le dessin d'une ligne de temps retraçant les événements clés est parfois profitable, surtout lorsque le suivi des dates est indispensable et compliqué.

Voici quelques exemples d'indices précisant le travail à faire.

- Personne dans l'entreprise ne sait si ce nouveau produit est rentable.
- Christian se demande si les contrôles quant à l'encaisse sont adéquats.
- Plusieurs événements inhabituels survenus au cours de l'exercice ont été comptabilisés par le teneur de livres, qui a fait de son mieux.
- Les dirigeants ont besoin d'aide pour évaluer cette entreprise.
- On ne sait pas quelle option de financement est la plus avantageuse.
- La question portant sur le respect ou non des conditions du contrat par l'entreprise n'est toujours pas réglée.
- La nature des activités de l'entreprise a grandement évolué au cours de l'exercice et l'associée désire un compte rendu des conséquences sur la certification des états financiers.
- Karine ne comprend pas le rôle éventuel d'un comité de vérification.

- Les membres du conseil vous demandent de leur présenter, avant la prochaine réunion, un rapport écrit dans lequel vous leur expliquerez les conséquences du nouveau mode de calcul des subventions pour leur organisme.

- Il faudra renégocier le contrat des deux locataires américains.

- Est-ce qu'Alice devrait être promue au poste de vice-présidente, finances?

POINT DE VUE

Personnellement, à la lecture d'un cas, j'utilise des trucs afin de faciliter tout retour éventuel au texte lu. Comme tout ce qui concerne le travail à faire ou la demande est très important, j'utilise un système d'annotation particulier. Je vais, par exemple, utiliser un crayon marqueur bleu pour mettre en évidence tout ce qui précise le travail demandé et changer de couleur pour les autres informations. Ainsi, peu importe l'endroit où l'idée est exprimée dans le texte, la couleur bleue signifie qu'il s'agit d'une précision du travail à faire. Comme ces idées sont susceptibles d'être relues plusieurs fois en cours de rédaction, cela me facilite la tâche lorsque vient le temps de les retrouver.

Faire ressortir les problèmes ou enjeux actuels

À la lecture active du texte, il faut également être attentif à toute information pouvant faire ressortir les problèmes ou enjeux actuels, ou encore, qui permettent d'en préciser la teneur. Les éléments majeurs de la demande sont habituellement abordés ou présentés dans le corps même de l'énoncé du cas. Nous verrons plus loin que les annexes viennent les compléter et, plus rarement, ajouter des problèmes ou enjeux supplémentaires. Toutefois, la plupart du temps, ces derniers seront de moindre importance.

La résolution d'un cas exige la discussion des problèmes ou enjeux actuels ou futurs.

Vous vous êtes peut-être déjà rendu compte que ce sont les problèmes ou enjeux nouveaux de l'exercice qui doivent être recherchés. En effet, il faut être attentif à tout ce qui est différent ou nouvellement arrivé à l'entreprise, particulièrement au cours de l'année courante. Votre solution au cas sera une réponse à ces événements. En lisant, il faut constamment vous demander : « Quels sont les problèmes ou enjeux à régler? », « Quelles questions n'ont pas été résolues? », « Qu'est-ce qui ne va pas dans l'entreprise? », « Qu'est-ce qui est en voie de changement? ».

Voici des exemples de problèmes ou enjeux à relever lors de la lecture d'un cas.

- Analyse d'un projet d'investissement;
- Évaluation des procédures de contrôle interne;
- Détermination du prix d'acquisition;
- Analyse des questions comptables;
- Évaluation du travail du vérificateur précédent;
- Établissement du montant à réclamer à l'assureur à la suite d'un sinistre;
- Évaluation du plan d'implantation d'un système informatique;
- Évaluation de la rentabilité par division;
- Calcul de la prime au rendement des dirigeants;
- Discussion de la comptabilisation, de la vérification et de la fiscalité de diverses opérations;
- Calcul du revenu imposable;
- Discussion sur le prix de cession interne;
- Redressement du bénéfice net;
- Répartition de la capacité de production entre les différents produits;
- Calcul des flux de trésorerie.

POINT DE VUE

Certains professeurs suggèrent d'inscrire, au fur et à mesure de la lecture, chacun des problèmes ou enjeux relevés en tant que titre sur autant de pages distinctes. Ils « ouvrent » ainsi une page par sujet. À la fin de la lecture, le candidat a donc partiellement planifié sa solution puisqu'il a déjà fait, en quelque sorte, la liste des questions qui doivent être discutées. Cela l'aide également à ne pas oublier de traiter de tous les problèmes ou enjeux du cas.

À mon avis, il s'agit d'une bonne idée, qui aide le candidat à se structurer et surtout à focaliser sur les problèmes ou enjeux du cas à résoudre. Toutefois, je me dois de mentionner que le candidat a la responsabilité de s'assurer que la liste des sujets relevés est complète. Il doit également être attentif à la présence de problèmes ou enjeux implicites, ou qui ne sont pas aussi clairement avancés que les autres dans le texte. De plus, il faut que les sujets à traiter soient éventuellement classés par ordre d'importance, avant de commencer l'élaboration de la solution.

Il n'est pas toujours facile de discerner les problèmes ou enjeux d'un cas. Certains ressortent clairement et d'autres sont de nature implicite.

Voici des exemples d'indices du cas qui permettent l'identification de problèmes ou enjeux implicites.

EXEMPLES D'INDICES DU CAS RÉVÉLANT UN PROBLÈME OU ENJEU IMPLICITE

Problème ou enjeu implicite	Indices du cas
L'intégrité de la direction (ou bonne foi) peut être mise en doute	– La direction se défile devant les questions posées. – On remarque plusieurs opérations « louches », à des conditions inhabituelles. – Les propriétaires drainent des liquidités de l'entreprise (ex.: dépenses personnelles inscrites dans les frais d'administration).
Manipulation des résultats financiers	– Tous les choix comptables ont le même effet sur le bénéfice net – généralement une augmentation. – L'entreprise a changé quelques conventions comptables, sans raison valable, au cours du même exercice.
La permanence de l'entreprise est mise en doute (ou problème de continuité de l'exploitation)	– L'entreprise n'a pas suffisamment de fond pour s'acquitter de ses dettes. – Les fournisseurs demandent un paiement comptant sur réception des marchandises. – Il y a une perte nette ou un déficit depuis deux exercices ou plus.
Manque de liquidités (à relier à la permanence de l'entreprise)	– La position des espèces et des quasi-espèces est déficitaire. – Le ratio de liquidité relative est inférieur à 1,0. – Les flux de trésorerie liés à l'exploitation ne couvrent pas ceux liés à l'investissement et au financement.

Problème ou enjeu implicite	Indices du cas
Gestion de la capacité de production	– La demande excède l'offre sur le marché. – Le carnet de commandes est rempli plusieurs mois à l'avance. – Les produits n'offrent pas tous la même rentabilité.
Manque d'indépendance du vérificateur externe	– Plusieurs services différents ont été fournis, tels la certification et le choix des conventions comptables. – Les dirigeants et le vérificateur sont des parties apparentées. – Les honoraires de vérification sont impayés depuis deux ou trois ans.

Ici, il faut que je fasse une mise au point importante. Il y a régulièrement des problèmes ou enjeux implicites dans un cas, que vous devez identifier à l'aide d'indices relevés à la lecture. Toutefois, il n'y a pas de demande implicite. En d'autres mots, un problème implicite n'est pas la même chose qu'une demande implicite.

Un employeur peut demander, par exemple, de discuter de la comptabilisation des nouvelles opérations de l'exercice. Il s'agit d'une **demande explicite**. C'est au candidat de trouver quels sont les sujets à traiter, de les classer par ordre d'importance puis de les discuter. Parmi eux se trouve peut-être un **problème implicite**, tel un doute quant à la permanence de l'entreprise ou une difficulté d'estimation des frais de garantie. La demande, quant à elle, est explicite et dirigée vers un rôle précis, soit celui d'établir des conventions comptables. Autre exemple : le travail à faire est d'évaluer le prix d'achat d'une entreprise d'après les flux monétaires futurs. Dans ce cas précis, il faut aussi estimer les bénéfices futurs parce que l'accord comprend une renonciation de 10 % de ces bénéfices en faveur du vendeur. Cette étape du calcul des bénéfices futurs est donc indispensable, quoique implicite, dans le cadre de la demande explicite d'évaluer le prix d'achat.

Un problème implicite fait toujours partie d'une demande explicite, dans le cadre du rôle à jouer.

L'erreur que font certains candidats est de changer la demande. Par exemple, ils écrivent : « Puisque cette entreprise a des problèmes de contrôle interne, il est superflu de lui parler de comptabilité. Je lui fournis d'abord une liste de nouveaux contrôles ». Agir de la sorte est une grave erreur : le candidat vient de changer la demande… ce qu'il ne doit jamais faire. Il faut donc chercher les problèmes ou enjeux explicites et implicites à discuter, sans changer la demande ou le rôle à jouer.

**Répondre à la demande est un préalable
absolument nécessaire pour réussir un cas.**

On remarque très souvent que les candidats aux examens professionnels sont portés vers la gestion et qu'ils discutent alors des problèmes ou enjeux de ce point de vue sans tenir compte des paramètres de la demande. En certaines circonstances, je comprends qu'il soit facile de justifier que la gestion des flux de trésorerie soit plus appropriée qu'une discussion sur la vérification. Toutefois, si le rôle à jouer est celui de vérificateur, c'est uniquement ce qu'il faut faire. L'évaluation de la solution ne tiendra pas compte de la gestion sauf, bien entendu, si cela fait également partie du travail à faire, ou encore, que cela ait un impact sur la vérification. Le candidat n'a pas à changer la demande d'un cas. En le faisant, ses propos deviennent non pertinents et ne seront pas pris en compte par le correcteur.

Il m'arrive fort souvent de parler de la « boîte » d'un cas en classe. La boîte est tracée par les paramètres du travail à faire ou de la demande. Tant que vos propos s'inscrivent dans le cadre de cette boîte, il y a de fortes chances que votre solution soit pertinente. Plus vous vous en éloignez et moins votre solution sera appropriée. Il est donc inutile de sortir de la « boîte » créée par la demande d'un cas. C'est du temps perdu, pour vous et pour le correcteur. D'où l'importance de déterminer cette demande le plus précisément possible dès le départ, par une lecture attentive du travail à faire et des paragraphes qui le décrivent.

La dernière partie du texte proprement dit de l'énoncé d'un cas concerne habituellement le travail à faire, comme cela a été mentionné précédemment. Je vous suggère de relire attentivement cette partie. Elle sera encore plus claire à la suite de la lecture détaillée du texte en entier.

Déterminer l'axe central de la demande

À ce point-ci de votre lecture, je vous conseille de bien identifier l'axe central de la demande du cas. Il est important de le déterminer clairement puisqu'il s'agit d'un guide à la rédaction qui permet d'établir la pertinence et l'importance des sujets à discuter.

L'axe central est le fil conducteur de la solution.

Prenons l'exemple du calcul du prix d'achat d'une entreprise : en ayant déterminé que l'axe central est le calcul du bénéfice caractéristique, il est plus facile de préciser ce qui doit être discuté. Ainsi, tout sujet n'ayant pas ou peu d'impacts sur ce bénéfice n'est pas pertinent dans le calcul du prix. Ce sera peut-être un point qualitatif à relever dans l'analyse de l'investissement, mais sans plus. Le candidat qui n'a pas clairement précisé l'axe central de la demande risque de traiter de tous les aspects rencontrés, sans distinction quant à leur pertinence ou leur importance. Dans ce contexte, il perdra peut-être du temps à discuter de la présentation d'un événement inhabituel ou des moyens pour améliorer la gestion des comptes clients, alors que cela n'influe ni sur le bénéfice caractéristique ni sur le prix d'achat. Rien n'empêche que la gestion des comptes clients puisse être un problème ou enjeu à discuter un peu plus loin dans la solution, mais ce sera en dehors de la détermination du prix d'achat. Sa pertinence dépendra alors des indices du cas qui s'y rattachent plus particulièrement.

L'axe central, très souvent quantitatif, découle directement de la demande du cas.

Il ne faudrait pas croire qu'il n'existe qu'un seul et unique axe central par cas. Il y en a souvent plus d'un. Toutefois, pour chaque aspect demandé, il n'y a qu'un seul axe central. Ainsi, il se peut que le cas vous demande de discuter du traitement comptable et fiscal de chaque sujet présenté. Dans cette situation, les états financiers et le revenu imposable sont les axes respectifs de ces demandes. Il faut alors discuter de la période d'amortissement des frais de développement dans la section comptabilité et des crédits d'impôts afférents dans la section fiscalité. Évidemment, si un seul aspect est demandé, tel le calcul du revenu imposable, on ne discute pas de l'amortissement comptable, même si on y relève une erreur, car cela ne fait pas partie du travail à faire. La détermination de l'axe central aide le candidat à demeurer essentiellement dans le cadre du travail à faire, à l'intérieur de la « boîte » du cas.

Les pages suivantes contiennent des exemples supplémentaires établissant le lien entre le problème ou l'enjeu et l'axe central. Compte tenu de cette relation, j'y présente quelques exemples de l'implication, sur la rédaction de la solution, de certains indices du cas relevés à la lecture.

Relation entre le problème ou enjeu, l'axe central et la rédaction de la solution

Problème ou enjeu	Axe central	Indices du cas	Implications sur la rédaction de la solution
Évaluation d'une entreprise que le client désire acquérir	**Prix d'achat** déterminé comme étant égal à cinq fois le bénéfice caractéristique	a) L'âge moyen des employés du vendeur est élevé.	a) Point mineur ou qualitatif, car cela ne touche pas le bénéfice caractéristique ni le calcul du prix d'achat.
		b) Le propriétaire - vendeur se verse exclusivement des dividendes.	b) Point à considérer, car l'embauche d'un nouveau gestionnaire diminue le bénéfice caractéristique.
		c) Le vendeur a reçu une subvention pour l'acquisition d'un terrain.	c) Point non pertinent, car il ne concerne pas le bénéfice caractéristique mais l'actif. On amortit pas un terrain. C'est une opération isolée qui ne se répétera pas.
Détermination du revenu imposable de 20X7	**Revenu imposable**	d) L'entreprise estime que la garantie de trois ans sur ses produits coûtera 20 % des ventes. Elle en a dépensé le quart en 20X7.	d) Seuls les frais encourus en 20X7 sont déductibles en 20X7. Une discussion sur l'estimé de la provision à comptabiliser n'est pas pertinente, car cela n'affecte pas le revenu imposable.
		e) L'entreprise amortit le brevet sur quarante ans.	e) Le brevet est un Bien en immobilisations (BIA) aux fins fiscales. Une discussion sur la durée exagérée de l'amortissement comptable n'est pas pertinente.
Discussion des questions comptables de l'exercice se terminant le 31 août 20X4	**États financiers** L'état des résultats est plus important que le bilan; l'axe est donc plus particulièrement le bénéfice net.	f) L'entreprise signe maintenant des contrats de deux ans et souhaite comptabiliser tout le revenu au cours de la première année.	f) Point pertinent à discuter (évaluation du transfert des risques et avantages), car cela a un impact sur le bénéfice net de l'exercice 20X4.
		g) L'entreprise désire investir des montants importants en recherche et développement en 20X5.	g) Non pertinent d'examiner le traitement comptable, car cela ne touche pas les résultats de l'exercice courant. (note sur engagement contractuel?)

Problème ou enjeu	Axe central	Indices du cas	Implications sur la rédaction de la solution
Évaluation des faiblesses et recommandations sur le contrôle interne	**Procédures de contrôle interne**	h) La même personne reçoit le courrier, effectue les dépôts et prépare le rapprochement bancaire.	h) Point pertinent, car il y a une faiblesse dans le contrôle interne où la même personne effectue des tâches incompatibles.
		i) L'entreprise a d'importants surplus de fonds qu'elle laisse en permanence dans le compte d'opérations courantes.	i) Point secondaire, car il s'agit de gestion interne et non de contrôle interne. L'argent est mal géré mais pas nécessairement mal contrôlé. Il faut s'en tenir à l'axe central.
Maintien d'un fonds de roulement supérieur à 1,5 en fin d'exercice	**Ratio du fonds de roulement**	j) L'entreprise a, par erreur, capitalisé des dépenses d'entretien au poste Équipements.	j) Non pertinent, car cette erreur n'affecte aucun poste de l'actif à court terme.
		k) Un nouveau produit lancé par un concurrent est plus perfectionné et moins dispendieux.	k) Point pertinent à discuter, car une dévaluation des stocks est probablement nécessaire. Cela affecte directement le fonds de roulement.
Respect du contrat avec les employés quant au calcul de leur part dans le bénéfice	**Clauses contractuelles** L'axe est le bénéfice – ou autre chiffre des résultats – déterminé à partir des clauses du contrat.	l) Le contrat mentionne que les actifs incorporels ne doivent pas être amortis.	l) Point à respecter même si cela va à l'encontre des principes comptables généralement reconnus (PCGR) : ici, les clauses contractuelles sont la base de référence.
		m) L'entreprise a transféré des bénéfices à sa filiale mexicaine au cours de l'exercice, par l'intermédiaire d'un prix de cession interne inférieur à la juste valeur marchande.	m) Non pertinent de discuter de l'impact fiscal d'une telle opération. On ne discute pas du choix du prix de cession interne si la part des employés est calculée sur le bénéfice consolidé.

Problème ou enjeu	Axe central	Indices du cas	Implications sur la rédaction de la solution
Évaluation du travail d'un autre vérificateur ou évaluation du travail du contrôleur	**États financiers** L'état des résultats est plus important que le bilan; l'axe concerne l'erreur qui peut résulter d'un état financier erroné. **Risque de vérification**	n) Le vérificateur ou le contrôleur a adopté une nouvelle convention comptable qui anticipe la constatation des produits. o) La note aux états financiers concernant les dettes à long terme est incomplète.	n) Point pertinent, car cela a augmenté le bénéfice net. Un utilisateur des états financiers a pu être lésé par ce changement de convention comptable qui n'a pas été justifié ni appliqué rétroactivement. o) Point secondaire si le traitement comptable des dettes à long terme est adéquat. Il est alors improbable qu'un utilisateur ait pu avoir été lésé de manière importante par cet oubli.
Discussion des questions comptables d'une entreprise de placement	**État financiers** Le bilan est plus important que l'état des résultats; l'axe est donc plus particulièrement la valeur marchande des actifs nets.	p) À la création de l'entreprise, un actionnaire lui a transféré certains actifs en guise d'apport. q) Le directeur général se demande s'il doit amortir les actifs à long terme selon la méthode linéaire ou selon un taux dégressif.	p) L'inscription de la valeur marchande des actifs dans les livres de la nouvelle entreprise est à discuter. L'imposition du gain sur disposition pour l'actionnaire est en dehors du mandat puisqu'il s'agit d'une partie distincte de l'entreprise. q) Cette discussion n'est pas pertinente, car on n'amortit pas les actifs comptabilisés à la valeur marchande. On ne fait qu'informer le directeur général de ce fait.
Calcul du montant qui peut être réclamé à l'assureur à la suite d'un feu	**Clauses contractuelles** L'axe concerne le montant qui peut être réclamé, compte tenu des clauses du contrat.	r) Le contrat mentionne que les actifs destinés au développement des produits ne sont pas couverts par la police d'assurance. s) Le contrat couvre la perte de revenus entre la date du feu et la date où les activités reprennent un rythme normal.	r) Il n'est donc pas pertinent de discuter de ces postes. On peut tout au plus suggérer l'ajout de cette clause au prochain contrat. (Remarque : À faire brièvement, car ne n'est pas l'objet de la demande.) s) Il faut discuter de la manière dont la perte de revenus peut être calculée (ex.: considération ou non des frais fixes).

Les exemples d'axe central présentés dans les pages précédentes semblent, *a priori*, de nature quantitative et peuvent, à tort, vous laisser croire que je fais uniquement référence aux calculs nécessaires à la rédaction d'une solution. Ce serait une interprétation trop étroite de mes propos. Effectivement, il se peut fort bien que le sujet à discuter soit presque exclusivement qualitatif, mais que l'axe central soit quantitatif. Supposons, par exemple, que vous devez discuter de la comptabilisation des nouvelles opérations de l'exercice. Cette discussion est en bonne partie, voire en totalité, qualitative. Les états financiers seront l'axe central, et plus particulièrement le bénéfice net. Si un événement quelconque, telle la présentation à court ou à long terme d'un actif, n'a pas ou a peu d'influence sur ce dernier, sa discussion sera moins pertinente. En contrepartie, un choix comptable pouvant influer de manière importante sur le bénéfice net, tel le moment de la constatation des produits, devra être discuté plus en profondeur. De même, il se peut que le cas demande de discuter des éléments à prendre en considération lors de l'acquisition d'une entreprise. Même dans les situations où la discussion serait presque exclusivement qualitative, vous devez garder en tête les implications éventuelles sur la détermination du prix d'achat. S'il n'y en a pas, quelle est la pertinence d'en discuter longuement? Dans ce contexte, iriez-vous perdre du temps à discuter de la présentation d'une note aux états financiers?

Voici maintenant plusieurs exemples d'axe central pouvant découler directement des paramètres de la demande d'un cas.

- Prix des actions;
- Prime à verser aux dirigeants;
- Ratio d'endettement ou du fonds de roulement;
- Contrepartie conditionnelle à verser à la suite de l'acquisition d'une entreprise;
- Bénéfice net avant éléments extraordinaires et abandon d'activités;
- Marge brute ou contribution marginale;
- Flux de trésorerie;
- Valeur des garanties;
- Montant à réclamer d'un assureur;
- Coût des diverses options de financement;
- Prix d'acquisition d'une entreprise;
- Solde dû selon les clauses spécifiques d'un contrat;
- Redevances à verser à un auteur ou à un franchiseur;
- Coût de diverses options d'approvisionnement;
- Gain ou perte à la suite d'une restructuration;
- Montant à recevoir à titre de subvention;
- Valeur de la part d'un associé ou des actions d'un actionnaire.

Pour que ce soit un guide efficace, il est important que l'axe central soit concret et précis. Ainsi, « rendre la gestion plus efficace » ou « se préoccuper davantage des employés » sont des items trop vastes et généraux. La discussion sera plus facile à diriger s'il faut plutôt « minimiser les coûts fixes » ou « définir les modalités d'un régime de participation aux bénéfices ». La détermination concrète et précise de l'axe central vous aidera à rester

18   constamment focalisé sur ce qui est demandé dans le cas. L'axe central dit ce qu'il est : omniprésent dans chaque aspect de la rédaction de la solution. Il serait donc maladroit de le déterminer lors de l'établissement du plan de réponse, et de l'oublier par la suite.

**L'axe central de la demande doit
être à la fois précis et concret.**

Finalement, certains sujets ont parfois un axe central qui est essentiellement qualitatif. Quoi qu'il en soit, vous avez tout de même besoin de préciser quel est cet axe afin de guider la rédaction de votre solution. Par exemple, il peut arriver que l'identification des faiblesses, accompagnées de recommandations sur le contrôle interne, ou que l'amélioration du processus de recrutement soit l'axe central. Pour que la solution demeure pertinente, il ne faudra pas sortir de ce cadre.

POINT DE VUE

Certains étudiants ont de la difficulté à déterminer l'axe central, du moins *a priori,* c'est-à-dire au cours de la lecture d'un cas. Je les encourage à persévérer dans leurs efforts pour le déterminer, même s'il faut parfois attendre de consulter la solution! Le temps d'une simulation est court et précieux et le fait d'avoir bien déterminé l'axe central en maximise l'usage.

Lecture détaillée des annexes

Au moment de lire les annexes, nous savons quelle est la demande, le rôle à jouer et l'axe central, et nous avons déjà une bonne idée des problèmes ou enjeux importants à discuter. La lecture détaillée des annexes est donc un processus qui survient lorsque l'essentiel du travail à faire est déjà connu et compris. En conséquence, elle est davantage dirigée vers la demande.

Voici les principales étapes de la démarche à suivre lors de la lecture détaillée des annexes.

Examiner les états financiers de l'entreprise

Le cas comprend souvent les états financiers de l'entreprise pour laquelle vous travaillez. Vous devez prendre le temps de les examiner afin de faire ressortir les aspects clés. Cela pourra servir à déterminer ou mieux comprendre les sujets à traiter, ou encore, à justifier certaines idées. D'ailleurs, je crois que les annexes contenant des états financiers sont celles qui devraient être lues en premier. Cela permet au lecteur du cas de se faire dès le départ une idée de la situation financière de l'entreprise, puis de repérer les problèmes ou enjeux potentiels. Il sera ultérieurement plus facile de faire le lien entre les chiffres des annexes et les idées émises dans le texte, quitte à revenir aux états financiers pour compléter la lecture.

Lors de l'examen des états financiers, vous avez également besoin de tenir compte du travail à faire. Par exemple, si vous savez que l'entreprise désire réaliser deux projets d'investissement, vous porterez davantage attention aux placements à l'actif et à la structure actuelle du financement à long terme. De même, si vous recevez les états financiers d'une entreprise que votre client désire acheter, il faudra vous intéresser aux actifs productifs de l'exploitation et aux éléments récurrents du bénéfice. Finalement, vous observerez les frais de développement, les brevets et le niveau des stocks si vous savez que l'entreprise a décidé d'abandonner une de ses lignes de produit.

Il vous faut surtout chercher « ce qui cloche » ou « ce qui ne va pas » en relevant les postes inhabituels ou ceux qui ont varié de manière importante ou inusitée. On doit s'arrêter un peu plus longtemps aux postes particuliers du secteur d'activité de l'entreprise. L'année courante est habituellement la cible de vos observations, à moins que la demande précise autre chose. Tout indice permettant de déceler les problèmes ou enjeux de l'entreprise est à repérer. Dans la rédaction de la solution d'un cas, il y a davantage à dire sur les aspects problématiques que sur les points positifs...

**Il faut repérer les indices permettant
de déceler les problèmes ou enjeux.**

Il faut certes relever les indices présents dans les états financiers. Toutefois, un indice donné ne fera pas l'objet d'un problème ou enjeu important s'il n'est pas accompagné d'autres indices dans le texte du cas. Par exemple, on peut remarquer, dans les états financiers, que le poste Stocks a doublé depuis l'an dernier alors que les ventes sont demeurées relativement stables. Il faudra néanmoins qu'il y ait d'autres indices dans l'énoncé du cas pour que la gestion des stocks devienne un sujet à discuter. Cela suppose, évidemment, que le sujet est pertinent, compte tenu du travail à faire. De toute façon, la discussion du candidat sera courte et demeurera sur le plan théorique ou général si elle se base sur la seule observation des états financiers.

Voici des exemples d'éléments à relever lors de l'examen des états financiers.

ÉLÉMENTS À RELEVER DES ÉTATS FINANCIERS

Éléments à relever	Exemples
Les postes les plus importants en pourcentage et en termes de variations	– Les stocks représentent 54 % de l'actif à court terme. – Le solde des débiteurs a doublé depuis l'an dernier et les ventes sont constantes.
Les postes les plus risqués (ceux dont les avantages futurs sont plus incertains ou qui exigent un estimé de la situation); à voir en reliant les chiffres à des idées émises dans le texte	– Les frais de développement augmentent régulièrement et l'entreprise n'offre aucun nouveau produit depuis deux ans. – Toutes les charges estimées (amortissement, provision pour retours, frais de garantie, etc.) ont diminué de moitié depuis l'an dernier.
Les éléments inhabituels	– « À recevoir » ou « Dû à » des personnes apparentées à un montant important. – Information très détaillée sur les immobilisations.
Les incohérences et contradictions	– La charge d'intérêts diminue mais les dettes à long terme ont augmenté. – La provision pour mauvaises créances est à 4 % des ventes depuis plusieurs années, mais on mentionne que plusieurs clients ont récemment connu des difficultés financières. – Le propriétaire est « confiant » de louer les locaux vacants d'ici trois mois, mais rien n'indique une reprise économique de ce secteur d'activité.
Les erreurs	– Les produits excèdent 500 000 $ et les équipements achetés ont été inscrits à l'état des résultats de l'organisme sans but lucratif (OSBL). – Il n'y a pas d'impôts futurs aux états financiers.
Les ratios clés (particulièrement ceux qui intéressent un créancier ou la direction)	– Le fonds de roulement est négatif ou a grandement diminué. – Le ratio d'endettement est tout près du maximum permis par la banque. – La marge brute a diminué de 8 % depuis l'an dernier et le marché est en plein essor.
Les opérations louches	– Certains actifs ont été vendus à une autre entreprise de l'actionnaire majoritaire à un prix qui diffère de leur valeur marchande. – Conditions salariales très avantageuses aux membres de la famille du président.

Lire attentivement le contenu des annexes

Certaines annexes ne comportent qu'un seul sujet. Le titre est alors assez précis et fait directement référence à un problème ou enjeu à traiter. Il s'agit, par exemple, d'informations sur un projet de coentreprise, d'une liste de questions comptables à discuter, des conditions de renouvellement du prochain bail, de renseignements sur les options de financement disponibles à l'entreprise ou de la description des procédés de vérification du vérificateur précédent. L'avantage de ce genre d'annexe est que la majorité des éléments d'information nécessaires à la résolution d'un problème ou enjeu est située au même endroit. Cela facilitera ultérieurement la rédaction de votre solution.

POINT DE VUE

Certains professeurs suggèrent à leurs étudiants de ne pas lire tout de suite ce genre d'annexe puisque celle-ci porte sur un seul sujet, bien défini. Le contenu de l'annexe est donc lu tout juste avant ou au fur et à mesure que la solution sur ce sujet est rédigée. Il y a alors économie de temps puisque le même texte ne sera pas lu deux fois, à deux moments différents.

J'ai beaucoup de réticences avec cette façon de procéder. À mon avis, on ne peut pas être totalement certain que l'annexe ne comprend aucune autre information que le sujet en titre. Malheureusement, on ne le sait qu'après avoir presque tout lu. De plus, il y a souvent des liens à faire entre les différents sujets. Ne pas en lire un au complet peut nuire à son intégration éventuelle aux autres. Ainsi, il est possible d'apprendre que l'entreprise s'est portée acquéreur de nouveaux brevets au cours de l'exercice dans l'annexe portant sur un projet de coentreprise. Cette information pourrait également être utile à la préparation d'un flux de trésorerie ou à la discussion de questions comptables. Je recommande donc la lecture quasi complète de toutes les annexes avant le début de la rédaction de la solution.

J'admets qu'en de rares circonstances, on puisse faire une lecture rapide de certains aspects d'un sujet, comme la projection détaillée des ventes pour les cinq prochains exercices. On y reviendra plus tard, lors du calcul de la valeur actualisée nette (VAN). De même, la description des contrôles actuels sur les stocks peut être lue en diagonale, en attendant que le candidat soit prêt à suggérer de nouvelles procédures de contrôle interne.

Fort souvent, vous allez trouver une ou plusieurs annexes « pêle-mêle », c'est-à-dire qui contiennent des idées sur différents sujets. Ces annexes sont habituellement placées vers la fin de l'énoncé d'un cas. Vous devez lire attentivement chacun des paragraphes qui s'y trouvent et qui viennent compléter le contenu du travail à faire. Au fur et à mesure de la lecture, je vous suggère d'identifier par écrit le ou les problèmes ou enjeux traités dans chaque paragraphe. Cela m'apparaît indispensable si l'on veut minimiser les pertes de temps lors de la rédaction de la solution. Je reviendrai sur ce point dans la section portant sur les annotations.

22

**Il faut lire l'essentiel des annexes
avant la planification de la solution.**

Vous devez faire particulièrement attention lorsqu'il y a plusieurs annexes à lire puisqu'il est naturel d'accélérer la lecture des derniers paragraphes ou des dernières annexes. Cela est d'autant plus tentant que le temps passe vite et qu'on a plein d'idées de solution que l'on a hâte d'écrire par crainte de les oublier. En outre, il se peut même que votre voisine de droite « pitonne » frénétiquement sur sa calculatrice alors que celle de gauche a déjà rempli trois feuilles ou tape énergiquement sur son clavier depuis une dizaine de minutes. Le fait d'avoir l'impression d'être en retard peut alors vous amener à lire trop vite. Il faut éviter de le faire parce que, par expérience, je peux vous dire que plusieurs informations importantes sont placées dans les derniers paragraphes des dernières annexes. Les auteurs de cas semblent le faire exprès afin de pouvoir évaluer votre capacité d'intégrer toutes les informations disponibles dans la solution. Il est d'ailleurs fréquent de trouver des indices importants sur un problème implicite à ces endroits, par exemple : « Le contrôleur a visité trois banques qui ont toutes refusé d'avancer les fonds. » ou « Une poursuite de 2 000 000 $ vient d'être déposée contre l'entreprise ». Finalement, je vous rappelle que celui qui commence à rédiger sa solution le premier ou celle qui la termine la première n'obtient pas nécessairement le meilleur résultat…

Il faut faire le lien entre le texte et les annexes. Ceci, parce qu'il arrive souvent qu'un problème ou enjeu soit énoncé dans le texte, mais que les informations pertinentes qui le concerne soient présentées en annexe. Deux annexes distinctes peuvent également fournir des données sur le même sujet. C'est à la lecture que vous devez relever ces divers emplacements afin de pouvoir éventuellement présenter une solution plus complète. Quoique les éléments d'information d'un même sujet soient le plus souvent complémentaires, il arrive aussi qu'ils soient contradictoires. Dans cette situation, lorsque le problème ou enjeu est important, il faudra y revenir lors de l'élaboration de la solution.

**À la lecture d'un cas,
il faut faire le lien entre les éléments d'information
qui concernent un même sujet,
mais qui sont situés à différents endroits.**

Lorsque je remarque que deux sections différentes traitent d'un même problème ou enjeu, j'inscris directement sur le texte de l'énoncé du cas le lien à faire entre l'une et l'autre. Si l'information est très courte, il m'arrive même de la recopier dans l'autre section. De cette manière, je m'assure de considérer tous les indices disponibles lors de la rédaction de la solution. Je fais également un effort pour chercher des similitudes, des synchronismes, des incohérences, des contradictions ou des éléments à regrouper. Si l'annexe II mentionne que le taux horaire des employés de la production est de 12 $ aux États-Unis et que l'annexe IV révèle que le taux est de 14 $ au Canada, je note une référence commune à ces deux faits. Il se peut que ce recoupement d'information ne soit pas utile mais, si c'est le cas, je serai avantagée puisque la solution présentée sera plus complète et intégrée. Autrement dit, je cherche à indiquer les liens entre les divers éléments d'information afin de les retracer plus facilement lors de la résolution du cas. Autre exemple : si je remarque que tous les coûts sont exprimés en mètres carrés, je peux déduire de cet indice que le calcul de la contribution marginale devra fort probablement être effectué en mètres carrés.

La lecture d'un cas n'a rien de facile, d'autant plus qu'il faut souvent revenir en arrière pour retracer une information déjà vue ou pour en évaluer la teneur à la lumière de ce qu'on vient de lire. Autrement dit, on peut lire une information et ne pas en voir l'utilité avant d'être rendu plus loin dans la lecture. Ainsi, le fait de lire, à la page 2, que la division des jouets est la plus rentable peut être une information « en suspens » jusqu'à ce qu'on apprenne, à la page 8, qu'une entreprise américaine de jouets va s'implanter dans la ville au cours des prochains mois. D'où la nécessité d'être à l'affût des similitudes et des différences, de la présence d'arguments de même type, des points communs de l'information, etc.

Annotations

Jusqu'ici, j'ai surtout insisté sur ce qu'il faut lire et retenir de la lecture d'un cas. Je désire maintenant vous expliquer la manière de faire des annotations. Bien que j'en fasse une section distincte, les annotations et la préparation d'un aide-mémoire ou de feuilles de brouillon (section suivante) font partie intégrante de la lecture détaillée du travail à faire, du texte et des annexes.

Dans cette section, je vous fais part de mon expérience personnelle au sujet des annotations. Plusieurs approches sont possibles et vos professeurs vous feront certainement part de la leur. C'est à vous de retenir la stratégie avec laquelle vous êtes le plus à l'aise et ce qui vous sera le plus utile. Je vous suggère d'exercer votre jugement professionnel en essayant diverses approches afin de trouver ce qui correspond le mieux à votre personnalité. Cela abouti fort souvent à un mélange heureux de divers trucs et conseils.

24   Il existe plusieurs façons d'annoter un cas. Peu importe celle que vous choisirez, ce qui compte c'est que vos annotations vous permettent de repérer l'information rapidement lorsque vous en êtes à rédiger votre solution. Il est donc indispensable de se donner, dès la lecture, des moyens d'annoter le texte et les annexes de façon claire et efficace.

Dans son évaluation, le correcteur ne considère pas ce que le candidat écrit sur l'énoncé d'un cas.

Que le cas soit rédigé dans le cadre d'un cours universitaire ou dans le cadre d'un examen professionnel, le correcteur ne lit pas ce qui est écrit sur le cas lui-même ou sur le questionnaire. D'ailleurs, dans la plupart des situations, le candidat conserve l'énoncé du cas après sa simulation ou son examen. Par conséquent, il faut être conscient que les idées de résolution des problèmes ou enjeux écrites sur l'énoncé du cas lui-même seront perdues si elles ne sont pas reprises dans la solution. Ces idées doivent donc être inscrites dans un aide-mémoire ou sur une page distincte de brouillon.

Les annotations doivent faciliter le repérage des indices pertinents de l'énoncé du cas pendant la rédaction de la solution.

Voici quelques aspects à considérer au sujet des annotations faites à la lecture d'un cas.

Préciser l'Objet du cas

J'ai déjà insisté sur l'importance de bien lire le travail à faire ainsi que les paragraphes l'expliquant. J'ai même déjà suggéré de prendre le temps de recopier la demande afin de mieux s'en imprégner. À mon avis, cette information doit figurer sur une page distincte et rester à portée de main tout au long de la simulation. Cette réécriture de l'essentiel du travail à faire peut également servir de première page ou de page d'introduction à la solution d'un cas. Plus précisément, les rubriques – Date, À, De, Objet, Axe central – sont utilisées pour débuter la solution. En écrivant dès maintenant les éléments d'information concernant l'Objet du cas ainsi que l'axe central des problèmes ou enjeux principaux à discuter, vous allez faciliter la rédaction ultérieure de votre solution.

Entourer les mots importants

Personnellement, à la lecture d'un cas, j'entoure les termes et les mots importants. D'autres vont préférer les surligner en couleur ou simplement les souligner. Les mots entourés sont ceux qui permettent de cerner le problème ou enjeu lui-même et qui fournissent des indices ou des arguments quant à leur résolution.

EXEMPLE D'ANNOTATIONS À LA LECTURE

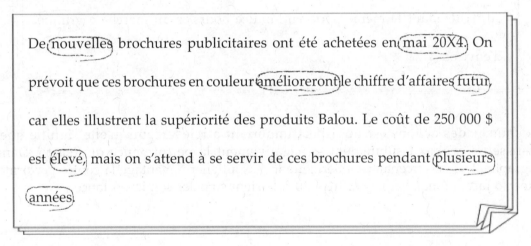

De nouvelles brochures publicitaires ont été achetées en mai 20X4. On prévoit que ces brochures en couleur amélioreront le chiffre d'affaires futur, car elles illustrent la supériorité des produits Balou. Le coût de 250 000 $ est élevé, mais on s'attend à se servir de ces brochures pendant plusieurs années.

Dans ce paragraphe, le mot « nouvelles » est important, car il signifie qu'il s'agit d'un élément nouveau de l'exercice courant, ce que confirme la date « mai 20X4 » par la suite. L'« amélioration » que cela va entraîner dans le « futur » doit être soulignée, car c'est un argument en faveur de la capitalisation. Finalement, la dernière phrase nous signale que la dépense est importante (« élevé ») et mentionne l'usage pendant « plusieurs années ». Il s'agit d'un autre argument en faveur de la capitalisation de ces frais.

L'exemple précédent attire l'attention sur un fait significatif : le cas contient de nombreux indices à utiliser dans la solution, à titre d'argument, de justification et parfois même de recommandation. Dans cet exemple, on trouve deux idées allant dans le sens de la capitalisation du coût des brochures. Malheureusement, les candidats ne se rendent pas suffisamment compte de toute la richesse de l'information qui se trouve dans l'énoncé d'un cas. Si ce n'est pas déjà fait, cela devrait vous convaincre une fois pour toutes de la nécessité de faire une lecture attentive et active du cas, de relever tous les indices pertinents et d'établir des liens entre eux. Ainsi, la solution présentée sera davantage intégrée à la situation particulière de l'entreprise à l'étude.

Dans le but d'acquérir une compréhension complète de la manière d'annoter un cas, vous trouverez ci-dessous d'autres exemples d'annotations à la lecture.

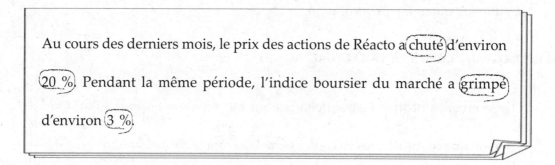

La « chute » des actions est un aspect important à relever puisqu'elle signifie que les investisseurs évaluent subitement et négativement la performance de Réacto. Dans ce paragraphe, les « pourcentages » permettent de souligner davantage la contre-performance de Réacto face au marché. Le chiffre « 20 % » vient signaler son importance.

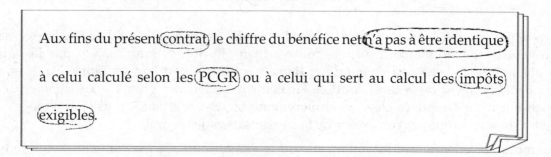

La référence au « contrat » rappelle au candidat qu'il doit en suivre les clauses dans la résolution de chaque sujet. La mention d'un chiffre qui « n'a pas à être identique » est majeure ici, car cela signifie qu'on peut et qu'on va probablement arriver à un chiffre différent de celui de l'état des résultats (« PCGR ») et de la déclaration fiscale (« impôts exigibles »).

Comptabilisez vos succès!

27

Par ailleurs, la (sécurité) du système d'information de gestion pose un réel problème. Il y a eu accès (non autorisé) à certains fichiers du serveur et des renseignements (confidentiels) ont été obtenus par l'intermédiaire du système de (courrier électronique.)

Ici, le texte précise clairement que le problème se situe sur le plan de la « sécurité » du système d'information de gestion. Nul besoin de sortir de ce sujet et de discuter des divers rapports générés par ce système, par exemple. La nature « confidentielle » des renseignements qui ont été obtenus est un indice du fait qu'il s'agit d'un problème ou enjeu important. La source de l'« accès non autorisé » au système est précisée et concerne le « courrier électronique ». L'analyse et les éventuelles recommandations devront donc essentiellement porter sur la transmission des courriels à l'interne et à l'externe. Il n'est donc pas nécessaire de traiter de tous les types de contrôle d'accès à un système informatique.

Notre organisme de charité ne sait plus où il en est. Avec la (baisse anticipée) des (subventions) du gouvernement, nous ne savons pas (combien de temps) l'organisme va pouvoir opérer. Faites vos (calculs) et n'oubliez pas que toute (suggestion) sera la bienvenue.

Savoir de « combien de temps » on dispose est un aspect important ici. Les calculs devront donc mener à une réponse claire, à savoir le nombre de semaines ou de mois pendant lesquels l'organisme peut encore opérer. Les « calculs » seront vraisemblablement des flux de trésorerie, car on réfère à la continuité de l'organisme. Ils devront tenir compte du fait que la rentrée de fonds du gouvernement sera réduite (« baisse anticipée »), peut-être après avoir émis une hypothèse. Finalement, il faudra présenter une liste de « suggestions » afin d'améliorer la situation financière de l'organisme.

Après maintes discussions et réunions entre les deux parties, le prix d'acquisition de Biblo a été (fixé à 50 millions) plus (quatre fois le bénéfice) (net moyen) des exercices (20X5 et 20X6.)

Lecture d'un cas

28   Il n'est pas évident ici d'entourer les mots importants, car il s'agit d'une phrase clé du cas, où la dernière partie mérite presque d'être entièrement entourée. Le terme « fixé » doit être relevé, car il signifie que les deux parties sont d'accord. Le candidat n'a donc pas à discuter d'autres possibilités de calcul du prix de vente. Il faudra suivre précisément les modalités prévues et s'attarder à tout élément ayant une importance sur les bénéfices de « 20X5 » et de « 20X6 ».

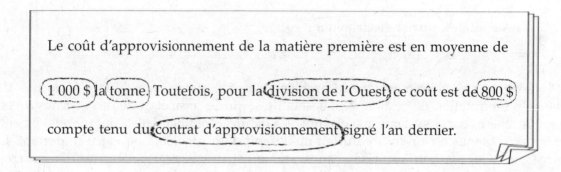

Le « 1 000 $ » est important à souligner, car il sera utile lors des calculs, tel celui de la contribution marginale. Le fait que ce soit « par tonne » est un indice à relever. Si la plupart des informations sont exprimées en tonnes, cela signifie que les calculs de la solution devront être effectués en tonnes. De plus, le fait de savoir que la « division de l'Ouest » bénéficie d'un coût inférieur est une information pertinente si l'on doit effectuer des comparaisons entre les divisions, par exemple. L'idée de signer un « contrat d'approvisionnement » est à retenir, car elle a permis de faire des économies. Cela pourrait devenir un argument qualitatif ou faire l'objet d'une recommandation.

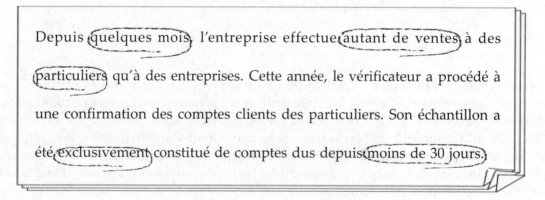

Les termes « quelques mois » et « autant de ventes » signalent qu'il y a eu un changement récent dans la composition des ventes, ce dont il faut tenir compte en vérification. On mentionne que seuls les comptes « des particuliers » ont été confirmés, ce qui signifie que ceux des entreprises ne l'ont pas été. Il importe donc de retenir que, dans un cas, **ce qui n'est pas écrit n'est pas fait**. On remarquera que seuls les comptes de « moins de 30 jours » ont été confirmés. Cependant, ceux de plus de 30 jours sont tout aussi importants et même davantage, puisque leur recouvrement est moins assuré.

Dans tous les exemples ci-dessus, j'ai insisté sur l'importance de lire le cas objectivement, c'est-à-dire sans prêter aux mots une signification qu'ils n'ont pas. Ainsi, je m'en tiens à ce qui est écrit : noir sur blanc. Par exemple, je ne peux pas dire que « la baisse anticipée des subventions » signifie automatiquement une « baisse anticipée des revenus de dons ». Sans indice, ce serait tout simplement de la spéculation. De même, si les « nouvelles brochures publicitaires » vont contribuer à améliorer le chiffre d'affaires, je ne dois pas en déduire automatiquement que toutes les formes de publicité de l'entreprise auront le même effet.

La lecture d'un cas ne se fait pas « entre les lignes ».

Faire des annotations dans les marges

En plus d'entourer les mots importants, je me sers des marges afin de situer le paragraphe. J'utilise la marge de gauche dans un objectif de classement. J'y indique à quelle partie du travail à faire se rapporte l'information du paragraphe. Dans la marge de droite, je résume succinctement le sujet du paragraphe en question. Lorsque des idées de résolution du problème ou enjeu me viennent à l'esprit, je me garde de les écrire sur le cas lui-même. Quand j'ai peur de les oublier, je les écris dans l'aide-mémoire ou sur une feuille distincte (brouillon) que je remettrai avec la solution du cas.

Les annotations doivent être succinctes et permettre le repérage rapide de l'information.

Voici plusieurs exemples illustrant les annotations dans les marges.

Marge de gauche	Énoncé du cas	Marge de droite
compt. - fisc. - vérif. imp. - 10 % bén.	De nouvelles brochures publicitaires ont été achetées en mai 20X4. On prévoit que ces brochures en couleur amélioreront le chiffre d'affaires futur, car elles illustrent la supériorité des produits Balou. Le coût de 250 000 $ est élevé, mais on s'attend à se servir de ces brochures pendant plusieurs années.	pub. (actif LT)
financ. qual. risque vérif.	Au cours des derniers mois, le prix des actions de Réacto a chuté d'environ 20 %. Pendant la même période, l'indice boursier du marché a grimpé d'environ 3 %.	prix des actions
calcul redev. quest. 2c	Aux fins du présent contrat, le chiffre du bénéfice net n'a pas à être identique à celui calculé selon les PCGR ou à celui qui sert au calcul des impôts exigibles.	≠ PCGR ≠ impôt
contrôle intrerne enjeu opér.	Par ailleurs, la sécurité du système d'information de gestion pose un réel problème. Il y a eu accès non autorisé à certains fichiers du serveur et des renseignements confidentiels ont été obtenus par l'intermédiaire du système de courrier électronique.	sécurité SIG
flux : quant. sugg. qual. question ii)	Notre organisme de charité ne sait plus où il en est. Avec la baisse anticipée des subventions du gouvernement, nous ne savons pas combien de temps l'organisme va pouvoir opérer. Faites vos calculs et n'oubliez pas que toute suggestion sera la bienvenue.	baisse des subv.
calcul prix quant. enjeu strat.	Après maintes discussions et réunions entre les deux parties, le prix d'acquisition de Biblo a été fixé à 50 millions plus quatre fois le bénéfice net moyen des exercices 20X5 et 20X6.	50M + 4x bén. 20X5 et 20X6

Comptabilisez vos succès!

Marge de gauche	Énoncé du cas	Marge de droite
analyse de rentabilité *div. Ouest*	Le coût d'approvisionnement de la matière première est en moyenne de 1 000 $ la tonne. Toutefois, pour la division de l'Ouest, ce coût est de 800 $ compte tenu du contrat d'approvisionnement signé l'an dernier.	*coût d'approvis. mat. prem.*
éval. vérif. *rapport à l'associée*	Depuis quelques mois, l'entreprise effectue autant de ventes à des particuliers qu'à des entreprises. Cette année, le vérificateur a procédé à une confirmation des comptes clients des particuliers. Son échantillon a été exclusivement constitué de comptes dus depuis moins de 30 jours.	*confirm. des clients*

Évidemment, il faut se servir des exemples présentés avec jugement. Ainsi, une simple accolade pour deux ou trois paragraphes qui présentent les mêmes caractéristiques peut suffire. Si l'une des annexes ne se rapporte qu'à une seule demande ou ne présente qu'un seul sujet, il ne sera pas nécessaire de réécrire la même chose dans la marge de chaque paragraphe. Il faut être efficient et s'adapter à la situation.

Vous pouvez naturellement décider d'abréger davantage les mots que ce qui est présenté dans le tableau ci-dessus. Par exemple, « *rent.* » peut facilement remplacer « *rentabilité* ». Les annotations ne sont utiles à personne d'autre qu'à vous-même. Il faut tout simplement que vous soyez capable de reconnaître les abréviations, les termes et les symboles utilisés! Certains candidats ont une façon bien personnelle de faire leurs annotations. Ils vont, par exemple, inscrire « *WOW* » à côté d'une phrase qui mérite une attention particulière ou inscrire d'autres signes, tels « ! », « *+/−* » ou « ? ». Finalement, certains termes clés sont également efficaces pour annoter un texte : biais, conflit, louche, manque d'objectivité, faiblesse, risqué, impossible, à changer, pas clair, etc.

**Les annotations ne sont utiles qu'au candidat lui-même;
il les personnalise de façon
à ce qu'elles soient significatives pour lui.**

32 Comme l'illustrent les exemples ci-dessus, la marge de gauche sert principalement à signaler la nature du problème ou enjeu à traiter. Vous avez probablement déjà constaté qu'un paragraphe peut parfois contenir de l'information utile à deux aspects différents. Ainsi, la baisse du prix des actions de Réacto est à considérer dans l'analyse du financement et dans la détermination du risque de vérification. Vous devez bien sûr relever tous les aspects auxquels l'information d'un paragraphe peut être utile.

Les annotations ont donc pour tâche de classer ou de faire un tri préliminaire de l'information. Il est alors plus facile de revenir ultérieurement au texte (y compris celui des annexes) et de repérer tous les paragraphes qui touchent le même sujet. Pour être vraiment utiles, les annotations doivent être courtes et claires.

Voici des exemples d'annotations que j'utilise comme points de repère.

POINTS DE REPÈRE POUR LA CLASSIFICATION DE L'INFORMATION

Annotations	Explications
quantitatif – qualitatif	En relevant tous les aspects quantitatifs ou qualitatifs d'un même sujet, il est plus facile de regrouper l'information dans la résolution du cas. Lors du calcul de la valeur des actions, par exemple, cela m'aide à ne pas oublier de tenir compte de toutes les données disponibles. Il en sera de même des facteurs qualitatifs, avantages et inconvénients, à considérer dans la décision de vendre une division.
passé – futur	La séparation entre l'information expliquant la situation actuelle et celle ayant trait au futur permet de mieux analyser chaque aspect demandé. Ainsi, l'identification des changements prévus dans le futur facilitera la préparation d'un état prévisionnel. De même, l'analyse financière de la dernière année sera plus rapide si tous les éléments d'information relatifs à cette période sont identifiés comme tels.
important – de moindre importance	Il m'apparaît essentiel de relever dès que possible – à la lecture – l'importance du problème ou enjeu à traiter. En établissant très tôt qu'un aspect est mineur, on pourra plus rapidement l'écarter, lors de la rédaction. J'utilise également les signes « + » ou « +++ », « – », et « +/– » afin de faciliter le classement éventuel des sujets par ordre d'importance. Régulièrement, le calcul d'un pourcentage (selon le bénéfice net ou le total de l'actif) sert de guide à l'évaluation de l'importance d'un sujet.
bénéfice – flux	L'information nécessaire à la préparation de l'état des résultats et de l'état des flux de trésorerie n'est pas totalement la même. Il est donc utile d'inscrire l'effet ou l'absence d'effet (≠ flux) de l'information sur chacun d'eux. Comme ces deux états ne servent pas les mêmes objectifs, il est souvent nécessaire de les distinguer dans la solution.

Annotations	Explications
exercice – année	Cela permet d'établir précisément à quelle période se rapporte l'information. Il est plus facile, par exemple, de saisir si l'information fournie est pertinente ou non à la vérification de l'exercice courant. De même, on distinguera mieux quelle est l'information à considérer dans le calcul d'un prix de vente ou du montant à réclamer à l'assureur.
nom de l'entreprise, de la division, du pays	Il arrive que le texte ou les annexes contiennent quantité d'informations, parfois pêle-mêle, sur diverses entreprises ou divisions. La spécification de l'unité discutée permet de séparer plus clairement chacune d'entre elles. Il faut rendre à César ce qui appartient à César! Très souvent, la résolution d'un problème ou enjeu doit être structurée par entreprise, division ou pays.
1er rapport – 2e rapport	Il arrive parfois qu'il y ait deux rapports à rédiger dans un cas. La rédaction de votre solution sera facilitée si l'information à utiliser dans l'un ou l'autre des rapports est séparée dès la lecture. Ainsi, les aspects comptabilité et fiscalité sont souvent discutés dans le premier rapport, alors que l'aspect certification va dans le deuxième.
stratégique – opérationnel	Certains cas ont cette particularité d'exiger des candidats qu'ils classent un problème ou enjeu comme étant stratégique ou opérationnel. Il m'apparaît donc indispensable que le candidat cerne la nature de l'enjeu dès la lecture afin d'en tenir correctement compte dans son plan de réponse. À cette annotation, le candidat devrait également ajouter l'importance de l'enjeu. Malheureusement, bien des candidats croient que « stratégique » va de pair avec « important » et que « opérationnel » va avec « secondaire ». Il faut tout d'abord définir le type d'enjeu dont il s'agit pour ensuite classer tous ceux qui sont du même type par ordre d'importance.
force – faiblesse – possibilité – menace (FO – FA – PO – ME) (FFPM)	Certains cas exigent la présentation d'une analyse des forces (FO) – faiblesses (FA) – possibilités (PO) – menaces (ME) de l'entreprise étudiée. Le candidat doit donc les repérer dès la lecture afin de faciliter la rédaction ultérieure de sa solution.
numéro de la question	Il arrive que le travail à effectuer soit séparé en parties, nommées a), b), c), etc., ou i), ii), iii), etc. ou 1er, 2e, 3e scénario, etc. Naturellement, le candidat facilitera la rédaction de sa solution en précisant dès la lecture à quelle(s) partie(s) la phrase ou le paragraphe du cas se rapporte.

Le tableau précédent explique les annotations que j'utilise le plus souvent. Bien sûr, elles ne s'appliquent pas intégralement à tous les cas. D'ailleurs, il faut être raisonnable dans le choix des annotations pour ne pas surcharger les marges et s'y perdre. Il faut donc s'adapter à la situation. Comme chacun des cas est distinct, il peut certainement arriver qu'un autre système de classement soit approprié. On pourra inscrire les termes « pour – contre » si l'on sait qu'il faudra effectuer une analyse de ces aspects. Il arrive aussi que plus d'une annotation soient nécessaires au même paragraphe. Par exemple, on peut trouver ensemble les annotations « 20X7 » et « revenu imposable », ou encore, « flux » et « futur ». En fait, comme les cas sont tous différents, plusieurs possibilités existent. Le but ultime est d'annoter les nombreux éléments d'information de manière à pouvoir rédiger votre solution plus rapidement et de façon plus efficiente.

Lorsque les annotations du texte et des annexes sont terminées, je reviens à la Table des matières des annexes du cas, s'il y en a une. J'en annote parfois la marge de gauche afin de faciliter toute référence ultérieure. Il m'arrive d'y mettre des accolades et d'y inscrire « passé », « flux », « vendeur », etc. Cela me permet de prendre du recul pour porter un dernier regard sur l'ensemble de l'information disponible et préciser de nouveau à quel problème ou enjeu cela peut servir. En outre, je survole une dernière fois les titres et les sous-titres de tout l'énoncé du cas.

> **Les annotations servent à classer l'information fournie d'une manière qui facilitera la résolution de chacun des problèmes ou enjeux du cas.**

En cours de lecture, il m'arrive aussi de faire un très court calcul dans l'aide-mémoire ou sur une feuille de brouillon. Ainsi, je vais calculer le fonds de roulement à la lecture du bilan si je sais que le créancier exige un minimum à ce ratio, ou encore, je vais calculer le nombre d'actions votantes supplémentaires qu'il y aura quand les actionnaires privilégiés auront converti leurs actions. Ce sont de courts calculs qui m'aident à mieux comprendre l'information du cas et à mieux cibler les problèmes ou enjeux.

Aide-mémoire

La présente section concerne la préparation d'un aide-mémoire et de feuilles de brouillon au fur et à mesure de la lecture d'un cas. La discussion sera séparée en deux parties afin de tenir compte des particularités liées à la longueur du cas. Pour les cas plus longs, soit ceux d'une durée de 4 ou 5 heures, la préparation d'un aide-mémoire m'apparaît indispensable. Quant aux courts cas (20 à 40 points – 48 minutes à 96 minutes), l'aide-mémoire n'est pas nécessaire puisque l'information à lire tient sur peu de pages et peut donc être facilement retenue. Selon les circonstances, on pourra tout de même préparer une ou plusieurs feuilles de brouillon.

Lire de longs cas

La discussion présentée dans les prochains paragraphes porte sur la préparation de l'aide-mémoire et concerne essentiellement la rédaction de longs cas, soit ceux d'une durée de 4 ou 5 heures. Plusieurs programmes universitaires en sciences comptables exigent la simulation de cas de cette longueur, peu importe l'ordre professionnel choisi par l'étudiant.

Je désire suggérer au lecteur de ce volume de lire au moins une fois la présente discussion portant sur l'aide-mémoire, peu importe le type de cas auquel il fera face. Ainsi, même si un candidat prévoit simuler seulement de courts cas pendant un moment, il y apprendra des façons utiles de classer l'information lue. À la relecture de ce volume, il pourra directement se rendre à la section intitulée « Lire de courts cas ».

Voici les aspects à considérer lors de la préparation d'un aide-mémoire.

Classer l'information afin de faciliter la rédaction

L'aide-mémoire sert à classer l'information afin de faciliter la rédaction ultérieure de la solution. Il doit être structuré et préparé de manière efficiente, c'est-à-dire d'après la demande. Je regroupe donc au même endroit toutes les informations nécessaires à l'analyse de chacun des problèmes ou enjeux. Généralement, j'utilise une page distincte pour chaque sujet ou je place la feuille dans l'autre sens (orientation paysage) afin d'y tracer deux ou trois colonnes. Chacune de ces colonnes ou sections de l'aide-mémoire correspond alors à un problème ou enjeu à résoudre. Les titres et les sous-titres de la solution sont donc déterminés au fur et à mesure de la lecture du cas. Cette structure vous aidera à établir votre plan de réponse.

> **La séparation de l'aide-mémoire en fonction des problèmes ou enjeux à résoudre facilite grandement la préparation du plan de réponse.**

À l'heure actuelle, bon nombre d'examens universitaires et professionnels doivent être rédigés sur des feuilles de format « juridique » (ou « *legal* ») (8½ x 14 po. ou 21,59 x 35,56 cm). Je vous suggère donc fortement de commencer dès que possible à simuler vos cas sur des feuilles de cette grandeur, en écrivant seulement au recto. En d'autres circonstances, la résolution de cas peut se faire à l'ordinateur, et on utilise alors des feuilles de format « lettre » (8½ x 11 po. ou 21,59 x 27,94 cm). Si telle est la façon de procéder, vous devez évidemment vous pratiquer dès que possible à résoudre vos cas directement à l'écran. Il vous faudra ainsi parvenir à maîtriser parfaitement les commandes et raccourcis de base (ex.: « copier/coller ou couper/coller », annulation de la dernière frappe) et les fonctions de base (ex.: somme, moyenne).

> En ce qui concerne l'aide-mémoire et les feuilles de brouillon, comme ces pages feront partie intégrante de votre solution, vous devez les préparer en suivant les consignes de la simulation à laquelle elles se rapportent. Dans le contexte où le cas est résolu à l'ordinateur, il peut arriver que l'on accepte que ces « feuilles de travail » soient manuscrites. À ce moment-là, vous pourrez choisir de les écrire à la main ou de les intégrer à votre fichier informatique. Personnellement, je préfère la première option, puisque je prends des notes en abrégé tout au long de la lecture. Le diagramme des entreprises du cas ou la liste des pages où l'on fait référence à l'ancien contrôleur, par exemple, se fait mieux et plus rapidement sur papier. Cela évite les va-et-vient constants entre l'énoncé du cas et l'écran de l'ordinateur. À mon avis, quand vous élaborez votre plan de réponse sur papier, vous avez une meilleure vue d'ensemble du cas.

Je sais que certains candidats écrivent en très petits caractères ou utilisent un format de petite taille afin de placer beaucoup d'éléments d'information dans l'espace restreint d'un aide-mémoire. Ils remplissent ainsi plusieurs colonnes ou cases. Je n'ai naturellement rien à reprocher à cette façon de procéder, pourvu que le candidat s'y sente à l'aise et qu'il ne perde pas de temps à retrouver l'information en cours de rédaction. Il ne faut également pas oublier que le contenu doit être lisible et compréhensible pour le correcteur.

Je prévois toujours une colonne « Autres » ou « Divers » dans l'aide-mémoire afin d'y inscrire l'information qui n'entre dans aucune catégorie ou que je ne peux pas, pour l'instant, classer comme étant mineure ou négligeable. Comme la lecture n'est pas terminée, il ne faut pas mettre de côté un indice du cas qui peut devenir pertinent ultérieurement. On peut remarquer, par exemple, que les comptes clients ont doublé depuis l'an dernier au bilan, mais que la provision pour mauvaises créances est au même niveau. Bien que l'on puisse noter cette information, il est difficile d'en évaluer l'utilité sur le moment. Elle prendra son sens quand, quelques pages plus loin, le contrôleur mentionnera que l'entreprise a relâché ses exigences quant à la qualité du crédit de ses clients. C'est à ce moment-là qu'on précisera le problème ou enjeu à discuter. Cela ne sera pas évident au début, mais au fil des simulations, vous apprendrez à reconnaître ces informations susceptibles d'être utilisées dans la discussion d'un problème ou enjeu amené plus tard.

Je prévois également une section « Aperçu », que plusieurs candidats appellent « Généralités » ou « Contexte ». J'y indique les éléments, relevés au cours de ma lecture, qui ne sont pas des problèmes ou enjeux comme tels, mais qui sont susceptibles d'influer sur la rédaction de la solution. Les objectifs des utilisateurs, le risque de l'entreprise, les facteurs clés de succès du secteur d'activité et le type de gestion de la direction en sont des exemples.

Depuis le début, je vous suggère de structurer l'aide-mémoire selon la demande, c'est-à-dire les problèmes ou enjeux à résoudre. Je n'ai certainement pas changé d'avis! Or, certains candidats utilisent d'autres approches, que je présente et commente ci-après.

EXEMPLE – A

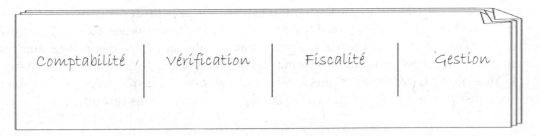

| Comptabilité | Vérification | Fiscalité | Gestion |

Cet aide-mémoire en quatre colonnes qui s'étendent sur plus d'une page va, à mon avis, à l'encontre même d'un des objectifs majeurs de la rédaction d'un cas. En effet, l'intégration des diverses matières entre elles est un des aspects clés visés par l'apprentissage. Dans l'étude d'un cas, on doit discuter des problèmes ou enjeux, telle la dévaluation des stocks, et non de chacune des matières du programme d'étude. Toute l'information sur un même sujet doit donc se trouver au même endroit. Si vous devez traiter de la réduction de la valeur des stocks, il sera certainement plus difficile d'en couvrir les divers aspects – comptabilité, vérification, fiscalité – si l'information se trouve dans des colonnes ou sur des pages distinctes. Cette forme d'aide-mémoire est donc susceptible d'augmenter le temps nécessaire à la rédaction. De plus, le candidat peut facilement oublier d'aborder, de manière intégrée, les divers aspects d'un même sujet puisqu'ils ne sont pas regroupés au même endroit. Finalement, il va de soi que les cas ne requièrent pas tous une discussion de ces quatre matières lorsque le rôle majeur est, par exemple, d'agir à titre de conseiller en gestion ou de contrôleur. En utilisant cette structure, le candidat peut penser, à tort, qu'il doit à tout prix parler de chacune d'entre elles.

Les commentaires ci-dessus s'appliquent également à l'aide-mémoire construit à partir des indicateurs de référence d'un programme donné : gouvernance, stratégie et gestion des risques – mesure de la performance et information – certification – finance – prise de décisions de gestion – fiscalité.

Encore une fois, ce genre d'aide-mémoire axé sur les matières ou sur les indicateurs au programme peut biaiser la rédaction de la solution. Le candidat CA n'a pas nécessairement à discuter des sept indicateurs de référence pour chaque cas (court ou long) ou pour chaque problème ou enjeu. Certes, il devrait s'assurer de couvrir tous les aspects « imposés » d'un sujet donné, mais cela ne veut pas dire d'en traiter tous les aspects possibles. Bref, il faut considérer les informations disponibles de manière intégrée, mais s'en tenir essentiellement au travail à faire.

EXEMPLE – B

| Annexe I | Annexe II | Annexe III |

38   Dans ce genre d'aide-mémoire, il y a une colonne ou une page par annexe fournie dans le cas. L'information est ainsi regroupée en fonction de l'annexe d'où elle provient. Je ne suis vraiment pas d'accord avec cette façon de procéder, qui est tout au plus un résumé du cas. Comment retrouver l'information sur les stocks si celle-ci est répartie dans trois annexes? À la lecture de l'énoncé d'un cas – texte et annexes –, je suis d'avis qu'il faut faire davantage que lire et résumer : il faut évaluer et structurer l'information de manière à faciliter la rédaction ultérieure. Plus la lecture d'un cas progresse et plus le candidat doit avoir une idée précise des problèmes ou enjeux à discuter, ainsi qu'un aperçu de la manière dont il va les résoudre.

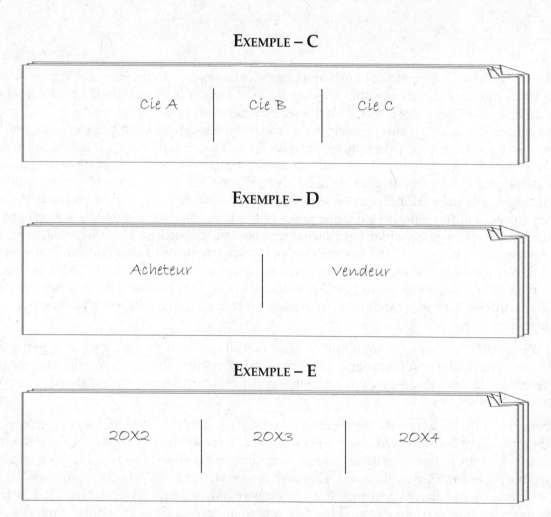

La classification présentée dans les exemples C, D et E n'est pas totalement à rejeter, mais ne répond que partiellement aux besoins de la planification. Un titre de colonne tel « 20X3 » ne veut pas dire grand-chose en soi. Il en va de même pour les entreprises, divisions, pays, produits ou personnes impliquées. Notons toutefois qu'il peut être utile de séparer une colonne ou une section de l'aide-mémoire en parties. Ainsi, après avoir identifié le problème du manque de liquidités, vous pouvez souhaiter en séparer le contenu de la manière suivante : « cie A – cie B ». L'enjeu de l'évaluation de la rentabilité peut, quant à lui, être séparé comme suit : « produit x – produit y – produit z ».

Examinons maintenant l'une des pages d'un aide-mémoire (voir l'exemple à la page suivante) élaboré lors de la rédaction d'un long cas de 4 ou 5 heures.

EXEMPLE D'AIDE-MÉMOIRE

Analyse de l'investissement dans la technologie DVD	Discussion des questions comptables	Rachat des actions de M. Platine
durée 4 ans (p. 3-2)	bénéfice net 20X5: 500 M. (ann II)	Annexe V
politique: délai de recouvrement maximum 3 ans (p. 15-3)	const. prod.: (p. 9-4) client veut compt. à sign. du contrat	retraite au 30 septembre 20X5 (p. 2-2)
quant.: données annexe III	secteur à la livraison (p. 19-4)	prix = valeur aux livres + plus-value sur les actifs corporels
coûts de renonciation: équip.? (p. 11-3)	+ + dévelop.: capit. pour tech. DVD (p. 9-1)	actifs incorporels? (bilan)
taux d'int. de l'emprunt à 12 % (p. 15-2)	radiation des produits en déclin? (p. 10-4) (p. 18-3)	frais de dév.? brevet? (p. 10-1)
qual.: forces: techn. nouvelle (p. 12-1)	peu d'amortissement (rés.) DPA rapide, impôts futurs?	impact fiscal: dividende présumé ?
réseau distrib. déjà en place (p. 2-4)	sujets compt. annexe II	PBR 1 000 $ (p. 17-2)
faibl.: concurrence peut rattraper rapidement (p. 13-6)	mauv. créances (18 %: 20X5, 4 %: 20X4)	minimiser l'impact fiscal M. Platine: répartition sur plusieurs exerc.?
financement annexe IV	+/- publicité 40 000 $	alloc. de retraite? p. 16-4 - REÉR
considérer rachat actions (annexe V)	compt. perte pour éventualité	en tenir compte dans l'analyse du financ.
	brevet non amorti? (voir bilan)	

Lecture d'un cas

Voici ce qu'il faut retenir de cet exemple.

⚲ Le problème ou enjeu est bien identifié en haut de chaque colonne, ce qui nous permet de regrouper ensemble toute l'information sur un même sujet. À mon avis, cela favorise une approche beaucoup plus intégrée dans la résolution du cas.

Il arrive régulièrement qu'un problème ou enjeu requière la discussion de plus d'un aspect. Ainsi, dans l'exemple, il est demandé de traiter de la minimisation de l'impact fiscal pour M. Platine lors du rachat des actions. Comme il s'agit d'un aspect pour lequel peu d'indices existent dans le cas, il est acceptable d'inclure ce sujet dans la même colonne que le rachat lui-même. Nous pouvons appliquer la même logique à la fiscalité liée aux diverses questions comptables. Il est souvent plus simple et approprié de regrouper au même endroit l'information sur la comptabilité et la fiscalité d'un même sujet.

⚲ L'importance de certains sujets peut être signalée dans l'aide-mémoire lorsqu'elle ressort clairement à la lecture. Ainsi, la comptabilisation des frais de développement est essentielle « ++ » dans cette entreprise de haute technologie. Par contre, la publicité semble un sujet plus secondaire, d'où la mention « +/– ». Quel que soit le signe retenu, il vous aidera à déterminer l'importance du sujet lors de la planification de la solution. On pourrait également utiliser un trait de couleur, un astérisque ou tout autre symbole de votre choix.

POINT DE VUE

En examinant bien l'exemple d'aide-mémoire que je vous ai présenté, vous avez peut-être remarqué la mention du bénéfice net au début de la colonne portant sur les questions comptables. Cela pourra éventuellement vous aider à classer les divers sujets par ordre d'importance. C'est un truc que j'utilise chaque fois. Selon les circonstances, le chiffre d'affaires (ex.: si perte nette à l'état des résultats) ou le total de l'actif deviennent la base de référence.

⚲ Les mots sont abrégés pour éviter des pertes de temps inutiles et pour aérer davantage les annotations. Puisque l'aide-mémoire est destiné essentiellement à votre usage personnel, la seule condition à remplir est de vous y retrouver. Vous pouvez donc – et devez – y utiliser plus d'abréviations que dans la solution elle-même, laquelle est destinée au correcteur. D'ailleurs, les informations inscrites dans l'exemple fourni pourraient être davantage abrégées. Les mots de liaison (« à », « de », « en »), par exemple, peuvent être supprimés. Rappelez-vous simplement que l'aide-mémoire n'est pas l'endroit où réécrire les détails du cas. Clarté et concision sont les maîtres mots.

Il faut, en outre, laisser de l'espace entre les diverses annotations afin de pouvoir les compléter au fil de la lecture tout en gardant un texte aéré. Comme les informations sont souvent éparpillées dans le cas, d'autres idées ou références viennent fréquemment s'ajouter. Il est, je le rappelle, grandement préférable de trouver toute l'information sur un problème ou enjeu à un seul et même endroit de l'aide-mémoire. Pour ces raisons, il m'arrive très rarement d'en inscrire plus de deux sur la même feuille, sauf lorsqu'ils sont reliés entre eux ou qu'ils sont de moindre importance.

Comptabilisez vos succès!

Les références sont clairement indiquées entre parenthèses afin que vous puissiez rapidement revenir à l'énoncé du cas pour rafraîchir ou compléter vos idées. Je fais ici référence à la page ainsi qu'au paragraphe, si cette page en contient plusieurs. À titre d'exemple, la référence « p. 15-2 » signifie que l'information se situe au 2e paragraphe de la page 15.

Il faut comprendre que cet exemple d'aide-mémoire est un peu plus visuel que d'habitude pour fins d'illustration des idées du présent volume. Par exemple, il n'est pas nécessaire de mettre le « p. » à chaque fois, et plusieurs mots peuvent être abrégés (ex.: « ann » pour « annexe », « sept » pour « septembre »). Il n'est également pas nécessaire que tout soit parfaitement aligné, tels les éléments concernant les frais de développement. Personnellement, je conserve les parenthèses (ex.: « 1000 (17-2) ») , car je désire distinguer les numéros de page des autres chiffres.

POINT DE VUE

Certains candidats utilisent plusieurs couleurs dans leur aide-mémoire. Ils écrivent par exemple la référence en rouge si cela provient des annexes, et en vert si cela provient du texte. Je ne vois pas en quoi une telle différenciation peut être utile, d'autant plus que cela exige davantage de temps. Un indice sur la mise en doute de la continuité d'exploitation m'apparaît tout aussi valable, qu'il provienne du texte, de l'annexe III ou de l'annexe VI. De même, certains candidats écrivent les éléments de comptabilité en rouge, de vérification en bleu, de fiscalité en vert, etc. Encore une fois, en quoi cela peut-il être utile? Le classement de l'aide-mémoire selon les problèmes ou enjeux du cas me semble adéquat et suffisant.

L'aide-mémoire peut contenir quelques pistes de résolution des problèmes, telle la répartition du rachat sur plusieurs exercices afin de minimiser l'impact fiscal. Je dis bien des pistes, car ce n'est pas l'endroit où l'on peut commencer à résoudre un problème ou enjeu. Cela occasionnerait, à coup sur, une perte de temps, tout en offrant probablement une réponse incomplète à la demande du cas. L'aide-mémoire facilite la rédaction de la solution, mais ne la remplace pas.

L'aide-mémoire ou les feuilles de brouillon remis avec la solution d'un cas sont lus par le correcteur. Ainsi, si la considération d'une allocation de retraite fait partie de l'évaluation, le correcteur pourra en tenir compte même si l'idée est simplement écrite dans l'aide-mémoire. Notez, cependant, que ce n'est tout de même pas chose courante qu'une idée non développée dans un aide-mémoire soit considérée dans la correction d'un cas. En revanche, il faut faire attention de ne pas tomber dans l'extrême et d'écrire dans l'aide-mémoire un trop grand nombre d'idées qui solutionnent les problèmes ou enjeux. En le faisant, on risque de se répéter plus tard, lors de la rédaction proprement dite. On peut certes inscrire quelques idées – les plus importantes ou celles que l'on a peur d'oublier — mais cela doit demeurer à un nombre raisonnable.

42 La structure de l'aide-mémoire peut aider le candidat à ne pas oublier certains aspects d'un sujet. Ainsi, le fait d'inscrire « quant. – qual. » comme sous-titre au projet d'investissement vous rappellera qu'il faut parler de ces deux aspects. Il en est de même du « financement » qui accompagne souvent ce sujet. Ainsi, la section prévue pour un problème ou enjeu donné peut être structurée de diverses manières, telles que « forces – faiblesses », « division A – division B », « avant 20X8 – après 20X8 », « acheteur – vendeur », « produit ABC – produit XYZ », « M. X – Mme Y », etc., selon les besoins. À mon avis, l'important est que ce genre de structure se rattache à un sujet clairement identifié et qu'elle en permette une analyse plus complète.

Certains candidats se servent de l'aide-mémoire afin de minimiser un de leurs points faibles. Par exemple, si vous avez tendance à oublier de tenir compte de l'impact fiscal dans vos calculs, vous pouvez inscrire « fisc. » ou « tax » à des endroits stratégiques de l'aide-mémoire. Sans être nécessairement utile à chaque fois, ce genre d'annotation vous empêchera, à tout le moins, de refaire le même oubli.

ℚ   Il peut être pratique de se servir du point d'interrogation dans l'aide-mémoire, car on ne sait pas toujours ce qui devra être considéré dans la solution. Les coûts de renonciation de l'équipement, par exemple, peuvent être ou non pertinents dans l'analyse de l'investissement. À la lecture du cas, il faut à tout le moins reconnaître cette possibilité afin de pouvoir la considérer ou l'écarter lors de l'élaboration de la solution. En conséquence, il se peut que l'aide-mémoire contienne certaines informations qui ne seront pas nécessairement utiles dans la solution. C'est normal.

ℚ   Il arrive que l'aide-mémoire comprenne des idées qui se répètent ou qui sont mentionnées à deux endroits différents. Ainsi, à la rubrique « financement », on fait référence à la section « rachat des actions », et *vice versa*. On procède ainsi pour les sujets qui sont reliés entre eux. Quel que soit celui qui sera solutionné en premier, l'information disponible sera complète. À noter que de simples flèches peuvent tout aussi bien faire l'affaire.

Dans l'exemple présenté, j'ai inscrit l'information concernant le financement dans la même colonne que l'analyse de l'investissement. J'aurais très bien pu en faire une section à part puisqu'il s'agit d'un sujet certes relié, mais tout de même distinct. Cela serait même préférable étant donné que deux problèmes ou enjeux de ce cas exigent d'avoir recours au financement, soit l'investissement dans la technologie DVD et le rachat des actions. Vous pouvez donc voir qu'il est parfois difficile d'évaluer, *a priori*, l'ampleur d'un sujet avant de construire l'aide-mémoire, d'où l'importance de se laisser suffisamment d'espace. De toute façon, je vous mentionne qu'il est généralement préférable de traiter du financement dans une section distincte.

ℚ   L'aide-mémoire se prépare au fur et à mesure de la lecture du cas et se construit en fonction des problèmes ou enjeux relevés. La plupart d'entre eux découlent du travail à faire et sont souvent connus au début de la lecture. Évidemment, il arrive que l'on se rende compte, après quelques pages, de l'existence d'un sujet nouveau ou d'un problème implicite. Il se peut aussi qu'un sujet considéré *a priori* comme secondaire devienne plus important au fil de la lecture, compte tenu des nouvelles informations. Au moment où l'on se rend compte de cette situation, il faut s'assurer d'avoir suffisamment considéré les informations lues précédemment, qui peuvent être pertinentes au sujet. Deux options sont alors possibles.

La première option est de revenir en arrière et de relire en diagonale tout le texte afin de trouver des éléments d'information liés au nouveau problème ou enjeu. On pourra ainsi retracer des indices de problèmes de continuité de l'exploitation auxquels on ne s'était pas arrêté. Ils peuvent maintenant apparaître plus clairement une fois qu'on a identifié le problème implicite. Les mots encerclés et les annotations des marges peuvent être utiles dans ce processus. Personnellement, c'est de cette façon que je procède, car je préfère réaliser une mise à jour immédiate de l'aide-mémoire.

L'autre option, vous l'aurez deviné, consiste à terminer la lecture entière du cas avant de revenir au début et de compléter l'aide-mémoire. Cette option est également fort acceptable, sauf qu'elle exige l'identification de l'endroit où l'on a constaté l'existence du sujet à traiter à la première lecture. Le choix de l'une ou l'autre option dépend, à mon avis, de vos préférences personnelles. Alors, qu'est-ce qui vous empêche d'essayer les deux puis de retenir la meilleure?

Le cas « en deux parties »

Il arrive que l'énoncé d'un long cas soit divisé en deux parties : un « document de base » remis quelques jours avant la simulation ou l'examen, suivi de « renseignements additionnels » fournis le jour même de la rédaction de la solution. Compte tenu de cette particularité, il est clair que le candidat ne peut faire un aide-mémoire qui tiendrait compte de tous les indices fournis dans les deux documents. Ceci, en raison de la quantité accrue d'information et parce que les problèmes ou enjeux sont, pour la plupart, révélés dans le deuxième document. De plus, bien que cela varie d'un cas à l'autre, le nombre d'enjeux différents est assez élevé, ce qui oblige le candidat à allouer davantage de temps à la rédaction de sa solution. D'où la nécessité de minimiser le temps de lecture des « renseignements additionnels ».

Il est toutefois toujours indispensable d'évaluer l'ensemble de l'information fournie pour chacun des problèmes ou enjeux majeurs. Deux approches s'offrent au candidat pour atteindre cet objectif.

La première approche consiste à préparer un aide-mémoire semblable à celui décrit précédemment en utilisant les enjeux les plus importants en tant que titres de colonne. Cet aide-mémoire sera créé au fur et à mesure de la lecture des renseignements reçus le jour de l'examen. Puisque le candidat a travaillé le document de base au cours des jours précédents, il le connaît bien et n'a donc pas à en réécrire le contenu dans l'aide-mémoire. Il pourra aisément aller y chercher les informations nécessaires lors de la rédaction. De toute manière, l'essentiel des renseignements pertinents à la solution est remis au candidat le jour même de l'examen.

La deuxième approche consiste à développer un système d'annotations des marges assez détaillé pour repérer rapidement toute l'information sur un même sujet : type d'enjeu, niveau d'importance, aspects à traiter, etc. Tout en adoptant cette approche, je vous suggère d'écrire chacun des enjeux sur une feuille de brouillon, afin d'en évaluer l'ensemble, de visualiser les interactions, de les classer dans le bon ordre et de faciliter la construction du plan de réponse.

Les deux approches décrites ci-dessus sont valables. Il faut dire que la plupart des candidats utilisent la deuxième approche parce qu'elle libère davantage de temps pour la rédaction de la solution. Dans un objectif d'apprentissage, je vous suggère tout de même d'essayer la première, en particulier lorsque vous êtes peu familier avec ce type de cas. D'ailleurs, il arrive bien souvent qu'une combinaison de ces deux approches soit utilisée. On peut, par exemple, construire un aide-mémoire (partiel) pour certains problèmes ou enjeux importants dont l'information est disséminée à plusieurs endroits dans l'énoncé du cas.

Dans la résolution d'un tel cas, il est également important de faire des liens d'intégration entre les différents enjeux. Pour vous rappeler de l'existence d'un lien entre certains d'entre eux, des flèches peuvent facilement être ajoutées à l'aide-mémoire ou sur la feuille de brouillon.

Lire de courts cas

Au tout début de la présente section, j'ai mentionné que l'on ne prépare pas d'aide-mémoire pour de courts cas (20 à 40 points – 48 à 96 minutes). C'est toujours vrai. D'une part, vous retenez plus facilement l'information puisque le texte de l'énoncé est moins long. Le nombre de problèmes ou enjeux y est plus restreint et il est plus facile de préciser à quoi se rapporte l'information du texte et des annexes. D'autre part, le temps limite qui est alloué à un court cas réduit grandement la possibilité de réaliser l'exercice. Il devient alors essentiel d'inscrire les annotations appropriées dans les marges au fil de la lecture du cas.

Toutefois, il arrive que l'on désire prendre des notes sur une feuille à part (brouillon élaboré au fil de la lecture), particulièrement pour les cas de 72 à 96 minutes (30 à 40 points). Une telle feuille de brouillon peut faciliter la rédaction de votre solution en vous rappelant les éléments particuliers du court cas.

> **POINT DE VUE**
>
> J'utilise parfois le terme « aide-mémoire » lorsque je discute de courts cas. En fait, il s'agit plutôt d'une feuille guide, ou d'une feuille de brouillon qui, pour un court cas, dépasse rarement une page ou deux. Pour cette raison, les candidats qui rédigent leur cas à l'ordinateur placeront habituellement le contenu de leur bref aide-mémoire à la dernière page du fichier informatique de leur solution.

Voici des exemples du genre de notes que l'on peut trouver sur une telle feuille de brouillon.

- La réécriture du travail à faire et des éléments du texte expliquant la demande;

- Le dessin d'une ligne de temps retraçant les évènements clés;

- Une liste d'indices d'un problème implicite;

- Le rappel d'un élément clé, tel le désir d'obtenir une subvention pour un OSBL;

- Un résumé des parties en présence, de leurs objectifs ou de leurs biais;

- Un diagramme des diverses entreprises, divisions ou actionnaires;

- Une écriture de journal qui permet de comprendre le traitement comptable adopté par le client;

- Quelques idées succinctes de solution, si nécessaire (c'est mieux que de les écrire sur l'énoncé du cas!);

- Un avant-goût de l'ordonnancement des sujets selon leur importance.

Pour de courts cas, il existe tout de même certaines situations où il peut être utile de préparer un bref aide-mémoire – ou plutôt un peu plus qu'une seule feuille de brouillon. À ce moment-là, les références aux diverses informations sont simplifiées puisque les courts cas se présentent en moyenne sur cinq à sept pages et non sur une vingtaine, comme les longs cas de 4 ou 5 heures.

Il peut être utile de préparer un bref aide-mémoire quand, par exemple :

- Il est difficile de cerner les sujets à discuter.

- L'information concernant les problèmes ou enjeux est disséminée à divers endroits.

- Il faut traiter de plusieurs aspects ou domaines distincts dans le même cas.

- Il est difficile de déterminer l'ordre d'importance des problèmes ou enjeux.

Je vous rappelle finalement que la préparation de la page comprenant les renseignements de base – Date, À, De, Objet, Axe central – est aussi indispensable pour un court cas.

POINT DE VUE

Certains candidats font systématiquement un aide-mémoire pour tous les cas, quels qu'ils soient. Je ne crois pas que ce soit la bonne façon de faire. Plusieurs courts cas sont structurés d'une manière suffisamment claire pour qu'on puisse s'y retrouver rapidement et facilement. Par exemple, un cas demandant de suggérer des améliorations au contrôle interne présentera généralement une annexe énumérant les divers contrôles actuellement en place dans l'entreprise. Nul besoin de les répéter dans un aide-mémoire. Le temps d'un cas étant toujours limité, il faut l'utiliser judicieusement.

Planification de la solution

Lorsque vous avez terminé la lecture détaillée et active de l'énoncé d'un cas, vous devez en planifier la solution. Je vous recommanderais, en toutes circonstances, de vous accorder un temps de réflexion afin de structurer votre solution et lui donner une direction bien précise. La préparation d'un plan de réponse pendant ce temps d'arrêt maximisera vos chances de réussite. Cela ne veut pas dire que tous les éléments de solution sont connus, mais plutôt que les problèmes ou enjeux sont déterminés puis classés par ordre d'importance, compte tenu du rôle à jouer et du travail à faire.

Voici les aspects importants à considérer dans la planification de la solution.

Se remémorer l'information concernant la demande du cas

Il est important de se remémorer toute l'information concernant la demande du cas en prenant le temps de relire, au besoin, le travail à faire, ainsi que les paragraphes qui l'expliquent. Si ce n'est déjà fait, l'axe central du cas, compte tenu des problèmes ou enjeux importants, est à définir en feuilletant les annotations et l'aide-mémoire.

L'une des faiblesses majeures des solutions proposées par les candidats est tout simplement de **passer à côté de la demande d'un cas**. Il est donc essentiel de se maintenir dans l'axe de cette demande, car il est dommage d'écrire pendant plus de 3 heures et de perdre son temps. Compte tenu de l'avancement de vos études universitaires et après quelques simulations, croyez-moi sur parole, ce ne sont pas les idées qui manquent! Ce qui manque, par contre, ce sont les idées pertinentes! Et ce sont uniquement celles-là qui seront considérées dans l'évaluation, d'où la nécessité absolue de s'assurer autant que possible d'être sur la bonne voie dès le départ.

J'ai déjà mentionné précédemment que j'inscris toute l'information liée au travail à faire sur une seule page, que je relis régulièrement en cours de rédaction. Pour l'instant, cette page me sert de guide à la planification de la solution. Ultérieurement, elle pourra également constituer la première page de la solution.

Voici deux exemples de cette première page d'une solution.

EXEMPLE DE PRÉSENTATION – A

Date : 31 octobre 20X7

À : client

De : conseiller en gestion

Objet : détermination du prix d'acquisition d'une entreprise

Points majeurs :   –   éléments non récurrents

                 –   opérations entre personnes apparentées

Axe central : calcul du prix — bénéfice caractéristique

Date : mars 20X9

À : directeur général

De : contrôleur

Objet :

------→   analyse de la performance de la dernière année des trois divisions;

------→   évaluation de la rentabilité du nouveau brevet;

------→   établissement du prix de cession interne;

------→   comptabilisation des améliorations apportées à l'usine et aux biens

de production.

Axe central : contribution marginale, VAN

Classer les divers problèmes ou enjeux par ordre d'importance

Les divers problèmes ou enjeux à résoudre doivent toujours faire l'objet d'un classement par ordre d'importance. Cela est indispensable puisque le candidat qui réussit à évaluer l'importance des sujets maximisera ses chances de réussite. Il lui sera également plus facile d'estimer le temps à allouer à chacun d'entre eux. S'il y a cinq problèmes ou enjeux, par exemple, pour 2h30 de rédaction, il n'est sûrement pas approprié de consacrer 30 minutes à chacun. Ils ne requièrent certainement pas la même profondeur de discussion.

> Le classement adéquat des sujets par ordre d'importance exige l'exercice de votre jugement professionnel. Cet aspect est naturellement récompensé lors de l'évaluation par le correcteur puisque cela démontre votre capacité d'analyser une situation dans laquelle plusieurs problèmes ou enjeux se recoupent. Il y aura assurément davantage de poids accordé à la résolution des sujets importants qu'à celle des sujets plus secondaires.

Voici quelques-uns des aspects à considérer lors du classement des sujets par ordre d'importance, accompagnés d'exemples illustrant leur application.

Lecture d'un cas

48 ASPECTS À CONSIDÉRER LORS DU CLASSEMENT

Aspects à considérer	Exemples

Ampleur des sommes en jeu

Truc : Un élément devient important s'il se situe aux alentours de 5 % à 15 % (et plus) d'une base de référence (bénéfice net, chiffre d'affaires, actif total). Le pourcentage peut varier selon les particularités du cas.

- La préparation d'un budget exige la détermination des produits futurs. L'entreprise du cas commercialise trois produits différents. On pourra faire un calcul plus détaillé pour les deux produits principaux et une simple hypothèse dans le cas du troisième, qui représente 6 % du chiffre d'affaires total.
- Le cas exige une discussion sur la détermination du coût des produits. Celle portant sur les sous-produits sera moins approfondie que les autres étant donné leur nature même.
- Il y a plusieurs questions comptables à régler. Trois d'entre elles représentent des sommes de 50 000 à 120 000 $. La dernière, concernant les rendus et rabais, s'élève à 7 000 $. Elle fera l'objet d'une discussion plus courte.

Situation dans le temps

Truc : Il faut regarder l'échéance ou la date limite du sujet; plus cette date est imminente, plus cela est susceptible d'être important.

- L'entreprise envisage de construire une nouvelle usine dans deux ou trois ans. Étant donné son horizon relativement éloigné, ce sujet est de moindre importance, et ce, même si l'on mentionne que la propriétaire tient à ce projet.
- Un problème ou enjeu lié à la survie est habituellement considéré comme crucial puisqu'il peut, à très court terme, entraver la bonne marche des opérations de l'entreprise.

Risque lié aux éléments

Truc : Il faut se questionner sur les risques découlant de l'élément en question. Générera-t-il des rentrées ou des sorties de fonds importantes? Est-ce que cela risque de changer les conclusions ou les recommandations? Est-ce que cela exige des estimations?

- Au cours de l'exercice, l'entreprise a appris qu'elle faisait l'objet d'une poursuite de 5 000 $. Bien que l'entreprise fasse plus de 2 millions de bénéfice, cette information ne peut être mise de côté sous prétexte que le montant est peu important. En effet, puisque cela concerne le produit le plus vendu, tous les autres clients qui l'ont acheté risquent d'exercer un recours similaire contre l'entreprise.
- Les deux principaux postes du bilan sont les suivants : Terrain – 1 000 000 $ et Frais de développement – 1 000 000 $. *A priori*, il est bien certain que le terrain est le moins risqué des deux éléments – et donc moins important –, car c'est un actif tangible qui diminue rarement de valeur. Quant aux frais de développement, ils sont par nature plus risqués, car plusieurs estimations doivent être établies : critères de capitalisation, valeur, durée de vie, etc.
- La constatation des produits est un problème plus important lorsque aucune somme n'a été reçue. Ainsi, il est de moindre importance de déterminer à quel moment comptabiliser une somme reçue de 500 000 $ que de savoir quand comptabiliser une même somme à recevoir dans un an.

Aspects à considérer	Exemples
Particularités du secteur d'activité Truc : Il faut se demander ce qui caractérise le secteur de l'entreprise. Qu'y a-t-il de particulier dans ce secteur qui ne se retrouve pas nécessairement dans tous les autres?	– Les avions qui figurent à l'actif du bilan d'une compagnie aérienne sont sûrement un poste important. – L'entreprise est dans un secteur hautement technologique. Ainsi, les postes Stocks, Frais de développement, Brevets et Fonds commercial doivent être davantage examinés. – Il faut penser à la production d'informations supplémentaires aux états financiers lorsqu'il s'agit d'un OSBL, telles que la description des activités, les mesures de performance et les données budgétaires. – L'entreprise est un commerce de détail. La gestion des inventaires est davantage susceptible d'être un enjeu important que la gestion des comptes clients. – L'entreprise œuvre dans un domaine où il y a une pénurie de main-d'œuvre spécialisée. Les conditions de sa rémunération sont donc plus importantes que d'habitude.
Rôle majeur à jouer Truc : Il faut déterminer la principale raison d'être de notre embauche. Quelles sont mes compétences les plus importantes auxquelles on fait appel?	– Le rôle majeur est d'être un vérificateur qui doit discuter de questions comptables et de vérification. En plus, on lui demande d'aider l'entreprise à choisir entre deux options concernant le renouvellement du bail. Puisque l'aspect relié à la gestion est accessoire au principal rôle à jouer, il est donc fort probable qu'il doive être placé un peu plus loin dans la liste des problèmes ou enjeux à traiter. Remarque : La discussion de questions comptables subirait le même sort si le rôle majeur était d'être un conseiller en gestion.
Longueur du texte consacré au sujet dans le cas Mise en garde : Il faut quand même procéder avec discernement, étant donné que la substance prime sur la forme. Jugement professionnel nécessaire!	– Le cas de seize pages contient une annexe de deux pages concernant le projet d'investissement au Chili. Il est fort probable que ce sujet soit important. – À l'annexe III, une dizaine de sujets sont discutés. Deux d'entre eux sont simplement signalés en une phrase; il y a donc moins de chance qu'ils soient importants. Remarque : Plus les informations sur un même sujet sont nombreuses, plus son importance est susceptible d'augmenter. Il faut d'excellentes raisons pour laisser tomber un sujet longuement exposé dans l'énoncé d'un cas. Personnellement, je le ferais seulement après avoir bien réfléchi.

POINT DE VUE

Je crée souvent une rubrique « Autres sujets » à la fin de la liste des problèmes ou enjeux à discuter. Cela n'est pas toujours utile, mais je sais qu'il existe un endroit où je peux inscrire les idées qui ne peuvent être classées ailleurs. Il faut comprendre qu'il ne peut s'agir de problèmes ou enjeux exigeant une analyse élaborée, car ils seraient identifiés distinctement. Il ne faut pas non plus que cette section serve de prétexte à la discussion de sujets non pertinents. La section « Autres sujets » comprend donc de bonnes idées pertinentes qui n'ont pas besoin d'être plus amplement analysées. Par exemple, on peut y mentionner qu'il faudra éventuellement augmenter la capacité de production de l'entreprise. L'idée est bonne, mais trop loin des considérations immédiates pour mériter qu'on s'y attarde davantage.

Planifier la rédaction

Une fois les problèmes ou enjeux classés par ordre d'importance, il faut planifier la rédaction comme telle. Après avoir déterminé le temps qui reste, vous devez le répartir entre les divers sujets à traiter, en tenant compte de l'importance de chacun.

Il est indispensable de répartir le temps de rédaction entre les différents problèmes ou enjeux soulevés. J'ai vu, très souvent, des candidats présenter une excellente analyse des deux ou trois premiers sujets, puis négliger les derniers, faute de temps. Cela est dommage puisque le résultat final se situe alors autour des exigences minimales de passage ou à peine au-dessus – en supposant que l'ordre d'importance des divers sujets ait été bien établi! Ce n'est certes pas une tâche facile, mais je considère qu'il faut essayer de planifier son temps afin de s'assurer d'une couverture appropriée de chacun des sujets à traiter. Ainsi, dès le début de l'élaboration de la solution, il faut avoir une idée approximative du temps à consacrer à chacun des problèmes ou enjeux.

> **Le plan de réponse est indispensable,
> car il faut s'assurer de traiter raisonnablement
> de chaque sujet demandé.**

Voici quelques explications concernant la façon de construire un plan de réponse.

Comptabilisez vos succès!

Façons de procéder	Explications
Établir un « budget de temps » en allouant un intervalle de +/− x minutes pour chacun des sujets à traiter.	Il faut évaluer le temps requis pour la résolution d'un problème ou enjeu au meilleur de sa connaissance. Je vous encourage à respecter le budget de temps établi au départ. Je comprends, par contre, que le temps réel puisse s'écarter du temps prévu. Pour un long cas, cet écart ne devrait pas excéder 7-8 minutes; 3-4 minutes pour un court cas.
Prévoir séparément le temps pour l'aspect quantitatif et l'aspect qualitatif d'un même sujet.	Cela nous assure de ne pas oublier l'un ou l'autre aspect. Il faut prévoir davantage de temps pour une analyse quantitative, car il est plus long de faire des calculs que d'écrire un texte. Ainsi, on peut prévoir 15 minutes pour le calcul de la contribution marginale des trois produits et 5 à 8 minutes pour l'analyse qualitative.
Prévoir un temps global par rapport, par section ou par partie, puis séparer ensuite ce temps entre les problèmes ou enjeux de chacun. L'objectif est de s'assurer d'une couverture minimale de tous les éléments de la demande.	– Il arrive parfois qu'il y ait deux sections distinctes à rédiger pour un même énoncé de cas. Habituellement, le temps à accorder à la première est plus long, car elle contient davantage de sujets à discuter. Trop souvent, une mauvaise planification du temps empêche le candidat de répondre de manière raisonnable à la deuxième section. Puisque les problèmes ou enjeux d'une seconde partie sont habituellement plus faciles à résoudre que ceux de la première, le candidat se prive ainsi d'améliorer l'évaluation globale de sa solution. – Pour certains cas, la présentation de sections suivant un ordre bien défini est requise : sommaire exécutif – introduction – analyse de la situation actuelle (incluant la mission, les préférences des principaux intervenants et les FFPM) – enjeux stratégiques – enjeux opérationnels – plan de mise en œuvre. Le candidat doit prévoir un temps raisonnable pour chaque section. – Lorsque la pondération de chacune des parties n'est pas indiquée, il faut séparer le temps entre celles-ci selon l'ampleur de leur demande respective. Parfois, le cas mentionne le nombre de mots permis ou de points accordés par partie. Cela devient, évidemment, le guide à suivre.
Se garder du temps libre pour pallier tout oubli, erreur de calcul, de rédaction, ou une mauvaise évaluation d'un problème ou enjeu.	Ce temps libre ne peut pas vraiment excéder 5 minutes pour de courts cas allant jusqu'à 96 minutes. Pour un long cas de 4 ou 5 heures, je suggère de garder environ 10 minutes.

Lecture d'un cas

52

Il ne faut pas tomber dans l'excès et perdre trop de temps à calculer le nombre de minutes par sujet. Il est d'ailleurs difficile, *a priori*, d'évaluer que la VAN va prendre 17 minutes, que la discussion sur le financement en prendra 13 ou que l'analyse du risque durera 6 minutes. L'important est d'avoir une idée de la longueur de la discussion, que l'on peut exprimer sous forme d'intervalle, afin d'obtenir un guide utile à l'écriture de la solution (ex.: VAN de 20 à 25 minutes).

Une fois que l'on a déterminé le temps approximatif à allouer à chacun des problèmes ou enjeux, il faut additionner le temps total requis. La comparaison de ce temps prévu au temps qui reste dans la simulation du cas vous permettra d'ajuster votre plan de réponse, si nécessaire. Cela est particulièrement utile, car vous devez être constamment conscient du temps dont vous disposez pour élaborer votre solution. Comme il faut couvrir l'essentiel des sujets relevés, l'exercice est indispensable. Puisqu'il existe une contrainte de temps inhérente à tous les cas, la meilleure façon d'en minimiser les effets négatifs est de présenter une solution équilibrée et diversifiée.

En cours de rédaction, « s'il vous plaît » ne regardez pas votre montre toutes les deux minutes. Le point majeur que je cherche à vous transmettre ici est qu'il faut demeurer conscient des limites de temps en cours de rédaction. Ainsi, calculer un flux de trésorerie en 17 minutes au lieu de 15 n'est pas grave. Toutefois, y accorder 5 ou 30 minutes, alors qu'on en avait prévu 15, risque d'affecter négativement votre performance. En ayant à l'avance une idée du temps à allouer à chaque problème ou enjeu, vous pourrez mieux redistribuer votre « budget de temps » entre les éléments que vous souhaitez approfondir er ceux qui vous semblent moins importants. Seule une très mauvaise évaluation du travail à faire peut modifier de façon importante le plan de réponse établi au départ. Cela ne survient pas souvent, surtout au fur et à mesure que le candidat acquiert de l'expérience en simulation de cas.

À la page suivante, vous trouverez deux exemples de plan de réponse pour un long cas.

Vous avez peut-être déjà remarqué que les commentaires précédents au sujet de la planification de la solution s'appliquent tous aux cas de 4 ou 5 heures, mais en partie seulement aux cas plus courts. Je vous rappelle qu'il est nécessaire de planifier en détail le temps lorsqu'il s'agit d'un long cas, car l'élaboration de la solution elle-même s'étend sur une longue période, variant de 2h30 à 3h30. Une fois ce plan de réponse établi, je vous suggère de prendre un peu de recul afin de vous assurer que l'ensemble est logique et cohérent. Il s'agit, en quelque sorte, d'un test de vraisemblance pour déterminer si le plan a du sens. À ce stade, un bref retour sur le rôle à jouer, la demande et l'axe central peut être utile. On pourra remarquer, par exemple, qu'il est inapproprié de calculer les impôts futurs avant d'avoir traité de la déductibilité des dépenses. De même, il faut redresser l'avoir des actionnaires avant de calculer la valeur comptable nette d'une action.

Pour un cas plus court, il faut comprendre que le temps alloué à la planification de la solution est abrégé. Il m'apparaît toutefois indispensable qu'un plan de réponse soit construit pour que le candidat fixe l'ordre des sujets à traiter selon leur importance. Il peut ainsi déterminer plus rapidement combien de temps accorder à chaque sujet, ce qu'il fera habituellement dans sa tête. L'essentiel est d'être conscient de la limite de temps d'un court cas, car il est trop facile de discuter seulement des deux ou trois premiers sujets au détriment des autres.

Comptabilisez vos succès!

EXEMPLES DE PLAN DE RÉPONSE

long cas (5 heures)

Lecture et plan	90 min.
1ère partie (environ 130 min.)	
Introduction	5 min.
Évaluation de JGD ltée	
– quantitatif	25 min.
– qualitatif	10 min.
– recommandations	5 min.
Rachat des actions de Jean-Guy	15 min.
Financement	
– flux de trésorerie	15 min.
– besoins de fonds	10 min.
– qualitatif	10 min.
– recommandations	5 min.
Analyse du contrôle interne	20 min.
Options d'achat d'actions	10 min.
2ème partie (environ 70 min.)	
– Discussion de questions comptables	50 min.
– Impact sur la certification	20 min.
Surplus	10 min.
Total	**300 min.**

long cas (4 heures)

Lecture et plan	60 min.
Sommaire exécutif et introduction	10 min.
Analyse de la situation actuelle	25 min.
Enjeux stratégiques (environ 75 min.)	
– regroupement avec Excello	25 min.
– fusion avec Optimo	20 min.
– vente de la division Problémo	20 min.
– construction d'une nouvelle usine	10 min.
Enjeux opérationnels (environ 45 min.)	
– embauche de mécaniciens compétents	10 min.
– sécurité du système d'information de gestion	10 min.
– négociation de la convention collective	10 min.
– amélioration du processus budgétaire	5 min.
– régime d'options d'achat d'actions	5 min.
– autres	5 min.
Plan de mise en oeuvre	15 min.
Surplus	10 min.
Total	**240 min.**

54   Voici trois exemples illustrant la planification de la solution pour un court cas.

Premier exemple de la planification d'un court cas

Le cas à résoudre est de 30 points, pour 72 minutes. Supposons que la lecture a pris 21 minutes et que le candidat se garde 3 minutes (pas le temps de se perdre dans les détails) afin de planifier sa solution. Il lui reste donc 48 minutes pour rédiger, disons, huit sujets différents. À mon avis, le candidat doit être conscient du fait, du moins *a priori*, qu'il a en moyenne 6 minutes par sujet. Dans sa tête, il peut juger que chacun des deux premiers sujets prendra approximativement 10 minutes à rédiger, mais qu'il devra diminuer le temps de rédaction des deux derniers à 2 minutes chacun s'il veut traiter de tout.

Deuxième exemple de la planification d'un court cas

Le cas à résoudre est de 35 points, pour 84 minutes. Il exige la préparation de deux rapports ou de deux sections. Le premier a trait à l'évaluation d'une décision d'investissement suivie d'une discussion sur les divers moyens de financement. Le deuxième rapport, quant à lui, exige l'analyse du contrôle interne.

Supposons que la lecture ait pris 22 minutes et que le candidat se garde de 2 à 4 minutes pour planifier sa solution. Il lui reste donc tout près d'une heure (58 à 60 minutes) pour la rédiger. Dans cet exemple, le candidat peut prévoir 45 minutes pour le premier rapport et 15 minutes pour le deuxième. Par la suite, il pourra séparer le temps du premier rapport entre trois aspects : 20 minutes pour l'analyse quantitative de l'investissement, 10 minutes pour l'analyse qualitative et 10 minutes pour la discussion sur le financement.

Troisième exemple de la planification d'un court cas

Le cas à résoudre est de 25 points, pour 60 minutes. Le rôle à jouer est celui d'un expert en sinistre qui doit évaluer les dommages subis par un client à la suite du retard de construction de l'usine. On lui demande donc d'établir le montant de la réclamation à présenter à l'entrepreneur en construction.

Après une lecture d'approximativement 15 minutes, le candidat peut prendre 3 à 4 minutes pour se demander quels sont les aspects les plus importants. Il peut considérer, par exemple, que la discussion des produits perdus est l'aspect clé puisque plusieurs frais variables sont proportionnels à ceux-ci. Il devra alors consacrer un peu plus de temps à la détermination des produits dans sa solution.

S'assurer d'avoir abordé tous les sujets importants

Il est généralement reconnu qu'un candidat peut bien réussir un cas sans avoir discuté de la totalité des problèmes ou enjeux demandés. Toutefois, il doit avoir abordé tous les sujets importants pour qu'il en soit ainsi. En négligeant un sujet important sur trois, par exemple, le candidat aura certainement de la difficulté à élever sa note au-dessus des exigences minimales de passage. En conclusion, il est acceptable de laisser tomber un ou deux sujets plus secondaires par manque de temps, mais on ne peut le faire lorsqu'il s'agit d'un sujet important.

Avis aux perfectionnistes : À ceux qui veulent aller au fond des choses et qui pensent à tous les petits détails, attention! Le perfectionnisme n'est pas vraiment une qualité lors de la rédaction d'un cas. Comme je l'ai mentionné plus tôt, il faut traiter de tous les sujets importants dans la solution ainsi que d'une bonne partie des autres. Cela signifie qu'il faut « décrocher » d'un sujet afin d'avoir du temps pour analyser le suivant, même si l'on n'a pas peaufiné sa solution. On manque toujours de temps dans la rédaction d'un cas pour rendre une solution parfaite. Il faut apprendre à l'accepter et c'est une leçon particulièrement difficile pour les perfectionnistes. Si vous êtes l'un d'entre eux, la planification et le respect du temps alloué pour chaque problème ou enjeu est davantage à surveiller; particulièrement lors des premières simulations.

Les candidats me demandent souvent combien de sujets ils doivent traiter dans leur solution. Il n'est pas facile de répondre à cette question. Théoriquement, on doit tous les traiter, mais en réalité, il faut en traiter le plus grand nombre possible. C'est certain qu'il faut analyser tous les problèmes ou enjeux importants; quant aux autres, cela dépend de leur nombre et du temps alloué au cas.

Prenons l'exemple d'un court cas de 25 points – 60 minutes où il y a dix sujets à traiter. Quatre sont importants, deux sont plus ou moins importants et quatre sont secondaires. Disons qu'après la lecture et la planification, 40 minutes sont disponibles à la rédaction, soit environ 4 minutes par sujet. Il peut être acceptable, dans cette situation, de laisser tomber deux des quatre sujets secondaires pour récupérer 8 minutes de plus à consacrer aux autres problèmes ou enjeux. Voici un autre exemple : il y a six sujets à discuter dans un court cas de 35 points – 84 minutes. Le candidat en a conclu que les six sujets sont tous plus ou moins de la même importance. Toutefois, un de ces sujets, telle la comptabilisation d'un instrument financier, lui cause des difficultés. Le candidat peut alors traiter des cinq autres sujets, puis se garder moins de temps pour celui-ci. Il sait, de toute façon, qu'il ne pourra pas faire une très bonne analyse. Il est donc préférable qu'il concentre son énergie sur les cinq autres sujets.

Voici un dernier exemple : Supposons que l'on dispose de 50 minutes pour la discussion de neuf enjeux opérationnels. Même si la moyenne mathématique est d'environ six minutes par sujet, il serait acceptable que le candidat laisse tomber les deux ou trois sujets opérationnels les plus secondaires afin de fournir une analyse plus complète de ceux qui sont plus importants. Il récupère ainsi de 12 à 18 minutes. Mentionnons également que les enjeux opérationnels ne nécessitent pas nécessairement le même temps de rédaction. Il faut s'ajuster aux circonstances.

Partie 2
Contenu de la solution d'un cas

Rédaction de la solution
Idées pertinentes
Idées nouvelles
Utilité d'un calcul
Conclusions et recommandations

Rédaction de la solution

La présente partie de ce volume porte sur le contenu de la solution d'un cas. L'objectif est de discuter des caractéristiques inhérentes à la rédaction, qu'il faut garder constamment à l'esprit. Il s'agit de repères généraux de référence qui faciliteront l'écriture de votre solution en la rendant plus pertinente, favorisant ainsi votre réussite.

Une fois la solution planifiée, le temps écoulé représente entre le quart et le tiers du temps total alloué pour simuler le cas. Cela dépend, bien sûr, de votre vitesse de lecture et de votre expérience en simulation. La longueur du cas ainsi que la difficulté à comprendre la demande ou à préparer le plan de réponse influent aussi sur ce temps de lecture. Toutefois, il m'apparaît indispensable qu'il vous reste au moins les deux tiers de la durée de la simulation pour rédiger. En d'autres mots, cela vous laisse au moins 3h20 pour un cas de 5 heures, et 48 minutes pour un cas de 72 minutes. À mon avis, s'il reste moins de temps, la capacité d'arriver à une solution adéquate est sérieusement compromise. Je vous rappelle que, pour un cas « en deux parties », le temps de lecture devrait être de 50 à 60 minutes, ce qui laisse au moins 3 heures au candidat pour la rédaction.

Voici quelques éléments importants à considérer au cours de la rédaction de la solution.

Intégrer la solution au cas et à son contexte

Il faut absolument présenter une solution qui est en permanence intégrée au cas et à son contexte particulier. L'employeur ou le client vous a engagé (et vous verse un salaire ou des honoraires!) pour répondre à ses questions et résoudre ses problèmes ou enjeux spécifiques. Cela signifie que vos analyses, arguments, conseils, conclusions et recommandations doivent répondre directement aux besoins exprimés par le destinataire du rapport. Ainsi, il serait inutile d'énumérer et de définir tous les types de centre de responsabilité sans discernement. Il faut plutôt discuter de ceux qui s'appliquent à l'entreprise étudiée.

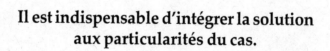

**Il est indispensable d'intégrer la solution
aux particularités du cas.**

Exemple d'intégration des idées au cas

Supposons qu'il soit pertinent de se demander si les frais de développement peuvent être capitalisés. Nous savons que, selon le *Manuel de l'ICCA (3450.21)*, il y a cinq conditions à respecter. Or, le candidat qui veut discuter de cette question ne doit pas se contenter d'énumérer ces cinq conditions théoriques, sans plus d'analyse. Sa discussion sur la capitalisation ou non de ces frais doit être intégrée à des indices du cas de la façon suivante :

- **Puisque la production du système MGF a commencé**, on peut dire que la faisabilité technique du produit est démontrée.

- Je doute que le marché de ce produit soit clairement défini, **car aucun acheteur ne s'est montré intéressé, même si la direction en a déjà contacté plusieurs**.

- Même si le **concepteur du nouveau produit est très enthousiaste**, la direction de l'entreprise n'a pas encore confirmé son intention de le produire et le commercialiser.

L'exemple précédent montre clairement que la discussion porte sur la ou les conditions pour lesquelles les indices du cas existent. Vous devez donc bien connaître la théorie sur les frais de développement afin de déterminer sur quels aspects portera votre discussion. Cela est indispensable, mais, je me dois de le mentionner, il est rarement nécessaire de faire un exposé théorique avant de résoudre un problème ou enjeu. Il faut plutôt **intégrer simultanément la théorie à la pratique** afin de montrer vos capacités professionnelles. Autrement dit, à l'instar de l'exemple sur les frais de développement, il faut que les idées fassent référence à la fois aux concepts théoriques et aux indices du cas. La plupart du temps, ce sera fait dans la même phrase ou le même paragraphe.

POINT DE VUE

Les candidats ont de la difficulté à procéder comme tel d'entrée de jeu, particulièrement lors des premières simulations. Ils vont plutôt exposer les concepts théoriques dans un premier paragraphe puis présenter leur application au cas dans le suivant. Afin d'éviter cela, vous devez donc faire de réels efforts pour que les idées théoriques soient directement et simultanément intégrées au cas.

Il arrive parfois qu'un cas exige du candidat qu'il fasse un résumé de certaines notions théoriques. Le travail à faire sera alors très explicite ou dirigé. Même si ce genre de demande est rare dans le cadre des examens professionnels, en voici quelques exemples.

Exemples de demande explicite à l'égard d'aspects théoriques

- Les membres du conseil d'administration d'une bibliothèque (OSBL) ne comprennent pas très bien la signification du poste « Fonds restreints » des états financiers.

- Le directeur général aimerait que vous dressiez la liste des tâches et responsabilités d'un vérificateur interne.

- L'organisme de réglementation désire connaître les différentes façons de calculer le coût d'un produit.

    ⚄ Votre supérieur immédiat vous demande d'expliquer comment les gains sur abandon d'activités seront présentés aux états financiers.

    ⚄ En quoi consiste le « jugement professionnel » ?

Même lorsque la demande est explicitement axée vers un exposé de la théorie, il est généralement possible de faire de l'intégration avec les particularités du cas à un moment ou un autre. Ainsi, on pourra parfois se servir de ce qui se passe dans l'entreprise pour soutenir les explications ou justifier une recommandation.

En voici des exemples.

    ⚄ Le poste « Fonds restreints » a été créé parce que M. Généreux a spécifié que son don de 11 000 $ devait servir uniquement à renouveler les ordinateurs de la bibliothèque.

    ⚄ Le vérificateur interne a la tâche de s'assurer que les procédures de contrôle sont suivies par l'entreprise. Cela aurait pu prévenir tous les vols à l'entrepôt depuis deux ans.

    ⚄ La considération des coûts fixes dans le calcul du coût d'un produit peut dépendre du secteur d'activité. Dans celui de la fabrication sur mesure, ils sont faibles.

    ⚄ Comme vous pensez faire des gains à la suite de l'abandon des activités de vente au détail, il faut savoir que ceux-ci seront inscrits aux résultats lors de leur matérialisation.

Tous ces exemples montrent qu'il est possible d'intégrer sa solution au cas, même quand cela vous paraît plus ou moins évident. D'ailleurs, il y a toujours une raison qui pousse l'employeur ou le client à exprimer sa demande. Il désire, par exemple, connaître les tâches et responsabilités d'un vérificateur interne dans le but d'éviter d'autres vols comme ceux ayant eu lieu à l'entrepôt. De même, s'il s'intéresse à la comptabilisation des abandons d'activités, c'est probablement parce que la direction songe justement à se départir de certaines de ses activités.

> Sauf en de rares occasions, l'évaluation de la solution d'un candidat tiendra toujours compte de la qualité de l'intégration de la théorie au contexte du cas. Il ne peut en être autrement puisqu'un des objectifs de l'apprentissage par cas est d'exercer sa capacité de répondre spécifiquement aux besoins de l'employeur ou du client, dans un contexte « simulant » la réalité. Dans la vie réelle, vous exposerez à votre interlocuteur ce qui s'applique à sa situation. Vous ne lui ferez certes pas un résumé théorique de tout ce que vous savez sur un sujet.

Déterminer clairement les hypothèses de travail

Les calculs importants d'une solution exigent bien souvent la détermination d'hypothèses de travail qui doivent être clairement établies dès le départ. Cela embête souvent les candidats qui ne savent pas exactement comment s'y prendre.

Voici quelques suggestions concernant les hypothèses de travail.

- Les hypothèses choisies doivent être réalistes et raisonnables. Il serait inapproprié, par exemple, de supposer que la durée de vie d'un produit hautement technologique sera de 20 ans. Par ailleurs, un taux d'actualisation de 4 % est vraiment trop bas, d'autant plus qu'il faut considérer le risque de l'investisseur. C'est une question de jugement professionnel.

- Les hypothèses retenues doivent être faciles à travailler. Ainsi, on choisira un taux d'actualisation arrondi tel que 8 %, 10 % ou 12 %. On arrondira également la valeur de récupération des actifs – et la perte d'économie d'impôt qui en résulte – à la fin d'un projet d'investissement. Il m'apparaît, par exemple, inutilement compliqué de faire l'hypothèse suivante : « taux de base 11 % + 2,5 % de prime de risque ». Eh oui! Cela est surprenant mais certains candidats s'obligent à faire la moyenne de deux facteurs d'actualisation ((13 % + 14 %) /2) pour chaque calcul! En choisissant un taux qui figure parmi ceux de la table annexée au cas, vous vous éviterez des calculs inutiles. De même, il faut estimer la valeur de récupération à 16 000 $ ou à 17 000 $, et non à 16 667 $.

- Les hypothèses à mentionner dans la solution sont celles qui résultent d'un choix à faire. Ainsi, annoncer que l'on va utiliser 35 % comme taux d'imposition n'est pas une hypothèse si le cas le mentionne déjà clairement. C'est une information à intégrer dans les calculs et la mention de ce taux entre parenthèses suffira. Par contre, si aucun taux d'imposition n'est fourni dans le cas et que vous devez le déterminer, il s'agit d'une hypothèse à justifier. Il est donc inutile de perdre du temps à définir ou à répéter une hypothèse clairement établie dans l'énoncé d'un cas. Si on vous dit, par exemple, que la durée moyenne des projets de l'entreprise est de quatre ans… nul besoin d'élaborer sur la durée de la VAN… On prend quatre ans et c'est tout. Ce n'est plus une hypothèse, mais un indice du cas à utiliser. On pourra peut-être brièvement discuter de cette durée à titre d'élément qualitatif lors de l'interprétation des calculs, mais pas à titre d'hypothèse.

Les hypothèses émises dans la solution sont le résultat d'un choix.

62   Il est finalement inutile d'émettre des hypothèses qui sont arbitraires. Quand il n'y a aucune raison ni indice du cas à cet effet, il ne faut pas surcharger les calculs. Ce serait une perte de temps de supposer arbitrairement que les produits augmentent de 10 %, le coût des marchandises vendues (CMV) de 5 % et les autres frais de 3 %. On pourra tout au plus soulever le manque d'informations à cet égard. Tenir compte de l'inflation dans les calculs est également une perte de temps.

> La détermination des hypothèses, lorsque celles-ci résultent d'un choix et qu'elles sont importantes, est habituellement prise en compte dans l'évaluation de la solution. Toutefois, c'est rarement une composante majeure du guide d'évaluation. Par conséquent, il faut énoncer seulement les hypothèses les plus critiques, clairement et succinctement, puis passer aux calculs proprement dits. Quelques candidats présentent une page pleine d'explications détaillées sur les hypothèses avant de commencer leurs calculs. Quelle perte de temps!

Respecter le temps alloué à la simulation d'un cas

Il m'apparaît indispensable de respecter le temps alloué à toute simulation de cas. Autrement, l'évaluation de votre performance sera incomplète et biaisée. Il n'est d'ailleurs pas très utile de justifier *a posteriori* un faible résultat comme suit : « Je n'atteins pas les exigences minimales de passage, mais j'ai terminé 30 minutes avant la fin de la simulation. », ou encore, « J'avais parfaitement bien débattu deux sujets sur sept et suffisamment prouvé ma compétence, alors j'ai cessé de rédiger ». Comment peut-on se complaire dans ce genre d'attitude quand les conditions requises à la simulation n'ont pas été respectées? Je sais qu'il est humain de vouloir justifier son résultat, mais il faut éviter de surévaluer sa performance, particulièrement lorsque l'information est partielle.

On rencontre également le problème inverse lorsque le temps pris pour la simulation excède le temps habituellement alloué au cas. Cela survient naturellement lorsque le candidat est seul et qu'il n'y a aucun surveillant ou professeur pour lui dire de cesser de rédiger ou de déposer son stylo. Cette propension à dépasser le temps se remarque au fur et à mesure que le candidat acquiert de l'expérience en simulation de cas. En réalité, pour les premiers cas simulés, on manque d'idées et on trouve le temps long… Pour les derniers, on a davantage d'idées à écrire que de temps disponible et on trouve le temps trop court! Je vous suggère, bien évidemment, de respecter le temps alloué au cas, en toutes circonstances. Vous devez absolument apprendre à gérer la contrainte du temps en vous trouvant des trucs pour l'utiliser avec le plus d'efficience possible. Cela m'apparaît le seul moyen de vous améliorer pour éventuellement réussir votre examen professionnel.

POINT DE VUE

Certains candidats me disent qu'il leur arrive de dépasser le temps permis parce qu'ils veulent évaluer leur capacité à « vider un cas ». Ils prennent, par exemple, 120 minutes pour résoudre un cas de 84 minutes. L'objectif est de voir si leur analyse contient l'essentiel des idées présentées dans la solution officielle du cas. C'est une façon de contrer momentanément la frustration de ne pouvoir pleinement évaluer ses capacités quand le temps limite d'un cas s'écoule trop vite. L'exercice me paraît valable, mais doit être, à mon avis, occasionnel. En le réalisant, je vous suggère de trouver un moyen de déterminer les idées supplémentaires écrites après que le temps alloué au cas soit écoulé. Vous pourrez ainsi évaluer plus facilement votre performance en comparant le résultat obtenu avec ou sans ces minutes supplémentaires. (Vous serez peut-être surpris du peu de différence que cela fera dans l'évaluation finale.) Le meilleur moyen de reconnaître les idées excédentaires est de changer de couleur de stylo puisqu'il se peut que l'on ajoute ces idées à divers endroits de la solution. Cela me paraît le moyen le plus efficace, mais je sais que certains utilisent tout simplement des feuilles différentes ou tracent des lignes de démarcation.

Les examens de longue durée (ex.: 4 heures) peuvent comprendre trois, et parfois quatre, courts cas. On me demande souvent s'il faut y répondre dans l'ordre où ils sont présentés. *A priori*, ma réponse est oui. Ils doivent tous être résolus, à l'intérieur du temps alloué, et vous n'avez pas de temps à perdre à les examiner pour déterminer un quelconque ordonnancement.

Il arrive que certains candidats préfèrent commencer par les cas les plus longs, car ils se sentent alors en meilleure forme. Libre à eux de le faire, d'autant plus qu'il est très rapide de déterminer le(s) cas concerné(s). Je suggère néanmoins de ne pas garder le cas le plus court pour la fin. Bien que cela ne devrait pas se produire, les candidats commencent souvent le dernier cas avec quelques minutes de retard. Cela est beaucoup plus dommageable pour un cas de 10 points (24 minutes) que pour un cas de 25 points (60 minutes).

Tenir compte du plan de réponse

Vous devez essentiellement tenir compte du plan de réponse établi à la fin de l'étape de la lecture. Cela vous évitera probablement un commentaire semblable à celui-ci : « Je n'ai pas réussi à traiter de la majorité des problèmes ou enjeux. Pourtant, je les avais tous bien ciblés et placés dans un budget de temps! ». À quoi cela sert-il de faire un plan de réponse – par écrit ou mentalement pour un court cas – s'il est mis de côté par la suite? Le plan de réponse sert à déterminer l'ordre d'importance des problèmes ou enjeux et à s'assurer d'une couverture raisonnable de ce qui est demandé. Il faut donc s'y référer régulièrement en cours de rédaction. Je l'ai déjà dit : il ne faut pas exagérer et gérer la rédaction de sa solution à la minute près. Par contre, vous mettrez toutes les chances de votre côté si vous respectez l'essentiel de l'agenda que vous vous êtes fixé.

Il faut respecter le plan de réponse établi au départ.

Lorsqu'il corrige la solution d'un cas, le correcteur tient compte de l'importance et du nombre de problèmes ou enjeux à traiter, ainsi que de l'importance de chacun. Dans l'évaluation d'une solution, on accorde généralement un poids maximal à un sujet ou à un groupe de sujet. En conséquence, il est évident que le candidat ne peut obtenir une évaluation parfaite de la section « comptabilité » s'il y a trois questions comptables importantes dans le cas et qu'il n'en a traité que d'une seule. De même, la solution est incomplète si seulement les avantages, et non les inconvénients, d'un projet de regroupement ont été relevés. Il faut donc que la solution présente une bonne couverture des problèmes ou enjeux, en insistant particulièrement sur les plus importants.

Tenir compte des indices compris dans l'énoncé du cas

Il faut naturellement rédiger sa solution en tenant compte des indices compris dans le cas puisque celui-ci fournit le cadre de la discussion. Il est donc inapproprié de réinventer ou changer le cas en axant sa solution sur des voies strictement hypothétiques. Autrement dit, il faut faire attention à ne pas abuser des expressions suivantes : « Oui mais si… », « Peut-être que… », « Si j'essayais ceci… », « Si l'entreprise pouvait changer cela… ». Ce genre de tergiversations ne vous mènera nulle part, sinon à discuter d'éléments qui n'ont rien à voir avec le contexte particulier du cas. Les « si » (ou les « peut-être ») doivent être utilisés avec prudence, car trop de *si si si*… pourraient bien vous amener à construire votre solution à côté des fondations de la demande ou du travail à faire, c'est-à-dire en dehors de la « boîte » du cas.

Voici des exemples illustrant ces propos.

Premier exemple

Une analyse de rentabilité est requise. Les prévisions de ventes du vice-président, marketing paraissent optimistes. Toutefois, on ne peut évaluer exactement jusqu'à quel point elles le sont, car il n'y a aucun indice dans le cas à cet effet. Le candidat décide pourtant de diminuer – tout à fait arbitrairement – les ventes prévues de 25 %. Ce n'est pas une bonne idée!

Les calculs d'une solution doivent être faits à partir des prévisions de ventes fournies dans le cas, bien qu'elles soient remplies d'incertitudes. Certes, il sera approprié d'en soulever les limites dans l'analyse qualitative, mais on ne doit pas changer arbitrairement les données disponibles.

**Il ne faut pas inventer des chiffres quand
ils sont déjà fournis dans le cas.**

Deuxième exemple

On examine les états financiers et on remarque que le poste Stocks est le plus élevé de l'actif à court terme. Le travail à faire est de traiter des questions comptables importantes mais on ne réfère aux stocks à aucun autre endroit dans l'énoncé du cas. En cours de rédaction, le candidat décide pourtant de décrire la manière de comptabiliser les stocks en remplissant toute une page sur ce sujet.

Il est inapproprié de discuter à tout prix de tous les postes importants. Il faut que le cas fournisse des indices qu'un problème ou enjeu existe, sinon que peut-on en dire? En l'absence d'indices, le candidat ne pourra pas faire autrement que d'être essentiellement théorique, et ses propos « improvisés » ne seront pas pertinents.

**Il ne faut pas inventer des problèmes ou enjeux
quand le cas ne contient pas d'indices
pouvant supporter la discussion.**

Il va de soi que le correcteur qui évalue la solution d'un cas ne tiendra pas compte d'éléments non pertinents tels que des problèmes ou enjeux hypothétiques, ou des exposés théoriques non demandés.

Troisième exemple

On doit choisir le produit à fabriquer en fonction du nombre limité d'heures-machine disponibles. Le candidat effectue le calcul pertinent de la contribution marginale par facteur contraignant (par heure-machine). Par la suite, il décide d'explorer l'hypothèse suivante : « Si l'entreprise agrandissait l'usine et n'avait plus aucune limite quant aux heures-machine, le bénéfice supplémentaire serait de 11 111,11 $ ».

Cette hypothèse a mené le candidat à calculer un chiffre hypothétique de bénéfice qui ne sera certainement pas utile à l'entreprise, du moins à court terme. Cela est d'autant plus inutile lorsqu'aucun indice du cas ne permet de croire que l'agrandissement de l'usine fasse partie des projets de l'entreprise.

Rédiger une section « Aperçu »

Plusieurs cas nécessitent la rédaction d'une première section dite d'introduction que l'on appelle « Aperçu », « Contexte », ou encore, « Généralités ». Compte tenu de l'objectif que je désire donner à cette section, je préfère le terme « aperçu » puisqu'il suggère que les idées avancées s'appliquent à l'ensemble de la demande. À mon avis, le terme « contexte » semble dire que l'on doit présenter un résumé des particularités du cas ou des caractéristiques de l'entreprise à l'étude. Quant au terme « généralités », il semble faire appel à des idées vagues, superficielles ou générales qui ne servent pas la résolution intégrée d'un cas. Ces deux dernières définitions ne conviennent pas.

Certains candidats s'enfargent beaucoup trop dans les détails dans cette première section. Il n'est pas normal, par exemple, de présenter une section « Généralités » de deux pages alors que la solution au cas de 25 points tient sur six pages au total. Bien que cela soit vraisemblablement considéré dans l'évaluation de la solution, il faut convenir qu'il y aura une limite à cette section. Il arrive même, assez souvent, que les idées décrites dans la section « Aperçu » fassent partie de l'évaluation d'autres sujets.

La section « Aperçu » doit plutôt contenir des éléments de base, nouveaux et précis, à prendre en considération tout au long de la solution. On doit y trouver, s'il y a lieu, des clarifications quant au mandat, des mises en garde, des contraintes, des mises au point, des définitions, des références de base ou des constatations qui touchent une bonne partie ou l'ensemble du travail à faire. On présente également à cet endroit les discussions sur les besoins des utilisateurs, sur les conflits entre les parties et sur le risque de mission de vérification. Dans la section « Aperçu », on ne devrait pas trouver d'éléments de résolution des problèmes ou enjeux qui feront ultérieurement l'objet de sections distinctes dans la solution. Par exemple, il serait inapproprié de définir ce qu'est une opération non monétaire dans l'Aperçu si l'on sait qu'il s'agit d'un enjeu à discuter plus loin. Amorcée au tout début de la solution, la discussion risque d'être incomplète. Par la suite, en revenant sur le sujet, il y aura fort probablement répétition des mêmes idées. C'est une perte de temps.

**La section « Aperçu » contient des idées distinctes
qui commencent et se terminent
dans cette première section.**

- La société a intérêt à augmenter son fonds de roulement pour respecter la clause de son emprunt hypothécaire.

- Il y a eu plusieurs opérations inhabituelles au cours du dernier mois de l'exercice.

- Le directeur général souhaite maximiser le bénéfice net afin d'émettre des obligations à la bourse.

- L'obtention de flux monétaires positifs est cruciale à la survie de Max inc.

- Recto est économiquement dépendante de son seul client Verso.

- La mise en place de procédures de contrôle interne est indispensable étant donné la décentralisation des décisions.

POINT DE VUE

Devant certains cas, il arrive que l'on ne sache pas du tout ce qui doit être écrit dans la section « Aperçu ». Je vous suggère alors de ne pas perdre trop de temps à chercher des idées. Il vaut mieux commencer la résolution des problèmes ou enjeux relevés, quitte à revenir à cette section par la suite. Je compare parfois la section « Aperçu » à l'introduction d'un rapport ou d'un travail de recherche. Il arrive souvent que l'on finisse la composition de cette introduction en cours de route ou à la toute fin. De la même manière, les idées qui concernent l'essentiel du mandat sont parfois plus claires lorsqu'une partie des sujets a déjà été analysée.

Les propos précédents ne s'appliquent pas tels quels aux cas qui requièrent que la solution soit présentée suivant une structure précise dans laquelle une section « Aperçu » n'est pas explicitement prévue. Par contre, certaines des idées émises ci-dessus à titre d'exemples peuvent se trouver dans le sommaire exécutif, l'introduction ou l'analyse de la situation actuelle, par exemple. C'est au candidat de juger si ses idées sont pertinentes ou suffisamment importantes pour y être mentionnées.

Certains cas présentent des particularités qui rendent parfois inutile la présence d'une section « Aperçu ». Effectivement, les questions posées sont parfois très dirigées ou ne concernent qu'un seul sujet (ex.: discuter du problème d'éthique) ou bien elles sont très courtes (ex.: 12 minutes). On place alors toutes les idées qui permettent de solutionner le cas sous un même parapluie. C'est lorsque plusieurs problèmes ou enjeux doivent être traités que le candidat peut voir l'utilité de réunir les idées qui influencent l'ensemble de la discussion dans une section « Aperçu ».

Inscrire des titres et des sous-titres

Il faut inscrire des titres et des sous-titres appropriés au texte de la solution. Plus ils seront précis, plus la solution sera dirigée vers l'essentiel du travail à faire. Le titre doit donc faire directement référence à un aspect du cas devant être traité dans la solution. Ainsi, « salaires ou dividendes », « risque de l'investissement », « comptabilisation des apports en nature » ou « frais reportés » sont des titres adéquats, car ils obligent le candidat à bien déterminer, dès le départ, l'objectif de la discussion. La préparation adéquate d'un aide-mémoire et d'un plan de réponse facilite grandement la détermination des titres et sous-titres de la solution. En fait, ces derniers doivent à tout le moins avoir un lien avec les problèmes ou enjeux définis lors de la lecture du cas.

Certains candidats ne se soucient pas de donner des titres précis aux diverses sections de leur analyse, et cela leur nuit. Par exemple, ils inscrivent le nom de leur client, la date ou le sigle du cours suivi dans le haut de chaque page. Certains rédigent un long texte continu qui, outre les rubriques – À, De, Objet –, ne contient aucune séparation. D'autres se contentent de titres vagues comme « Analyse », « Problème », « Enjeu », « Projet » ou « Rapport ». Comment ces titres peuvent-ils permettre au candidat de s'assurer qu'il a traité l'essentiel des sujets de façon suffisamment approfondie? Comment le lecteur peut-il s'y retrouver? L'élaboration de la solution doit être davantage guidée et le correcteur mieux orienté. Le fait de prendre le temps d'inscrire des titres et sous-titres adéquats lors de la rédaction permet de mieux structurer et de mieux planifier sa solution.

Idées pertinentes

Il est clair que la solution d'un cas doit comprendre un ensemble d'idées pertinentes. Ces idées doivent donc répondre au travail à faire ou au travail à effectuer, en s'adaptant au contexte du cas simulé. Ainsi, pour qu'elle puisse éventuellement être considérée par le correcteur qui évalue la solution, une idée doit absolument être utile aux besoins du destinataire du rapport. Il s'agit ni plus ni moins de la règle fondamentale qui consiste à donner à l'employeur ou au client ce qu'il désire et non ce que nous voulons qu'il reçoive, ou encore, ce que nous avons envie de lui raconter!

Seules les idées pertinentes doivent composer la solution.

Cela devient une faiblesse majeure lorsqu'un candidat décide de ce qui est bon pour l'employeur ou le client sans tenir compte de ce que ce dernier a demandé. Certes, vous êtes bien placé pour lui donner de bons conseils, mais le cadre est restreint au travail à faire, c'est-à-dire à la demande. Ainsi, il n'est pas approprié d'énumérer tout ce qu'il faut présenter dans un prospectus sous prétexte que le client désire éventuellement émettre des obligations à la bourse. C'est en dehors de la « boîte » du mandat et ce n'est donc pas pertinent. Il faut par conséquent que le candidat lutte contre la tendance naturelle, amplifiée dans un contexte de nervosité, qui consiste à écrire tout ce qu'il sait. Émettre plusieurs idées en épuisant un sujet peut être un phénomène rassurant, mais parfois trompeur, particulièrement lorsque ces idées sortent du cadre du travail à faire. Il vaut mieux écrire trois ou quatre idées pertinentes que d'en écrire dix qui ne le sont pas du tout. L'objectif de la rédaction d'un cas n'est pas de faire étalage de l'ensemble de ses connaissances sur un sujet, mais plutôt de faire part de celles qui sont appropriées, dans les circonstances.

POINT DE VUE

Personnellement, je lis et relis régulièrement la description du travail à faire afin de m'assurer de ne pas passer à côté de ce que le cas demande. Plus précisément, je fais cette relecture avant le début de l'analyse de chaque sujet, groupe de sujets, problème ou enjeu.

Les candidats ont tendance à oublier le travail à faire au fur et à mesure que le temps passe. Par exemple, si on doit discuter de comptabilité et de fiscalité pour plusieurs sujets, il faut parler des deux aspects à chacun d'eux. Il arrive souvent que les candidats y pensent pour les deux ou trois premiers sujets, mais qu'ils oublient le traitement fiscal pour les derniers. Évidemment, le correcteur qui évalue la solution tiendra compte du caractère incomplet de la discussion sur la fiscalité.

Avant de vous fournir une liste d'exemples où les idées ne seraient pas pertinentes, je désire vous présenter une situation simple, claire, un peu farfelue, mais qui illustre bien les propos précédents. Supposons que c'est samedi soir et que vous êtes avec vos amis. Vous avez faim et vous commandez trois pizzas garnies de grand format avec frites et cola. Lorsque la commande arrive, vous constatez que le livreur vous apporte neuf salades maison à la place des trois pizzas attendues. Vous avez parfaitement le droit de refuser de payer et de retourner la commande. Le livreur peut toutefois insister et vous dire que la salade est bien meilleure pour votre santé! Il a raison… mais cela ne vous fera probablement pas changer d'idées. Pour le moment, vous n'en voulez tout simplement pas. C'est le même principe en rédaction de cas. Quoi que vous disiez – même s'il s'agit d'une idée exceptionnelle qui pourrait vous valoir un prix! – il est inutile de l'écrire si elle ne s'inscrit pas dans le cadre de la demande. Rien à faire! Quand vous sortez de la « boîte » d'un cas, ce n'est pas pertinent.

Voici quelques exemples où des idées non pertinentes sont présentées.

- Le candidat décide que l'exigence de la banque quant au maintien d'un montant minimum dans le compte d'opérations n'a pas sa raison d'être et décide de faire comme si cela n'existait pas.

- La superviseure demande de calculer le revenu imposable de l'entreprise. Le candidat décide de faire la liste de ce qui créera un impôt futur au bilan.

- L'associé demande de planifier la prochaine mission de vérification. Le candidat décide qu'une mission d'examen suffit et discute de chacun des points comme s'il faisait un examen plutôt qu'une certification.

- La trésorière se demande comment comptabiliser les dons de charité reçus par l'OSBL. Le candidat décide alors de présenter une liste de contrôles concernant la réception des dons.

- On doit évaluer la rentabilité d'un investissement dans un nouveau produit. Le candidat décide plutôt de discuter de marketing et propose une mise en marché détaillée du produit.

- Le vice-président, finances vous demande d'analyser les divers moyens de financement. Le candidat décide que l'entreprise n'a pas besoin de financement externe, car elle a des placements temporaires, et il ne discute pas des autres options.

- On doit traiter de diverses questions comptables. Le candidat se rend compte que tous les choix de l'exercice augmentent le bénéfice net parce que les directeurs reçoivent une prime basée sur celui-ci. Il décide alors de suggérer des modifications au mode de calcul des primes.

- Le candidat présente une analyse du contrôle interne sous prétexte que l'entreprise vient de connaître une croissance rapide. Bien qu'il y ait davantage de faiblesses quant aux contrôles dans ces circonstances, cela n'en fait pas obligatoirement un sujet à discuter.

Les exemples ci-dessus nous permettent de constater qu'il est facile de glisser à côté de la question en écrivant des idées non pertinentes. Le candidat peut décider que ce qu'il y a dans le cas ne convient pas et changer une mission de vérification en examen, par exemple. Ou encore, il peut faire étalage de ses connaissances au lieu de s'en tenir strictement au cas, en mentionnant la déductibilité de chaque opération comptable. La rédaction d'idées non pertinentes entraîne une perte de temps. Puisque ces idées seront ignorées par le correcteur, leur écriture empêche le candidat de discuter d'autres sujets qui pourraient être, quant à eux, davantage méritoires. Par ailleurs, la présence d'un trop grand nombre d'idées non pertinentes à la demande met en évidence la difficulté du candidat à préciser et prioriser ses objectifs de travail. Cela pourrait le pénaliser lors de l'évaluation globale de sa performance.

J'aimerais également attirer votre attention sur le fait qu'il faut éviter de contredire ses propres idées. La rédaction d'un cas exige du candidat qu'il soit cohérent dans ses propos et qu'il donne l'impression de savoir exactement de quoi il parle – même si ses pensées risquent d'être parfois nébuleuses. Une opinion écrite doit donc être clairement exprimée et convaincante.

> **Sans indice valable qu'elle découle de la demande,
> l'idée ne sera pas prise en compte dans l'évaluation.**

Voici quelques observations qui complètent la discussion précédente et qui vous guideront dans l'élaboration d'idées pertinentes.

Discuter de ce qui ne va pas ou de ce qui doit être changé

Dans la résolution d'un cas, il faut discuter des problèmes ou enjeux, c'est-à-dire de ce qui ne va pas ou de ce qui doit être changé. En contrepartie, la liste de ce qui va bien figure rarement dans une solution proposée. Lorsque le ciel est sans nuages, la discussion est courte et se borne à mentionner ce qui est adéquat et pourquoi. Une ou deux phrases par sujet suffisent, puis on passe rapidement à autre chose. Inutile d'aller plus loin et fournir une liste d'avantages ou d'aspects positifs – telle l'évaluation qualitative d'un projet d'investissement – si ce genre d'analyse ne fait pas explicitement partie de la demande.

Les cas demandant la résolution d'enjeux stratégiques s'attendent à ce que le candidat tienne compte du côté « cour » et du côté « jardin » d'une situation. Cela signifie qu'il doit énumérer les avantages (arguments « pour ») et les inconvénients (arguments « contre ») pour chacun des enjeux stratégiques et pour les enjeux opérationnels importants qui s'y prêtent.

Le fait de se concentrer sur les problèmes ou enjeux est très compréhensible puisque c'est la raison fondamentale du mandat accordé. En effet, l'entreprise embauche un conseiller externe ou demande à son contrôleur de traiter spécifiquement de certains points parce que ceux-ci exigent des prises de décision ou des améliorations. Voilà pourquoi on fait appel à vous. Il faut également admettre qu'il y a toujours plus de choses à dire sur les éléments problématiques que sur ceux qui vont bien. D'ailleurs, on s'en rend compte en regardant les informations télévisées et en lisant la presse écrite!

Voici donc des exemples où il faut plutôt se concentrer sur les problèmes ou les faiblesses d'une situation donnée.

- On vous demande une évaluation des procédures de contrôle interne de l'entreprise. Cela signifie que vous devez relever et analyser les faiblesses, comme un manque de suivi dans la préparation des chèques, pour ensuite faire des recommandations. La mention des forces du contrôle interne ne sera pas ou peu considérée dans l'évaluation de la solution.

72

○ Le mandat consiste à évaluer le travail d'un autre vérificateur (externe ou interne). Vous devez principalement relever les éléments erronés, comme la capitalisation des dépenses d'entretien, ou relever le manque de jugement dans le travail effectué. La mention de ce que le vérificateur a fait correctement sera peu ou pas prise en compte dans l'évaluation de la solution.

○ Vous devez présenter une analyse financière. Il vous faudra insister davantage sur les problèmes ou enjeux relevés, comme le faible taux de rotation des stocks par exemple, et trouver des solutions pour redresser la situation. La mention de ce qui va bien dans l'entreprise sera moins prise en compte dans l'évaluation de la solution.

Intégrer les idées au cas

Vos idées seront certainement plus pertinentes si elles sont intégrées au cas et à son contexte spécifique. Je vous rappelle que les discussions strictement théoriques sont rarement utiles et doivent être évitées. L'idée que l'on écrit ne doit pas être applicable à toutes les entreprises, mais s'appliquer particulièrement à celle qui est étudiée. Il faut donc que l'analyse, les conclusions et les recommandations s'appliquent le plus directement possible au cas présenté. À cette fin, le candidat s'apercevra que l'identification des divers indices du cas, réalisée à l'étape de la lecture, lui est particulièrement utile.

Lorsqu'une idée, une phrase ou un paragraphe s'applique tel quel à tous les cas ou à toute entreprise, cela signifie que la solution n'est pas assez intégrée.

Voici plusieurs exemples illustrant l'intégration des idées de la solution à l'énoncé du cas.

EXEMPLES D'INTÉGRATION DES IDÉES

Idée qui manque d'intégration	Idée intégrée au cas
Les dettes échéant au cours des 12 prochains mois doivent figurer dans le court terme.	L'obligation due dans six mois doit figurer dans le passif à court terme.
Quelqu'un pouvait changer le nom du bénéficiaire du chèque.	Le contrôleur pouvait changer le nom du bénéficiaire du chèque.
Il faut comptabiliser à l'actif, car il y a des avantages futurs.	Le coût du nouveau logo est capitalisable, car il sera utilisé pendant plusieurs exercices.
La VAN est calculée sur cinq ans, car c'est plus prudent.	La VAN est calculée sur cinq ans, car il s'agit de la durée de vie habituelle des produits de ce secteur.
Il n'est pas permis de payer autant de frais de déplacement.	L'entente avec les employés ne prévoit pas le remboursement des déplacements pour une distance inférieure à 20 km.
Une subvention reçue pour l'achat d'un actif à long terme doit diminuer cet actif.	La subvention de 200 000 $ doit diminuer le coût de la nouvelle usine.
Les projets de ce genre sont risqués.	La construction d'un nouveau restaurant est risquée étant donné le grand nombre de fermetures dans la région.

Remarque : Prenez note que tout ce qui est écrit dans la colonne de gauche est vrai. C'est trop théorique ou trop général, pour être pertinent, mais ce n'est pas erroné. Dans la colonne de droite, c'est le lien avec l'indice du cas qui donne toute sa pertinence aux idées émises.

Présenter une analyse complète

Le principal objectif à viser, lorsque vous rédigez une solution, est de présenter des idées que le correcteur jugera pertinentes. Pour atteindre cet objectif, il faut vous assurer de présenter une analyse complète, qui répond à trois questions que j'estime essentielles : **Pourquoi? Quel est l'impact? Comment?** Si vous gardez constamment ces trois questions à l'esprit et savez les poser au moment opportun, vous arriverez sans aucun doute à présenter un ensemble d'idées pertinentes et complètes.

EXAMPLES DE QUESTIONS À SE POSER

Questions à se poser	Explication	Exemples
Pourquoi?	Justification de l'idée avancée : CAR... Puisque... Pour... Étant donné... Afin de...	- Je recommande un prix de cession interne égal à celui du marché, CAR les deux divisions sont des centres de profit et qu'il existe un marché externe. - ÉTANT DONNÉ le nombre peu élevé d'employés, la séparation des tâches est difficile. - PUISQUE les services seront rendus en 20X4, les coûts afférents devront être inscrits à cet exercice.
Quel est l'impact?	Conséquences : DONC... Ainsi... Je recommande...	- Le fonds de roulement de 1,2 est inférieur à celui exigé par la banque qui peut DONC décider de rappeler son prêt. - Je vous RECOMMANDE d'adopter, dans toutes les provinces où l'entreprise est présente, la même norme environnementale, qui serait la norme acceptable la plus élevée.
Comment?	Exécution de ce qui est proposé : Quoi faire? Comment faire? De quelle façon peut-on s'y prendre?	- liste d'améliorations au contrôle interne; - liste de procédés de vérification; - préparation d'un budget de caisse pour suivre l'évolution des liquidités; - plan de mise en œuvre (qui, quoi, quand).

**L'utilisation des conjonctions « car » et « donc »
est indispensable en rédaction de cas.
Une grande partie de la solution proposée
s'explique par l'usage qu'on en fait.**

POINT DE VUE

Vous avez peut-être déjà remarqué que mon propre style de rédaction s'inspire fortement du tableau précédent. Le présent volume renferme donc une foule d'exemples additionnels. Si vous êtes en panne d'idées lors de la rédaction d'un cas, je vous suggère de vous remémorer ces petits mots, qui vont vous aider à continuer votre discussion.

Présenter plusieurs idées différentes

Pour obtenir une réponse adéquate à tout cas simulé, un certain nombre d'idées différentes doit être présenté, et ce, pour deux raisons. Premièrement, la plupart des problèmes ou enjeux nécessitent une analyse comprenant plusieurs arguments et parfois même l'évaluation d'au moins deux aspects ou options, le tout suivi d'une conclusion ou d'une recommandation. Cela exige une profondeur d'analyse minimale à chaque sujet demandé par le travail à faire. Comme il y a plusieurs sujets, le nombre d'idées à écrire devient rapidement élevé. D'ailleurs, la plupart des candidats se plaignent de ne pas avoir assez de temps pour écrire toutes les idées qu'ils ont en tête. Et en plus, ce phénomène s'amplifie généralement au fur et à mesure que vous gagnez en expérience. Voilà pourquoi je suis profondément persuadée que vous devez absolument trouver des moyens d'être plus efficient dans la rédaction de toute solution, afin de pouvoir écrire davantage d'idées différentes – qui soient aussi pertinentes.

Deuxièmement, on sait que la solution officielle à un cas contient bon nombre d'idées pertinentes, vraisemblablement prises en compte lors de l'évaluation de la solution. Toutefois, il n'est pas toujours facile de déterminer le niveau d'importance accordé à chacune d'entre elles. D'ailleurs, il arrive même que l'on se questionne sur le bien-fondé de la présence d'une idée dans la solution, ou encore, qu'on ne comprenne pas qu'une idée que l'on juge valable – parfois même l'une de vos favorites – ne s'y trouve pas. Nous en déduisons qu'il faut écrire beaucoup d'idées différentes pour maximiser ses chances de réussir un cas. En effet, malgré toute votre bonne volonté, il se peut que votre idée ne corresponde pas à la demande, qu'elle manque de clarté, qu'elle ait une importance secondaire ou qu'elle ne soit pas prise en considération dans l'évaluation. Par conséquent, le seul choix qui s'offre à vous est de générer un grand nombre d'idées. Je vous suggère de calculer de temps à autres le nombre d'idées pertinentes et différentes contenues dans votre solution. En comparant ce nombre dans le temps, vous pourrez évaluer vos progrès en ce qui concerne l'efficacité de votre style de rédaction.

Diversifier la solution

Certes, les idées doivent être pertinentes et différentes, mais elles doivent également porter sur un certain nombre de problèmes ou enjeux. La solution doit être diversifiée. On dit bien souvent que « Les premières idées écrites sur un sujet sont les plus pertinentes. » ou que « Les idées les plus accessibles apparaissent dans les premières minutes d'un sujet ». Tel que mentionné précédemment dans ce volume, il faut traiter tous les problèmes ou enjeux importants ainsi que la majorité des autres sujets. Rappelons que la détermination de l'ordre d'importance des sujets est cruciale puisqu'elle détermine l'ampleur de leur analyse dans la solution.

Un de mes confrères raconte la petite histoire suivante, laquelle illustre bien les propos précédents. Supposons que vous êtes devant un beau grand champ de fraises. Si votre objectif est de les cueillir entièrement et d'en tirer le maximum de profit, vous allez prendre le temps d'effectuer la cueillette rang par rang, de manière ordonnée, afin de ramasser toutes les fraises mûres qui s'y trouvent. Toutefois, si je restreins les règles du jeu en vous demandant de remplir une proportion minimale (niveau « compétent » ou note de passage de 60 % ou 65 %) d'un cageot (qui comprend plusieurs paniers) dans un temps limité, disons 4 heures, ce n'est plus la même chose… Si je vous dis en plus que la réussite de cette épreuve vous permettra d'accéder à un titre professionnel, cela accroîtra votre nervosité. Quelle est la meilleure stratégie pour réussir? Celle de regarder rapidement l'ensemble des rangs pour déterminer à l'œil ceux qui sont les plus importants et, par la suite, courir sans perdre de temps pour ramasser les fraises les plus grosses et les plus rouges de chacun d'entre eux. Il faut tout de même s'arrêter aux rangs plus secondaires pour y cueillir les plus belles fraises, sans s'y attarder outre mesure. Voilà!

Idées nouvelles

Pour être jugé valable, le texte de la solution doit essentiellement contenir des idées nouvelles. Il doit apporter des éléments qui étaient jusqu'à présent inconnus de l'employeur ou du client. Une idée est nouvelle si elle n'a pas été préalablement avancée dans l'énoncé du cas ou dans les pages précédentes de la solution. Seules les idées nouvelles sont prises en compte par le correcteur d'un cas.

Le truc que je donne souvent aux candidats est de s'imaginer que le destinataire du rapport leur remettra 10 $ pour chaque nouvelle idée pertinente. Si vous souhaitez lui présenter une facture aussi élevée que possible, il faut offrir à votre employeur ou client un maximum d'idées qui répondent à ses besoins. Si les idées avancées sont déjà connues, il est compréhensible que personne ne veuille payer pour celles-ci. Le candidat doit donc éliminer ou minimiser toute répétition du cas ou du contenu de la solution elle-même. Par exemple, si le cas fait état d'un problème dans la structure de l'organisation, le candidat qui mentionne que la décentralisation peut être une solution apporte une idée nouvelle. Par contre, si le cas mentionne que la décentralisation est déjà envisagée par la haute direction, la répétition de cette possibilité ne sera pas une idée nouvelle. C'est l'analyse ultérieure de celle-ci qui le sera. Ce qui importe donc est que le texte de votre solution contienne un maximum d'idées nouvelles et pertinentes.

Je vous présente ci-dessous trois situations où la répétition d'idées est inutile.

1. Il est inutile de résumer le cas au début de chaque sujet discuté.

Il faut considérer que le destinataire du rapport, en l'occurrence le correcteur, connaît très bien les données du cas, ce qui est d'ailleurs vrai. Il ne faut donc pas perdre de temps à répéter ou à résumer l'énoncé du cas.

EXEMPLE DE RÉDACTION (À ÉVITER)

> Le directeur général de l'entreprise a mentionné que la banque avait imposé des clauses restrictives lors du renouvellement de l'emprunt hypothécaire. Ainsi, au moins 5 % du total des actifs doit être conservé en argent liquide ou en placements temporaires, et le ratio d'endettement ne doit pas excéder 1,25.
>
> Il faudra donc déterminer si les ratios imposés sont respectés en fin d'exercice, compte tenu des erreurs de comptabilisation relevées.
>
> Il faudra également obtenir le mode de calcul défini par la banque.

Tout le premier paragraphe est inutile. Il s'agit tout simplement d'un résumé du cas et le lecteur du rapport n'en a pas besoin. Il le connaît par cœur! C'est donc évident que les propos du premier paragraphe ne seront pas pris en compte dans l'évaluation de la solution (alors pas de 10 $...).

EXEMPLE DE RÉDACTION (SUGGÉRÉ)

> Clauses de la banque :
>
> ⟶ déterminer si les deux ratios sont respectés en fin d'exercice (5 % de l'actif; endettement 1,25), étant donné les erreurs de comptabilisation relevées.
>
> ⟶ obtenir le mode de calcul défini par la banque.

Il est évident que le fait de ne pas répéter le cas rend la rédaction beaucoup plus rapide. Un titre clair et précis oriente très bien le lecteur quant au sujet traité et élimine bien souvent la nécessité de résumer le cas. Encore une fois, vous comprendrez que les titres et sous-titres sont des trucs de rédaction très efficaces. Notez également qu'une brève mention des ratios entre parenthèses permet de préciser la discussion. Finalement, comme il s'agit d'une « liste » d'actions à entreprendre, vous pouvez adopter un style plus télégraphique pour cette partie de la solution, où chaque idée débutera par un verbe à l'infinitif. Vous pourrez faire de même si les circonstances exigent une « liste » de procédés de vérification, par exemple.

Contenu de la solution d'un cas

78

Une mise au point s'impose ici, car les propos précédents peuvent sembler contradictoires au fait indéniable que la solution doit être constamment intégrée au cas; ce qui est toujours vrai. Il y a donc une différence entre répéter ou résumer le cas et **l'utiliser**. Le premier aspect, illustré dans l'exemple ci-dessus, alourdit inutilement la rédaction de la solution. Le deuxième aspect, quant à lui, est indispensable à la réussite du cas. Autrement dit, les divers éléments ou indices d'un cas doivent être utilisés pour justifier, expliquer ou évaluer une idée avancée. Ce processus fait partie intégrante de la résolution des problèmes ou enjeux.

L'utilisation des indices du cas dans la solution est indispensable.

Voici des exemples où l'information provenant du cas est utilisée, et pas seulement répétée ou résumée.

- Il faut comptabiliser le prêt de l'actionnaire à titre de capitaux propres, car **aucune modalité de remboursement n'est prévue au contrat**.

- Je recommande l'acquisition de cette entreprise puisque le prix demandé est en deçà de la valeur marchande calculée et que cela concorde **avec votre objectif de diversifier les opérations**.

Comptabilisez vos succès!

- Puisque **25 % des ventes sont conclues avec l'entreprise de l'époux de la propriétaire**, il s'agit d'opérations entre personnes apparentées, qu'il faudra divulguer par voie d'une note aux états financiers.

- Il m'apparaît indispensable que le système informatique des commandes permette la consultation simultanée de la disponibilité des marchandises de tous les magasins et de l'entrepôt afin d'éviter **les pénuries et les surplus d'inventaire si fréquents**.

EXEMPLE DE RÉDACTION (À ÉVITER)

> Le directeur me mentionne que la qualité des produits est un facteur clé de succès dans le secteur d'activité.
>
> Je vous recommande de ne pas vous approvisionner en Afrique du Sud.

La première phrase n'est ni plus ni moins qu'une répétition du cas. Le lien avec la recommandation n'est pas systématiquement établi, ou encore, n'est pas clairement ressorti. Il manque des mots et des explications. En effet, on ne peut demander au correcteur d'extrapoler et d'en déduire que la raison justifiant la recommandation se trouve dans la première phrase.

En rédigeant votre solution, vous devez plutôt fonder votre argumentation sur les indices de l'énoncé du cas, comme présenté ci-après. Prenez note également qu'il est souvent plus facile de faire le lien avec le cas après la mention d'une idée nouvelle et pertinente qu'avant celle-ci. C'est la différence entre la répétition « non réfléchie » de l'information du cas et son utilisation « intelligente ». C'est un truc de rédaction à retenir.

EXEMPLE DE RÉDACTION (SUGGÉRÉ)

> Rec. :
>
> Ne pas s'approvisionner en Afrique du Sud, car la qualité de la matière première est inférieure à celle actuellement utilisée.
>
> Or, la qualité est justement un facteur clé de succès dans le secteur.

2. Il est inutile de présenter deux fois la même idée dans la même solution.

Je vous rappelle que l'objectif constant est d'écrire le plus grand nombre possible d'idées nouvelles, différentes et pertinentes. Il vous faut donc éviter les répétitions, ce qui vous permet de rédiger de façon plus efficiente et de donner votre maximum dans le temps qui vous est imparti.

EXEMPLE DE RÉDACTION (À ÉVITER)

> *C'est un contrat de location-acquisition, car il y a une option d'achat à prix de faveur.*
>
> *Je recommande la comptabilisation à titre de location-acquisition, car il y a une option d'achat à prix de faveur.*

Ici, il n'y a qu'un seul choix acceptable : la location-acquisition. Il est donc inutile de discuter tout d'abord de cette seule possibilité, puis de la ramener sous forme de recommandation. Nous ne parlons pas de deux idées différentes. Je vous suggère donc de passer directement à la recommandation lorsqu'il n'y a qu'une seule avenue possible. Autrement, c'est une répétition inutile de la même idée.

EXEMPLE DE RÉDACTION (SUGGÉRÉ)

> *Rec. :*
>
> *Compt. comme une location-acquis.,*
>
> *car il y a une option d'achat à prix de faveur.*

Il se peut également que deux sujets nécessitent un développement partiellement commun. Dans cette situation, faites en sorte d'écrire une seule fois les idées qui s'appliquent aux deux sujets, puis séparez la rédaction pour les idées différentes. Il est alors indispensable d'utiliser des titres adéquats ou une référence claire afin de permettre au lecteur de s'y retrouver facilement. Pour ce faire, vous pouvez choisir parmi les indications suivantes : « *référer aux arguments marqués d'un* ✱ » (ce qui me semble un peu long…), « *idem* ✱ », « *voir* ⓐ » ou « *voir* ① ».

> Vous comprendrez sûrement que les inconvénients de la répétition d'une même idée sont amoindris par l'usage de la fonction « copier/coller » d'un traitement de texte. Le temps perdu à recopier une même idée est beaucoup moindre. Toutefois, le fait de rendre la rédaction plus rapide n'est pas le seul objectif poursuivi. En étant plus efficient, le candidat garde constamment à l'esprit la nécessité d'écrire des idées différentes et pertinentes. Cela est indispensable, que la solution soit rédigée à la main ou à l'ordinateur.

Voici quelques exemples où le regroupement d'idées communes rend la rédaction plus efficiente.

Comptabilisez vos succès!

Exemple 1 :

L'analyse du financement d'un nouvel équipement exige le choix entre la location de LOU, la location de MAX et l'achat par emprunt. Il est *a priori* fort probable que les locations de LOU et de MAX nécessitent des arguments qui sont communs.

EXEMPLE DE RÉDACTION (À ÉVITER)

Contrat de location de LOU :

Avantages :

------→ moins de fonds requis au départ : 100 % de financement au lieu de 75 % avec la banque

------→ étalement des versements de loyer sur 10 ans au lieu de 6 ans si emprunt

Inconvénient :

------→ augmentation du ratio d'endettement, car c'est une location-acquisition

Contrat de location de MAX :

Avantages :

------→ moins de fonds requis au départ : 100 % de financement au lieu de 75 % avec la banque

------→ étalement des versements de loyer sur 10 ans au lieu de 6 ans si emprunt

------→ n'influe pas sur le ratio d'endettement, car c'est une location-exploitation

EXEMPLE DE RÉDACTION (SUGGÉRÉ)

Contrat de location de LOU :

Avantages :

------→ moins de fonds requis au départ : 100 % de financement au lieu de 75 % avec la banque *

------→ étalement des versements de loyer sur 10 ans au lieu de 6 ans si emprunt *

Inconvénient :

------→ augmentation du ratio d'endettement, car c'est une loc.-acquis.

Contrat de location de MAX :

Avantages :

------→ idem *

------→ n'influe pas sur le ratio d'endettement, car c'est une loc.-exploit.

Contenu de la solution d'un cas

Une simple référence avec un astérisque, un chiffre, une lettre, une « accolade » ou tout autre signe peut vous éviter de perdre du temps à répéter la même idée. Il faut toutefois vous assurer que le lecteur comprenne facilement la référence et que le texte soit organisé de manière à préserver l'apparence professionnelle de votre solution.

Le candidat qui solutionne un cas aura bien souvent à présenter les avantages et les inconvénients d'un enjeu stratégique ou d'une décision d'investissement. Il arrive bien souvent, à l'instar de l'exemple précédent, que des arguments puissent se répéter d'un enjeu à l'autre.

On peut alors utiliser une simple référence, telle que ①, ②, ③, etc. ou ⓐ, ⓑ, ⓒ, etc., afin de rendre la rédaction plus rapide tout en présentant une solution professionnelle et structurée.

POINT DE VUE

On doit parfois résoudre un problème ou enjeu en analysant deux ou trois options sous la rubrique « avantages – inconvénients ». Il arrive que ces options soient mutuellement exclusives ou « concurrentielles », c'est-à-dire que seulement l'une d'entre elles peut être adoptée. Par exemple : acheter ou louer, acheter les actifs ou les actions, financement par emprunt ou par émission d'actions, produire ou impartir, recruter à l'externe ou offrir une promotion à l'interne, etc. Dans ces situations, les avantages d'une option sont, pour la plupart, les inconvénients de l'autre et *vice versa*. Naturellement, il faut chercher à présenter son texte avec efficience, en éliminant les répétitions inutiles des mêmes idées. On peut, par exemple, présenter la solution sous forme de colonnes, où les avantages de chacune des options sont listés. Par la suite, on peut ajouter une référence comme suit : « inconvénients : voir contraire * ».

Exemple 2 :

Il faut déterminer si plusieurs types de frais encourus doivent être capitalisés ou passés en charges. Parfois, compte tenu de la nature similaire de certains d'entre eux, il arrive que les arguments de discussion puissent être les mêmes. Les dépenses encourues pour la construction d'un nouvel immeuble (honoraires de l'architecte, permis de construction, coûts d'excavation, salaires des menuisiers, etc.), par exemple, sont tous des frais directs à la construction qui seront capitalisés au poste Bâtiment.

> Le brevet doit être radié puisque le produit VHS n'est plus rentable et que sa fabrication va cesser.
>
> Les frais de développement doivent être radiés puisque le produit VHS n'est plus rentable et que sa fabrication va cesser.

Cette rédaction manque d'efficience puisque le même argument sert à justifier la radiation de deux postes différents. Il faut donc grouper ensemble les sujets qui font l'objet d'arguments similaires afin de gagner du temps. Comme le montre l'exemple ci-dessous, la discussion de tous les postes concernés par le même événement – arrêt de la fabrication du VHS – peut figurer au même endroit.

EXEMPLE DE RÉDACTION – A (SUGGÉRÉ)

> Le brevet et les frais de développement doivent être radiés puisque le produit VHS n'est plus rentable et que sa fabrication va cesser.

Il peut arriver que vous ayez terminé la rédaction sur le premier sujet avant de réaliser que le deuxième faisait appel au même type d'argument. À ce moment-là, vous pouvez compléter le texte déjà écrit sur le brevet en y ajoutant, par exemple, la référence aux frais de développement. Raison de plus pour présenter une solution aérée, où il sera facile d'insérer d'autres idées.

OU

EXEMPLE DE RÉDACTION – B (SUGGÉRÉ)

> Le brevet doit être radié puisque le produit VHS n'est plus rentable et que sa fabrication va cesser. (idem Frais de développement)

OU

EXEMPLE DE RÉDACTION – C (SUGGÉRÉ)

> et les frais de développement
> Le brevet → doit être radié puisque le produit VHS n'est plus rentable et que sa fabrication va cesser.

Contenu de la solution d'un cas

84 **_Exemple 3 :_**

L'entreprise possède plusieurs divisions dont deux ont un profil similaire. L'une fabrique et vend le produit XL5 tandis que l'autre fabrique et vend le produit MP3. La discussion sur la nécessité d'en faire des centres de profit ou d'investissement sera probablement la même et peut, du moins partiellement, être regroupée au même endroit.

Exemple 4 :

Il faut discuter de la comptabilisation d'une opération comptable et deux possibilités (ou plus) doivent être envisagées avant de recommander le traitement comptable approprié.

EXEMPLE DE RÉDACTION (À ÉVITER)

> Le produit peut être constaté si l'on considère que le transfert de propriété a eu lieu au cours de l'exercice.
>
> Le produit peut être reporté si l'on considère que le transfert de propriété aura lieu l'an prochain.
>
> Je recommande de constater le produit immédiatement, car je considère que le transfert de propriété a déjà eu lieu.

J'exagère un peu avec ce dernier exemple afin de vous montrer comment une même idée peut revenir sous différents angles. Il s'agit malgré tout d'une répétition. Il faut varier le type d'arguments avancés et utiliser chacun d'entre eux une seule fois, du moins par sujet, là où c'est logiquement le plus approprié. Il faut particulièrement faire attention aux recommandations puisque plusieurs candidats y répètent un argument déjà mentionné, habituellement celui qu'ils jugent le plus solide. C'est inutile. Afin d'éviter la répétition, je vous suggère de garder un argument en réserve pour la recommandation ou d'en profiter pour établir un lien d'intégration. La recommandation est alors intégrée au cas (ex.: facteur clé de succès, politiques de l'entreprise) ou reliée à l'axe central (ex.: flux de trésorerie, calcul de la prime au rendement), à la demande (ex.: analyse des risques d'affaires, évaluation du contrôle interne) ou à des éléments de la section « Aperçu » (ex.: objectifs des utilisateurs, risque de vérification).

Dans l'analyse d'un même sujet, il faut penser à diversifier ses idées; une seule mention de chacune d'elles suffit. Il n'est donc pas approprié d'utiliser le même argument – même à l'inverse – pour une alternative concurrentielle ou pour deux choix mutuellement exclusifs.

Comptabilisez vos succès!

Le produit peut être constaté, car le transfert de propriété a eu lieu. C'est l'acheteur qui paie l'assurance sur ces stocks.

Le produit peut être reporté, car le recouvrement n'est pas assuré.

Rec. :

------→ Constater le produit immédiatement, ce qui répond également à votre objectif de maximiser le bénéfice.

Le correcteur de votre solution à un cas ne tiendra pas compte de la répétition inutile d'une même idée ou d'un même concept. L'argument sur le transfert de propriété, utilisé trois fois dans l'exemple ci-dessus, ne sera sûrement pas considéré trois fois dans l'évaluation. Voilà certainement une bonne raison pour éviter les répétitions. Néanmoins, la même idée ou le même concept peut servir pour deux sujets différents, comme l'abandon du produit VHS pour justifier la radiation du brevet et des frais de développement capitalisés. Dans cette dernière situation, le regroupement d'idées a pour objectif d'accélérer la rédaction. Il est fort probable que l'évaluation de la solution prendra deux fois en considération l'argument utilisé pour deux sujets différents, si cela est pertinent.

La répétition des mêmes propos est une erreur fréquente chez les candidats. Ont-ils oublié qu'ils avaient déjà avancé l'idée? Ont-ils peur de ne pas avoir été compris la première fois? Quoi qu'il en soit, il est impératif de minimiser la répétition des mêmes idées. Lorsque vous élaborez votre solution, essayez de repérer les répétitions inutiles et donnez-vous des trucs pour les éviter lors des simulations ultérieures. Cela vous permettra de gagner un temps précieux de rédaction.

---

3. Il est inutile de présenter deux fois la même idée dans les calculs.

Il faut éviter de justifier longuement la provenance des chiffres qui sont donnés tels quels dans le cas puisque cela équivaut à répéter ou résumer le cas au début du sujet discuté. Encore une fois, laissez-moi vous rappeler que le lecteur de la solution connaît très bien l'énoncé du cas.

Cela est d'autant plus vrai que le même chiffre est rarement utilisé deux fois. Un simple examen de l'énoncé d'un cas, incluant le texte, les états financiers et les annexes, vous permettra de faire cette constatation puisqu'il est très rare que deux postes ou deux événements soient du même montant. Cela facilite d'ailleurs l'évaluation de la solution puisque le correcteur n'a pas à chercher longuement de quoi il s'agit puisqu'à peu près chaque chiffre du cas est unique.

EXEMPLE DE RÉDACTION (À ÉVITER)

Ratio de couverture des intérêts : (BAII* / intérêts)

$$\frac{\text{bénéfice net + intérêts + impôts}}{\text{intérêts}} = \frac{490 + 125 + 135}{125} = \frac{750}{125} = 6{,}0$$

* bénéfice avant intérêts et impôts

Cette rédaction manque d'efficience puisque le candidat détaille trop la provenance de ses chiffres. Comme ceux-ci sont faciles à retracer dans le cas et qu'ils n'ont pas subi de transformation, l'explication est trop longue. De plus, le sous-total (750/125) n'est pas nécessaire.

EXEMPLE DE RÉDACTION (SUGGÉRÉ)

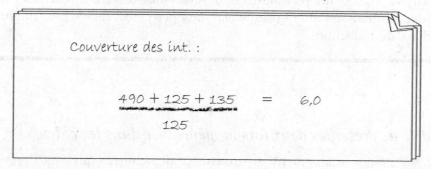

Couverture des int. :

$$\frac{490 + 125 + 135}{125} = 6{,}0$$

Il faut également éviter de formuler en mots ce que le calcul démontre clairement. En effet, il est inutile d'énoncer l'idée à la fois en texte et en chiffres. C'est exactement comme présenter deux fois la même idée dans la résolution d'un même sujet.

> Un calcul des flux de trésorerie est nécessaire afin de déterminer si l'entreprise sera capable de faire face à ses dettes au cours du prochain exercice.
>
> Je vais donc créer trois sections d'activités, soit l'exploitation, l'investissement et le financement. Je vais inscrire une à une toutes les rentrées de fonds, en commençant par les produits, suivies de toutes les sorties de fonds, comme les salaires et les frais de vente. Je ferai un sous-total pour ensuite soustraire les investissements et la portion « capital » du remboursement des dettes. À la toute fin, je vais calculer si les liquidités sont en surplus ou en déficit.

Il est évident que le deuxième paragraphe en entier est inutile, car il ne contient pas d'idée nouvelle. Tout ce qui y est écrit sera très explicite à l'examen du calcul fourni plus loin sur une page distincte, probablement en annexe. Le premier paragraphe est à conserver, car il justifie l'utilité du calcul présenté. Par contre, il peut être rédigé plus succinctement et présenté sur la même page que le calcul.

Finalement, il faut éviter de réécrire les mêmes chiffres ou de refaire les mêmes calculs mathématiques. L'utilisation de références claires peut alors vous faire gagner du temps, sans aucunement amoindrir la pertinence de votre solution.

EXEMPLE DE RÉDACTION (À ÉVITER)

FLUX DE TRÉSORERIE TRIMESTRIEL :

produits	500	550	600	650
achats	250	275	300	325
brut	250	275	300	325
garanties	10	11	12	13
publicité	30	30	30	30
administration	40	40	40	40
intérêts	20	20	20	20
surplus	150	174	198	223

Le « brut » n'est pas une information utile ici, d'autant plus qu'il s'agit de flux de trésorerie et non d'un état des résultats. De plus, puisque les chiffres des trois dernières sorties de fonds sont identiques chaque trimestre, il n'est pas nécessaire de les répéter, même s'il faut en tenir compte dans les calculs. Vous devez donc trouver une astuce de rédaction qui réduise le temps alloué à l'écriture. Vous pouvez utiliser un sous-total qui se répétera à chacun des trimestres, un guillemet, une flèche ou une ligne droite.

Contenu de la solution d'un cas

EXEMPLE DE RÉDACTION – A (SUGGÉRÉ)

FLUX DE TRÉSORERIE TRIMESTRIEL

Objectif : déterminer quelles sont les liquidités disponibles pour le versement de dividendes

prod.		500	550	600	650
achats		250	275	300	325
gar.		10	11	12	13
pub.	30				
admin.	40				
int.	20	90	90	90	90
surplus		150	174	198	223

OU

EXEMPLE DE RÉDACTION – B (SUGGÉRÉ)

FLUX DE TRÉSORERIE TRIMESTRIEL

Objectif : déterminer quelles sont les liquidités disponibles pour le versement de dividendes

prod.	500	550	600	650
achats	250	275	300	325
gar.	10	11	12	13
pub.	30	→		
admin.	40	→		
int.	20	→		
surplus	150	174	198	223

Comptabilisez vos succès!

Comme vous pouvez le remarquer, je n'utilise pas le symbole du dollar dans ce calcul des 89
flux de trésorerie trimestriel. Ce n'est pas nécessaire. La quasi-totalité de la solution d'un cas
peut d'ailleurs être présentée sans ce signe bien connu. Les calculs n'en sont que davantage
aérés.

L'exemple – B de la présentation du calcul des flux de trésorerie
ne s'applique pas lorsque la solution est rédigée à l'ordinateur.
D'ailleurs, le fait que les additions mathématiques soient exécutées
par un logiciel accélère grandement la génération des calculs. De
même, un candidat peut tout simplement « coller » les mêmes chiffres
plutôt que de présenter un sous-total, tel l'exemple – A.

Utilité d'un calcul

Au cours de la rédaction d'une solution, les calculs sont fréquemment des outils utiles à
l'analyse. Ils peuvent en constituer une partie significative, mais sont rarement à eux seuls
l'objectif premier de la résolution d'un cas. Je m'explique. Prenons à titre d'exemple l'analyse
de la rentabilité d'un projet ou l'évaluation de la capacité d'emprunt. Un calcul est alors
nécessaire afin d'assurer une réponse complète au travail à faire, mais il n'est pas, en lui-
même, le problème ou enjeu à résoudre. Autrement dit, le calcul est une partie de l'analyse et
non une fin en soi.

POINT DE VUE

Il est surprenant de constater le nombre de candidats qui ne font pas assez
de calculs dans la résolution de leurs cas. Souvent, ils vont recommander,
par exemple, la vente de la division des thermostats électroniques, sans
fournir aucun chiffre. Particulièrement dans des contextes de gestion et de
finance, il est à peu près impossible qu'aucun calcul ne soit nécessaire pour
appuyer les décisions. Il faut compter… calculer… puisque des milliers,
voire des millions de dollars sont en jeu. C'est le monde des affaires! Et vous
êtes comptable!

Il faut naturellement tenir compte des données fournies dans l'énoncé du cas. Plus il y a de
chiffres, plus on peut s'attendre à ce qu'un calcul soit nécessaire.

Voici quelques points importants afin de s'assurer de l'utilité des calculs.

Accompagner tout aspect quantitatif par du qualitatif

Il ne faut pas laisser un calcul seul, sans le commenter, l'interpréter ou en tirer une conclusion
ou une recommandation. En effet, dans la résolution d'un cas, un calcul sans texte est
beaucoup moins utile. Ce n'est pas le fait de fournir un calcul exact qui fait la différence

90 puisque tous arrivent, un jour ou l'autre, à effectuer correctement les calculs appropriés. Ce qui importe, c'est l'usage que vous faites du résultat de la VAN ou d'un point mort, par exemple. C'est ce qui distingue un candidat des autres. En toutes circonstances, une analyse qualitative doit être présentée, et ce, même si le résultat des calculs ne concorde pas avec vos attentes. Ainsi, on évaluera les avantages et les inconvénients d'un projet d'investissement malgré l'obtention d'une VAN négative. On fera de même d'une discussion portant sur l'achat des actifs ou des actions malgré le fait que le prix demandé par le vendeur excède les capacités financières de l'entreprise qui désire acheter.

> À l'évaluation, il arrive que le poids accordé à une conclusion ou à une recommandation dépende de la présence d'une analyse qualitative. Par exemple, la recommandation de réaliser ou non un projet d'investissement pourrait être jugée valable seulement si une liste des risques et opportunités qui y sont associés accompagne le calcul. En d'autres circonstances, la solution du candidat sera évaluée comme étant supérieure si la recommandation tient compte à la fois du quantitatif et du qualitatif. Autrement dit, vous pouvez faire une conclusion ou une recommandation qui découle uniquement des calculs, mais il faudra en faire une deuxième qui se basera à la fois sur le qualitatif et le quantitatif du sujet.
>
> Je vous suggère de présenter le texte de votre solution et vos calculs sur des pages distinctes. Cela facilite la rédaction des aspects qualitatifs et quantitatifs, souvent réalisée, du moins en partie, en même temps. Il vous sera également plus facile de venir y ajouter des idées par la suite.

Déterminer précisément l'objectif du calcul

Vous devez toujours savoir pourquoi vous faites tel ou tel calcul, c'est-à-dire quel objectif vous souhaitez atteindre. Les situations où la demande est dirigée ou clairement mentionnée dans le cas ne posent pas de difficultés. Toutefois, il est fréquent qu'un cas contienne plusieurs données, dispersées en plusieurs endroits et établies sur différentes bases (montant total, montant par unité, nombre d'unités, etc.). Il n'est alors pas toujours facile de déterminer quel est le calcul approprié dans les circonstances. Dans cette situation, je vous suggère de procéder en deux étapes :

1. Définir l'objectif à atteindre, c'est-à-dire ce qu'on veut analyser et évaluer

En voici des exemples.

- choisir les produits les plus rentables;
- établir la valeur d'une entreprise;
- calculer les flux monétaires liés à l'exploitation;
- déterminer si l'entreprise est solvable;
- calculer la perte reportée;
- évaluer la rentabilité d'un projet;

- déterminer si la clause contractuelle est respectée;
- faire ressortir les faiblesses financières de l'entreprise;
- calculer le nombre minimum d'unités à fabriquer;
- etc.

Vous remarquerez que l'objectif du calcul est une action qu'il est préférable d'exprimer par un verbe à l'infinitif. Notez également que tous ces objectifs sont précis et directifs.

POINT DE VUE

Plusieurs candidats font de petits calculs sans que ce soit vraiment nécessaire à la discussion. Ils vont, par exemple, mentionner le nouveau total de l'actif à la suite de la recommandation de capitaliser les frais, ou encore, ils vont calculer automatiquement le ratio d'endettement de chaque entreprise du cas. Même s'ils sont courts, ces calculs ne doivent pas être faits s'ils n'apportent rien à la résolution d'un problème ou enjeu. Vous n'avez pas de temps à perdre.

---

2. Faire la liste des moyens de réalisation de l'objectif

Il s'agit ici de se rappeler (et pas nécessairement d'écrire) de quelle façon on peut résoudre tel problème ou enjeu. Prenons par exemple l'évaluation de la rentabilité d'un projet d'investissement. Pour ce faire, on peut calculer la VAN, le taux de rendement interne ou le délai de récupération. Les divers moyens à notre disposition sont généralement limités au nombre de deux ou trois. Cela rétrécit donc le champ des possibilités et devrait vous aider à déterminer ce qui est le mieux dans les circonstances. La VAN est souvent le meilleur outil d'analyse d'un investissement. Toutefois, il faut tenir compte de la disponibilité des données et des indices relevés à la lecture du cas. Si vous lisez par exemple que « L'entreprise n'accepte que les projets dont la récupération des coûts est d'au maximum trois ans. », soyez assuré que cet indice vous signale qu'il faut calculer et commenter le délai de récupération. D'un autre côté, on calculera seulement la contribution marginale si les coûts de l'investissement ne sont pas fournis.

POINT DE VUE

Les candidats doivent éviter de se lancer tête baissée dans des calculs de toutes sortes, simplement parce que des chiffres peuvent être additionnés, divisés ou placés dans un ratio. Je sais qu'il n'est pas toujours facile de s'accorder un court temps de réflexion, mais prendre un peu de recul peut vous éviter de perdre ainsi votre temps. Si vous avez de la difficulté à déterminer ce qu'il faut faire avec les chiffres, dites-vous que les autres candidats éprouvent probablement la même chose que vous et essayez de vous relaxer… Si vous avez bien déterminé l'objectif cherché et si vous vous rappelez les moyens disponibles pour atteindre cet objectif, ce qu'il faut faire avec les chiffres vous paraîtra plus évident.

92

L'objectif ou la justification de votre calcul devrait, à mon avis, être toujours inscrit dans l'en-tête de la page où celui-ci est effectué. Il y a au moins deux bonnes raisons à cela. D'une part, les facteurs justifiant, par exemple, le calcul du cumul des erreurs aux états financiers peuvent être pris en compte dans l'évaluation de la solution. D'autre part, cet exercice vous force à réfléchir à l'utilité d'un calcul. Cela confirme davantage la pertinence de l'analyse puisque son bien-fondé, en fonction du travail à faire, aura été préalablement exposé.

**Il est essentiel de préciser l'objectif
de tout calcul effectué.**

Dans certaines circonstances, on accordera un certain poids à une « tentative » de calcul dans l'évaluation de la solution. Cela se remarque lorsque le calcul est relativement compliqué ou lorsque peu de candidats ont pensé à en faire un. Il est toujours aussi important de préciser dans l'en-tête ce qui sera fait ou « tenté » dans la page. Cela aide le correcteur à comprendre le calcul que vous avez amorcé. Dans ce genre de situation, la présentation d'un calcul simple et court, même s'il est incomplet, est habituellement suffisante aux fins de l'évaluation.

Malgré toutes les suggestions ci-dessus, je suis consciente que certains candidats ont de la difficulté à déterminer le type de calcul à effectuer. Lorsque celui-ci apparaît indispensable à la résolution du cas, je vous suggère de commencer par un calcul simple (et court) plutôt que complexe. Malheureusement, c'est précisément le contraire que les candidats ont tendance à faire! Trop souvent, en situation d'incertitude, ils voient trop grand et se mettent à faire des calculs beaucoup trop complexes ou détaillés. Il faut prendre conscience de cette attitude et ne pas tomber dans le piège. Encore une fois, il faut réfléchir avant de faire des calculs qui consomment du temps précieux. N'oubliez pas que le temps passe très vite lorsqu'on s'engage à faire des calculs!

Comptabilisez vos succès!

Par exemple, un candidat peut décider de faire un état détaillé des flux de trésorerie liés aux activités d'exploitation et… s'arrêter en plein milieu après 20 minutes, car il constate tout à coup que ce niveau de précision n'est pas nécessaire. Dans cette situation, un calcul abrégé (de 2 ou 3 minutes), où l'amortissement et les impôts futurs sont additionnés au bénéfice net, aurait pu suffire. À tout le moins, cela aurait été un bon point de départ. On peut aussi commencer par calculer la contribution marginale d'un produit pour ultérieurement continuer et calculer une VAN.

Cela dépend des circonstances, mais quand on est indécis quant à la quantité de détails à considérer, il vaut mieux y aller tout d'abord plus simplement et plus rapidement. Il est plus facile d'apporter des ajustements, au besoin, que de récupérer le temps perdu à cause d'un calcul trop complexe ou trop détaillé.

En situation d'incertitude, il est préférable de commencer par un calcul simple et court.

Ces conseils sont également valables lorsqu'il vous reste peu de temps ou moins de temps que prévu pour analyser un dernier sujet. (Remarque : Théoriquement, cela ne devrait pas arriver si le plan de réponse a été suivi.) Dans cette situation, il vaut mieux un calcul simple et court que rien du tout. Cela vous donne tout de même un résultat qui vous permet d'analyser brièvement le sujet et de faire une recommandation basée à la fois sur les aspects quantitatifs et qualitatifs. Malheureusement, certains candidats préfèrent n'effectuer aucun calcul plutôt que d'en présenter un qui est incomplet. Ce n'est pas une bonne stratégie.

Un calcul comprenant peu d'éléments ou une simple contribution marginale ne remplace certes pas une VAN si celle-ci est nécessaire. Toutefois, cela permet au candidat d'obtenir un résultat avec lequel il pourra terminer son analyse et offrir une interprétation conforme à ses calculs. Si la démarche est conséquente et que les propos ont du sens, l'évaluation de la solution tiendra compte de ces efforts, certes partiels, mais tout de même présents.

S'assurer de la vraisemblance du calcul effectué

Vous devriez développer le réflexe de vous interroger sur la vraisemblance de chacun des calculs que vous effectuez. Malheureusement, il arrive trop souvent que des candidats jonglent machinalement avec les chiffres, sans vraiment les voir. Prenons, par exemple, le calcul d'une VAN où le candidat détermine que les produits annuels sont de 20 000 $ pendant cinq ans alors que l'investissement est de 500 000 $. C'est à peu près impossible! Il y a sûrement erreur dans le calcul des produits... 200 000 $ peut-être? Avant de continuer la rédaction et de conclure sur une VAN fortement négative, le candidat devrait prendre un peu de recul et corriger, s'il y a lieu, une grossière erreur qui nuira à son interprétation. Autre exemple : L'investissement de 500 000 $ donne droit à une déduction pour amortissement (DPA) au fiscal et le taux d'imposition de l'entreprise est de 40 %. Il est alors invraisemblable que l'économie d'impôt actualisée soit de 15 000 $ seulement, comparativement au montant non actualisé maximum de 200 000 $ (500 000 $ x 40 %). Sans obtenir une preuve formelle que le calcul est exact, le candidat peut certes rapidement établir un point de repère qui le validera. Cela peut lui éviter d'avoir à expliquer ou à interpréter outre mesure un résultat disproportionné ou franchement à l'encontre des attentes.

Distinguer deux choses : le commentaire et l'interprétation

Le commentaire consiste à dire en mots ce que les calculs montrent, par exemple : « La contribution marginale du produit CRS est de 12 $ par heure de main-d'œuvre directe ». L'interprétation concerne plutôt le sens ou l'utilité que l'on donne au calcul, par exemple : « Puisque la contribution marginale du produit CRS est supérieure à celle de tous les autres, il faut s'assurer de répondre, en premier lieu, à toute la demande pour celui-ci ». C'est surtout dans le cadre de l'interprétation que le candidat exerce son jugement professionnel et montre sa capacité d'utiliser un calcul à des fins précises.

Voici un autre exemple concret.

EXEMPLE DE COMMENTAIRE ET D'INTERPRÉTATION

Calcul du ratio du fonds de roulement

$$500\ 000/400\ 000 = 1,25$$

Commentaire : Le ratio du fonds de roulement est de 1,25.

Exemples d'interprétation :

Le ratio de 1,25 est supérieur au minimum de 1,0 requis par les créanciers obligataires.

OU

Le ratio de 1,25 est supérieur à celui de l'industrie, qui se situe aux environs de 0,80, ce qui est excellent.

OU

Le ratio de 1,25 est inférieur à l'objectif du contrôleur de le maintenir au-dessus de 1,40.

Le commentaire permet de dire exactement ce que le calcul démontre. Quant à l'interprétation, elle met en relation le calcul avec d'autres éléments qui sont mentionnés dans le cas. Cela requiert donc une certaine analyse ou une certaine intégration, ce qui exige un peu plus d'efforts qu'un simple compte rendu. Ainsi, dans l'exemple ci-dessus, la comparaison au ratio exigé par les créanciers obligataires confirme l'utilité du calcul. De même, la comparaison à l'industrie permet de commenter plus judicieusement la performance de l'entreprise.

Dans leur solution, les candidats présentent surtout des commentaires, et pas suffisamment d'interprétations. Il faut remarquer que le commentaire de l'exemple ci-dessus n'apporte rien de plus que le calcul qui le précède. Le titre mentionne précisément ce dont il s'agit, et le ratio obtenu est clairement ressorti. Nul besoin de répéter le tout en mots. Je l'ai déjà dit : toute répétition de la même idée est inutile. Vous devez donc axer vos efforts sur l'interprétation de vos calculs.

Vous vous doutez déjà que c'est généralement l'interprétation des calculs qui est prise en compte lors de l'évaluation d'une solution. Vous admettrez d'ailleurs que les commentaires n'apportent pas vraiment d'idées nouvelles. Il est donc normal qu'ils n'aient pas ou peu de poids pour le correcteur. En conclusion, vous devez vous assurer d'interpréter – et pas seulement de commenter – chacun des calculs effectués.

L'exemple ci-dessus sur le calcul du ratio du fonds de roulement nous permet de dégager une liste d'éléments pouvant aider dans l'interprétation d'un calcul :

- *Comparaison.* Fort souvent, le résultat d'un calcul peut être comparé à celui d'autres années, mis en pourcentage des produits, comparé à l'industrie ou à la concurrence, etc. La tendance dégagée est une mesure qui fournit de l'information supplémentaire.

- *Utilité du calcul.* Nous avons vu qu'une variété de raisons peuvent justifier un calcul et il faut s'en rappeler au moment de l'interprétation. Un retour à l'objectif écrit dans l'en-tête de la page du calcul constitue donc un bon réflexe. Par exemple, on peut mentionner que le projet n'est pas rentable ou que l'entreprise est solvable.

- *Lien aux objectifs.* Dans la rédaction d'un cas, les objectifs de ceux qui nous embauchent (entreprise ou individu) sont omniprésents. Le fait d'établir un lien entre l'un ou l'autre de ces objectifs et le calcul est habituellement une idée pertinente. Voici des exemples d'objectifs à relever : l'entreprise doit diminuer sa marge de crédit, une actionnaire désire que sa part soit rachetée d'ici six mois, le contremaître doit planifier la production du prochain exercice, on désire évaluer si le prix offert de 300 000 $ est raisonnable, etc.

Conclusions et recommandations

Il est généralement reconnu qu'une démarche structurée de résolution de problèmes ou enjeux aboutit à une conclusion ou à une recommandation. Cet aboutissement de toute discussion est essentiel, car cela démontre que vous adoptez une démarche structurée d'analyse et que vous faites preuve de jugement professionnel.

Voici quelques points importants concernant les conclusions et les recommandations.

Terminer toute analyse par une conclusion ou une recommandation

L'analyse de chaque problème ou enjeu doit toujours se terminer par une conclusion <u>ou</u> une recommandation – parfois l'un, parfois l'autre et parfois les deux. Personnellement, je fais une distinction entre une conclusion et une recommandation. Il m'apparaît nécessaire de connaître la différence afin de s'assurer d'avoir présenté une discussion complète sur chaque sujet.

La conclusion est un **commentaire global** émis à la suite de la discussion faite sur un sujet. Elle permet de relever ce qui se dégage des diverses idées avancées. La recommandation est une **action** qui découle de ce qui a été analysé précédemment. Le candidat doit donc structurer son analyse, faire des conclusions (s'il y a lieu), puis passer aux recommandations (s'il y a lieu).

En voici des exemples concrets.

EXEMPLES ILLUSTRANT LA DIFFÉRENCE ENTRE

UNE CONCLUSION ET UNE RECOMMANDATION

Conclusions :

------→ D'après mes calculs, la valeur de IMMO est d'environ 6 000 000 $.

------→ Le risque de non-contrôle est élevé.

------→ Compte tenu de tous ces facteurs, la continuité de l'exploitation de KLM est mise en doute.

------→ Toutes les décisions que le contrôleur a prises au cours de la dernière année ne se sont pas avérées adéquates pour l'entreprise.

Recommandations :

-------→ Acheter IMMO, car le prix demandé de 5 800 000 $ est en deçà de sa valeur.

-------→ Abaisser le seuil d'importance relative, car le risque de vérification est élevé.

-------→ Présenter les états financiers de KLM à la valeur de liquidation puisque l'hypothèse quant à la permanence de l'entreprise ne s'applique plus.

-------→ Dénoncer le comportement du contrôleur au conseil d'administration parce qu'il a volontairement omis de transmettre des informations importantes au vérificateur externe.

Les candidats ont souvent de la difficulté à présenter leur analyse dans une suite logique. Plusieurs d'entre eux ne font que des conclusions sans énumérer les actions à prendre ou *vice versa*, alors que les unes ne remplacent pas les autres. D'autres candidats résument toute l'analyse dans la conclusion, ce qui n'est pas approprié non plus. Il faut que la conclusion soit succincte et interprète globalement ce qui ressort de l'analyse, et non qu'elle la répète. D'ordinaire, le correcteur tient compte de la qualité de la démarche dans la résolution des problèmes ou enjeux, d'où l'importance qu'elle soit logique et qu'elle aboutisse à une conclusion <u>ou</u> une recommandation.

C'est la demande qui détermine s'il y a une conclusion <u>ou</u> une recommandation à faire. Chaque situation est particulière. Évaluer si la proposition du créancier hypothécaire est adéquate ou effectuer une analyse financière exige systématiquement une conclusion. De même, il faudra donner une liste de recommandations si on doit, par exemple, suggérer des moyens d'améliorer la trésorerie ou régler les questions comptables en suspens.

Il ne faut pas terminer une section, un sujet, une analyse, un calcul, etc., sans présenter une conclusion <u>ou</u> une recommandation.

98 Pour certains sujets ou enjeux, il arrive qu'il n'y ait ni conclusion ni recommandation à faire, mais cela est plutôt rare. Cela survient, par exemple, quand le cas demande de fournir une liste des documents à inclure dans un prospectus.

Déterminer précisément l'action à entreprendre

Une recommandation est une action qui doit être exprimée en termes positifs, précis et concrets. Vous devez dire quoi faire ou comment le faire. Afin de vous faciliter la tâche, je vous suggère fortement de commencer vos recommandations par un verbe à l'infinitif – tel le titre du présent paragraphe. D'une part, cela vous force à déterminer l'action à entreprendre avec plus de précision, tout en vous évitant des mots inutiles, comme : « Compte tenu de ce qui précède, je trouve intéressant de songer à l'agrandissement… ».

D'autre part, la rédaction est plus rapide puisque le sujet de la phrase n'a pas à être écrit. Finalement, autre avantage non négligeable, vous avez « l'air » d'avoir confiance en vous et de savoir exactement ce qu'il faut faire. Certains candidats ont tellement peur de se tromper qu'ils n'osent pas prendre position et font même de gros efforts de rédaction pour que leurs recommandations semblent bonnes quoi qu'il advienne. Il faut plutôt adopter l'attitude suivante : être précis et avoir confiance en ses conclusions et recommandations.

EXEMPLES (À ÉVITER)

J'obtiens une VAN positive, mais un autre comptable pourrait obtenir un résultat différent. De toute façon, le nouveau produit apparaît rentable mais d'autres hypothèses pourraient changer cela. Je vous recommande de réfléchir davantage avant de faire le projet. (Il faut se brancher! Recommande-t-on le projet ou non? À préciser.)

Ce serait peut-être mieux de prendre un autre prix de cession interne que celui du marché. (On le change ou non? Pourquoi? À préciser.)

Certains candidats utilisent un style de rédaction « négatif » qui ne sert pas vraiment l'objectif de résoudre les problèmes ou enjeux du cas.

EXEMPLES (À ÉVITER)

On ne devrait pas laisser le mode de rémunération des agents de ventes tel quel. (Quoi faire alors? Pourquoi?)

L'ordinateur central ne devrait pas être placé dans une salle ouverte près de la cafétéria. (Que doit-on faire? Pourquoi? Quels sont les risques?)

D'autres candidats émettent des idées qui demeurent strictement sur le plan de la constatation de la situation actuelle. Le problème est soulevé, mais la façon de le résoudre n'est pas abordée.

EXEMPLES (À ÉVITER)

Je remarque un problème de gestion des liquidités qu'il faut absolument régler. (Comment? Budget de caisse?)

Il est évident que le conseil d'administration doit prendre une décision par rapport au manque d'intégrité du contrôleur. (Quelles sont les options? Quelle est la meilleure?)

Finalement, certains candidats présentent des conclusions ou des recommandations trop vagues. Il est alors quasi impossible de comprendre quelle est la voie qui devrait être suivie.

EXEMPLES (À ÉVITER)

En conclusion, il faut vraiment procéder à des changements en ce qui concerne la réception des dons. (Quels changements?)

Je vous recommande de changer le mode de répartition des frais généraux de fabrication. (Comment? Quel est le mode suggéré?)

Il n'est pas toujours facile d'adopter un ton sûr dans l'écriture d'une conclusion ou d'une recommandation. Mais n'oubliez pas qu'il s'agit de simulations théoriques et que vos conseils ne feront perdre d'argent à personne dans la réalité. Alors pourquoi tant de doutes et de retenue? Il m'apparaît préférable de suggérer des solutions et de se tromper que de rester vague et de ne pas se compromettre. Qui ne risque rien n'a rien! D'ailleurs, seules les recommandations complètes et précises sont prises en compte dans l'évaluation de la solution.

Le candidat doit montrer de l'assurance dans l'élaboration d'une conclusion ou d'une recommandation.

Certains candidats sautent trop vite à la conclusion ou à la recommandation. Cela est nuisible, particulièrement lorsqu'il s'agit d'un problème ou enjeu important. Par expérience, je sais que le fait de solutionner trop rapidement un problème peut limiter notre évaluation de ses particularités et des options possibles. Les arguments de discussion qui se présentent à notre esprit semblent toujours aller dans le même sens que la conclusion ou la recommandation « prédéterminée ». De plus, il n'est pas facile de revenir ajouter des idées se rapportant à une nouvelle option dans une discussion qui était *a priori* terminée. Il faut donc prendre le temps de présenter une analyse complète, où plusieurs possibilités sont envisagées, avant de passer à la conclusion ou aux recommandations. Par exemple, même en sachant que l'on va ultérieurement recommander la passation en charges des frais de publicité, il faut tout de même fournir au moins un argument favorable à sa capitalisation lorsque le sujet est important.

En ce qui concerne les calculs, je vous rappelle qu'ils doivent toujours s'accompagner d'éléments qualitatifs, telles une interprétation, une conclusion ou une recommandation. Cela devrait toujours être fait puisque, dès le départ, le calcul a une utilité bien précise : résoudre un problème ou enjeu du cas. Si ce que vous avez à dire se résume à deux ou trois phrases, je vous suggère de l'écrire sur la page même du calcul. Vous aurez ainsi moins de feuilles à manipuler et, surtout, vous risquez moins d'oublier d'interpréter le résultat obtenu. Toutefois, lorsque des arguments qualitatifs doivent être discutés avant la présentation d'une conclusion ou d'une recommandation, je vous propose de présenter le texte à part.

Toute conclusion ou recommandation doit être désignée comme telle et suffisamment distincte du texte de l'analyse qui la précède. Pour le lecteur du rapport, il faut que ce soit clair qu'il est en train de lire le point final ou l'aboutissement d'un sujet ou d'un aspect de celui-ci. Je suggère l'usage du titre « conc. » ou « recom. » (ou « REC »), placé en retrait et séparé du texte par un espace suffisant. C'est court, convenable, et indispensable.

Je vous encourage à élaborer une conclusion ou une recommandation au fur et à mesure de la rédaction de la solution, sujet par sujet. Ainsi, tout est au même endroit : analyse qualitative, référence à l'analyse quantitative et conclusion ou recommandation. De cette façon, vous pouvez passer à un autre sujet en sachant que vous ne serez pas obligés de revenir en arrière pour finaliser les analyses précédentes.

La conclusion ou la recommandation doit être clairement désignée dans le texte d'une solution.

POINT DE VUE

Je ne crois pas qu'une conclusion ou qu'une recommandation doive être obligatoirement placée au bas d'une page. Vous pouvez donc inscrire vos recommandations dans le texte, au fur et à mesure de l'analyse, afin de ne pas les oublier. Il n'est donc pas interdit de présenter, par exemple, trois recommandations à des endroits différents sur une même page, à mesure qu'une partie de l'analyse se termine. L'important est de faire ressortir clairement qu'il s'agit d'une conclusion ou d'une recommandation. Naturellement, le candidat peut se garder un espace approprié au bas de chaque page pour y grouper ses recommandations.

Bien que je ne suggère pas cette approche, il arrive que des candidats écrivent toutes leurs recommandations sur une même page, qu'ils présentent au tout début ou à la toute fin de leur solution. Si vous désirez procéder comme tel, vous devriez au moins inscrire les recommandations sur cette page au fur et à mesure que l'analyse de chacun des sujets se complète. Ainsi, nonobstant la présentation qui diffère, vous aurez tout de même terminé le problème ou enjeu avant de passer au suivant. C'est à cette condition que je considère cette façon de faire comme étant acceptable.

Je ne crois pas que ce soit une bonne idée de garder 10 minutes à la fin de la rédaction d'une solution pour composer toutes les recommandations du cas. Il m'apparaît risqué d'en oublier, car il faut se remémorer l'essentiel des analyses qui ont été faites précédemment. Dans un long cas de 4 ou 5 heures, cela peut faire plus de 2 heures qu'un problème ou enjeu a été traité. De plus, qui vous dit qu'il restera vraiment 10 minutes?

Certains cas exigent la présentation d'un sommaire exécutif au tout début de la solution du cas. Ce sommaire comprend, bien sûr, une liste des principales recommandations. Celles-ci figurent donc à deux endroits différents : dans le sommaire et dans le texte de la solution avec l'enjeu auquel elles se rapportent. Cette répétition des mêmes idées est indispensable puisque, par définition, le sommaire est un résumé de l'essentiel du rapport. À ce titre, il ne contient pas d'idées nouvelles par rapport au texte ultérieur de la solution.

Je suggère au candidat de construire le sommaire exécutif au fur et à mesure de la résolution de son cas. Ainsi, dès qu'une recommandation importante est énoncée, il peut la réécrire immédiatement dans le sommaire. Tel qu'expliqué ci-dessus, cela lui évitera de revenir plus tard travailler sur des enjeux terminés.

Partie 3
Présentation de la solution d'un cas

Structure de la solution
Style de rédaction
Choix des termes
Attitudes à adopter dans la rédaction
Analyse quantitative
Redressement de données financières

Structure de la solution

Il va de soi que le texte d'une solution à un cas doit être présenté de manière à favoriser la réussite. La structure adoptée doit vous permettre de répondre aux exigences liées au travail à faire en traitant de tous les aspects demandés. Dans les pages qui suivent, vous trouverez nombre de commentaires et suggestions qui rendront votre rédaction plus efficiente, c'est-à-dire qui minimiseront le temps passé à la présentation. S'il en est ainsi, votre solution comprendra davantage d'idées nouvelles et pertinentes, ce qui est, en fait, l'objectif à atteindre.

POINT DE VUE

Il se peut que vous ayez le choix entre rédiger votre solution à la main ou à l'ordinateur. La plupart des candidats préfèrent l'ordinateur, parce que c'est plus rapide et moins dur sur le poignet. Si vous prévoyez solutionner bon nombre de cas à l'ordinateur, je vous suggère de vous procurer un logiciel du genre « Tap'Touche », afin d'avoir une meilleure maîtrise du clavier.

Voici quelques points importants concernant la présentation du texte d'une solution.

Préparer la première page de la solution

Je suggère fortement de commencer votre solution à un cas par les éléments suivants :

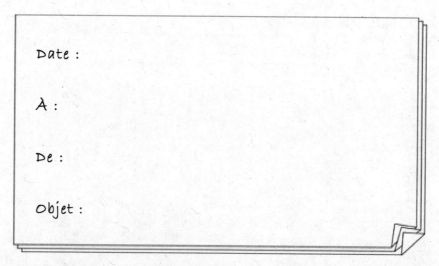

Date :

À :

De :

Objet :

De prime abord, la présentation de ces rubriques à la première page renforce l'apparence professionnelle de votre solution. En réalité, cette entrée en matière vous force à bien situer le mandat reçu et à fixer dès le départ les paramètres de la « boîte » du cas. Ainsi, il faut déterminer la **Date** de la préparation de votre rapport, **À** qui s'adresse le rapport (conseil d'administration, employeur, client, associé, confrère, etc.) et le rôle (**De**) attribué pour la simulation (conseiller en gestion, vérificateur, contrôleur, fiscaliste, etc.). Ces trois premiers éléments varient d'un cas à l'autre, et vous devez être certain de les avoir bien cernés afin de ne pas passer à côté de la demande. Par exemple, un rapport portant sur l'acquisition d'une entreprise ne sera pas le même s'il est daté de un mois ou de plusieurs mois après la publication des derniers états financiers du vendeur, si l'on s'adresse au vendeur ou à l'acheteur, si l'on joue un rôle de fiscaliste ou de conseiller en gestion. Il faut s'adapter à la situation.

La dernière rubrique concerne l'**Objet** du rapport proprement dit. *A priori*, il contiendra une ou deux phrases résumant l'essentiel du travail à faire, de la « boîte » du cas. Pour plusieurs candidats, le fait de nommer l'essentiel de l'objet dont ils doivent traiter les aide à mieux préciser ce qui est demandé dans le cas. Par exemple, si on demande une opinion sur chacune des options proposées, le mot « chacune » risque davantage de sauter aux yeux. Cela rappellera au candidat de présenter une conclusion pour chaque option au cours de sa rédaction.

Dans la majorité des cas, on demande la rédaction d'un rapport proprement dit. S'il le désire, le candidat peut tout simplement écrire le mot RAPPORT dans le haut de la première page de la solution. Il fera de même lorsque le travail demandé prendra la forme d'une LETTRE, d'une NOTE DE SERVICE, d'un MÉMO ou d'un COMPTE RENDU. Lorsqu'il s'agit d'une lettre, par exemple, le candidat peut réagencer les éléments – Date, À, De, Objet – de manière à démontrer qu'il s'adapte à la demande. Ainsi, la date, le nom du destinataire, son adresse et l'objet de la lettre figurent sur la première page. Par la suite, le préparateur appose sa signature en bas d'une brève introduction ou à la fin de sa lettre.

> **Il est indispensable de bien saisir la demande d'un cas.**

La préparation de la première page de la solution se fait habituellement au fil de la lecture de l'énoncé du cas. L'Objet est très souvent déterminé lorsqu'on prend connaissance du travail à faire et du ou des paragraphes qui l'expliquent. La date, le destinataire du rapport et le rôle à jouer sont également établis au cours des premières minutes de la lecture. Comme cela a été mentionné précédemment dans ce volume, le fait d'écrire l'**Axe central** de la demande est également une bonne idée. Il s'agit d'un truc permettant de garder constamment à l'esprit le fil conducteur de la discussion.

Il faut se rappeler que la page de présentation sert également d'introduction au rapport qui suit. Vous commencez donc, dès la deuxième page, l'analyse des problèmes ou enjeux du cas.

La page de présentation (ou d'introduction) peut également vous servir d'outil de travail pour déterminer le contenu de la solution ou du plan de réponse. Ainsi, il peut être utile d'y détailler davantage le mandat lorsque les sujets à discuter sont implicites, difficiles à établir ou à classer par ordre d'importance ou, tout simplement, parce que cela vous aide à mieux cerner la structure de la solution. De toute façon, il m'apparaît indispensable de présenter la liste des problèmes ou enjeux principaux dans l'Objet pour un long cas de 4 ou 5 heures.

La préparation d'une page de présentation aide le candidat à planifier sa solution.

Voici trois exemples de cette première page de présentation.

Date : mi-juillet 20X4

À : Mme Boissonneault, associée

De : stagiaire en vérification

Objet : discussion des questions de comptabilité, de vérification et de fiscalité de l'exercice courant

sujets importants : – frais d'émission d'obligations

– constatation des produits

– instruments financiers

Axe central : comptabilisation aux états financiers – bénéfice net

---

Date : avril 20X5

À : directeur général

De : contrôleur

Objet : présentation d'un plan d'affaires à la société de capital de risque

1. établissement des politiques comptables

------> frais de démarrage

------> apports non monétaires des propriétaires

------> comptabilisation des revenus des contrats à long terme

2. calcul des contreparties conditionnelles au bénéfice net

3. flux de trésorerie futurs (5 ans)

4. questions fiscales

5. analyse de la proposition de la société de capital de risque

Axe central : liquidités

Date : été 20X9

À : « À la rescousse » (OSBL)

De : trésorier du conseil d'administration

Objet : – comptabilisation des promesses de dons

— améliorations des procédures de contrôle interne

– relations avec le vérificateur externe

> La présence des rubriques – Date, À, De, Objet – n'est pas automatiquement considérée dans l'évaluation de la solution par le correcteur. Bien que la copie offre alors une apparence plus professionnelle, cela vous aide surtout à fixer les particularités du cas. De plus, nombre de candidats ne savent vraiment pas comment débuter la rédaction de leur solution. C'est le tremplin idéal pour se jeter à l'eau!

Voici d'autres exemples de l'Objet d'une solution à un cas.

- Évaluation de la solvabilité de l'entreprise;
- Planification de la vérification et du type de rapport à fournir au gouvernement afin de répondre aux exigences requises à l'obtention des subventions;
- Questions à examiner afin de déterminer si GG senc doit être reconduit à titre de vérificateur;
- Rapport analysant l'investissement, y compris la liste des informations additionnelles à demander.
- Méthodes disponibles pour l'évaluation des actions d'une entreprise;
- Éléments à considérer dans la vérification des stocks;
- Description des irrégularités comptables et recommandations des modifications;
- Discussion sur le bien-fondé de la déductibilité de certains frais de déplacement.

Il arrive que la résolution d'un cas soit strictement qualitative ou que la demande soit prédéterminée, c'est-à-dire séparée en parties distinctes et non reliées telles a), b), c), etc. Il est donc plus difficile, voire unutile, de cerner l'axe central, qui parfois ne sera repérable que pour l'une ou l'autre partie du cas. Quoi qu'il en soit, il ne faut pas que le candidat s'éloigne de la demande et du rôle à jouer.

108

Certains cas ajoutent la remarque suivante au début ou à la fin de l'énoncé : « On accordera x points pour la forme, la logique et la clarté. »; le nombre de points alloués variant de 1 à 7 selon les circonstances. Il m'apparaît donc indispensable de présenter un en-tête : Date, À, De, Objet. Bien que cela ne suffise évidemment pas à s'assurer l'obtention du maximum de points alloués à la présentation, c'est déjà un bon départ.

Il arrive qu'un cas exige la rédaction d'un rapport en deux parties : l'une au client et l'autre à l'associé. Il va de soi que vous devez tenir compte de cette particularité de la demande puisque la préparation de deux pages d'introduction distinctes est alors requise.

Il arrive également que le travail à effectuer soit clairement séparé en plusieurs parties. Si elle est nécessaire, la page de présentation de chacune sera plus succincte. Évidemment, les questions très courtes (ex.: 3 points) se passent d'introduction.

Certains cas exigent la présentation de diverses sections dans un ordre bien défini. Ils requièrent alors la présence d'un sommaire exécutif au rapport, suivi d'une brève introduction. Afin de répondre à ces exigences, je suggère tout d'abord de placer l'en-tête – Date, À, De, Objet – au début du sommaire. Ce dernier comprendra une énumération des principaux enjeux stratégiques et opérationnels ainsi que les recommandations importantes qui ont découlé de votre analyse. À mon avis, l'Objet devrait être très court et résumer en une phrase la portée du travail à faire, puisqu'une introduction suivra un peu plus loin.

Voici des exemples de l'Objet d'une solution à un tel cas.

- Rapport intégré sur les orientations futures que devrait prendre Alpha ltée;
- Enjeux et préoccupations exigeant l'attention du conseil d'administration de Bêta ltée;
- Analyse des enjeux et recommandations suggérées à Oméga ltée.

Voici un exemple de sommaire exécutif illustrant le contenu de la première page de la solution à un cas.

SOMMAIRE EXÉCUTIF

Date : juin 20X8

À : vice-président, finances

De : consultant externe

Objet : orientations futures que Indigo Co devrait adopter

Enjeux stratégiques :

------> se regrouper avec Excello

------> fusionner avec Optimo

------> vendre la division Problémo

Axe central : augmentation du bénéfice net

croissance de la part du marché

Enjeux opérationnels :

------> embauche de mécaniciens compétents

------> processus budgétaire

------> négociation de la convention collective

Recommandations stratégiques :

------> fusionner avec Optimo puisque leur principale force est de créer de nouveaux produits, ce qui représente un facteur clé de succès dans le secteur

------> vendre la division Problémo puisque notre mission est dorénavant de se concentrer sur la distribution de produits préfabriqués

Recommandations opérationnelles :

------> choisir des aides-mécaniciens à l'interne et leur donner une formation adéquate pour contrer la pénurie de mécaniciens

------> analyser régulièrement les écarts au budget afin de détecter plus rapidement les problèmes, comme la montée imprévue des frais de livraison

------> attendre la fusion et offrir aux employés les mêmes conditions que chez Optimo

Présentation de la solution d'un cas

110

Il arrive que la deuxième page du rapport d'un cas soit une Introduction au rapport qui suit. Je vous suggère de préparer très rapidement cette partie obligatoire puisque son contenu ne comprend pas d'idées nouvelles. Habituellement, on y présente les titres des grandes sections du rapport.

Voici un exemple d'une Introduction à un cas.

Introduction

Ce rapport comprend une discussion de la mission et des forces, faiblesses, possibilités et menaces (FFPM) de Indigo Co ainsi qu'une analyse des enjeux stratégiques et opérationnels.

Je vous ferai part de mes recommandations et du plan de mise en œuvre qui en découle.

Remarque : Certains des mots utilisés ici peuvent être abrégés.

Les candidats ont tendance à rédiger une page de présentation de rapport beaucoup trop longue, semblable à celle qu'ils auraient le temps de préparer dans la vie réelle. Ajoutons à cela que les publications officielles des solutions proposées aux examens professionnels adoptent une présentation du rapport plus élaborée qu'il n'est nécessaire. Je vous rappelle encore une fois que le temps compte dans toute simulation de cas. Il faut aller à l'essentiel et les rubriques – Date, À, De, Objet – sont suffisantes.

Voici un exemple de ce que les correcteurs trouvent souvent dans les copies : une page de présentation inutile, qui ne contient aucune idée nouvelle ou pertinente.

Comptabilisez vos succès!

Chère Madame Deslauriers,

Vous trouverez ci-joint le rapport que la directrice de notre firme de consultants m'a chargé de préparer à la suite de l'agréable rencontre qu'elle a eue avec vous au cours de la semaine dernière.

Vous êtes une cliente de longue date et j'espère que les analyses et recommandations qui suivent seront adéquates et conformes à vos attentes.

Je demeure à votre disposition pour toute information supplémentaire. N'hésitez pas à me contacter!

Bien vôtre,

Signature

Remarque : Le texte est très bien rédigé, mais ce sont des phrases vides de sens! Nul besoin de se perdre dans des détails de présentation. Il faut éviter les banalités d'usage, c'est-à-dire les phrases de politesse qui ne renferment aucune idée répondant à la demande du cas.

Présenter les sujets par ordre d'importance

Vous devez toujours vous efforcer de présenter les sujets à l'agenda par ordre d'importance puisque cet ordre détermine la profondeur de l'analyse de chacun. En déterminant mal ou en ne déterminant pas la séquence des problèmes ou enjeux à discuter, le candidat peut passer trop de temps sur des aspects plus secondaires et pas assez sur des sujets importants. J'ai d'ailleurs précédemment insisté sur la nécessité de préparer un plan de réponse, particulièrement pour un long cas de 4 ou 5 heures. Il existe une tendance naturelle à discuter trop longuement des premiers sujets que l'on rédige et pas assez des derniers... Vous comprendrez aisément que cela peut être très néfaste si le candidat a débuté sa rédaction par un sujet de moindre importance. Il faut également prendre conscience d'une autre tendance naturelle, soit celle de donner davantage de profondeur aux sujets que l'on préfère. Ai-je besoin de commenter?

Il faut planifier à l'avance la profondeur d'analyse qu'aura chacun des sujets de discussion.

112   Voici un exemple de plan de réponse pour un court cas.

BROUILLON

Résolution des questions de gestion de l'entreprise

(3)   Évaluation du rendement des directeurs des divisions

(1)   Répartition de la capacité de production entre les produits

(2)   Détermination du prix de cession interne

(4)   Embauche d'employés spécialisés

Remarque : Il pourrait s'agir d'une liste d'enjeux opérationnels.

À la lecture d'un court cas, le candidat peut se rendre compte qu'il aura peu de sujets différents à traiter, de deux à quatre, par exemple. Il peut alors énumérer les problèmes ou enjeux à traiter directement dans l'Objet sur la première page de la solution. En évitant d'écrire d'abord les sujets sur une feuille de brouillon, il économise du temps et obtient directement son plan de réponse. Ce plan fait alors partie de la page de présentation du cas. Comme l'illustre l'exemple ci-dessus, il peut arriver que l'ordre des sujets soit modifié en cours de lecture, parfois pendant la rédaction de la solution. Nul besoin alors de recommencer la page en entier. La mention de numéros appropriés, tels que ①, ②, ③, etc., même en désordre, est acceptable. Je vous rappelle que l'efficience est plus importante qu'une présentation impeccable.

L'Objet d'un cas peut correspondre au plan de réponse.

Puisque la page de présentation est distincte et contient peu d'écrit, je vous suggère d'en aérer le contenu, en particulier la liste des problèmes ou enjeux à traiter. Il vous sera alors plus facile d'intercaler un nouvel élément, si nécessaire. De plus, autre avantage, l'apparence professionnelle de la page est améliorée, surtout si les sujets sont placés en désordre.

Il arrive parfois que l'ordre des sujets à discuter soit déjà, du moins en partie, prédéterminé par la personne à qui s'adresse le rapport. Ainsi, le conseil d'administration peut exiger un compte rendu de l'évolution des liquidités avant toute autre question. De même, le vice-président, finances peut avoir exécuté un certain travail préliminaire et vous demander de discuter, entre autres, de la problématique liée aux placements à long terme. Vous devez évidemment tenir compte de ce genre de demandes dans votre plan de réponse. Ne perdez toutefois jamais de vue votre rôle et faites l'effort de vous assurer de couvrir les sujets avec pertinence.

Utiliser une nouvelle page pour chaque sujet

La résolution d'un problème ou enjeu devrait toujours débuter sur une nouvelle page, peu importe sa longueur. La présentation d'un sujet par page offre plusieurs avantages, dont le premier est de vous aider à structurer, à préciser et à concentrer votre discussion. Cela donne aussi davantage de flexibilité puisque le candidat peut facilement changer l'ordre des sujets discutés s'il se rend compte qu'il a mal jugé de leur importance au départ. Il est également pratique de mettre de côté les sujets achevés, ce qui réduit la manipulation de feuilles pendant l'élaboration de la solution. Finalement, cela vous permet de revenir plus rapidement en arrière s'il vous faut ajouter une idée oubliée.

> **La résolution d'un problème ou enjeu commence toujours sur une nouvelle page.**

POINT DE VUE

À mon avis, l'avantage majeur de cette manière de procéder est de pouvoir changer rapidement l'ordre des sujets. Cela implique, bien sûr, que la pagination des feuilles ne soit faite qu'à la toute fin de la rédaction et que le numéro de référence de chaque sujet ne soit pas inscrit près de chaque titre. Le lecteur de la solution ne se rendra alors aucunement compte du changement dans l'ordre des feuilles.

Aussi, il est préférable de ne pas inscrire le terme « stratégique » ou « opérationnel » à côté de chaque sujet, car il arrive qu'on se rende compte d'un mauvais classement en cours de route. Je suggère plutôt d'inscrire tout simplement les mots « enjeux stratégiques » ou « enjeux opérationnels » au milieu d'une page de présentation de la section concernée.

Certes, le fait de rédiger sa solution à l'ordinateur facilite le classement des sujets. Même si ma suggestion d'insérer un saut de page entre chacun d'eux demeure valable, je comprends qu'on puisse discuter deux sujets plus secondaires sur la même page. Toutefois, j'estime que tout sujet dont le développement nécessite moins d'une page devrait commencer et finir sur la même page.

Il est facile d'accepter le fait que l'évaluation de la solution d'un cas accorde davantage de poids à un problème ou enjeu plus important. Le correcteur tiendra compte de la profondeur de l'analyse accordée à un sujet et pas seulement de son emplacement dans la solution ou dans le plan de réponse. Par exemple, un candidat peut déterminer correctement que la survie de l'entreprise est le principal enjeu du cas, présenter ce sujet au tout début de la solution, mais écrire deux ou trois phrases seulement… avant de passer au deuxième sujet. Le correcteur ne sera pas dupe! Le fait de placer un sujet en premier ne veut pas dire qu'il a été analysé en profondeur. De même, le correcteur comprendra que le troisième sujet est le plus important pour le candidat s'il tient sur deux pages et demie alors que seulement quelques lignes ont été consacrées aux deux sujets précédents. Il se demandera probablement pourquoi le candidat ne s'est pas donné la peine de placer les pages en ordre, en guise de validation des priorités.

À mon avis, le candidat qui présente ses sujets en ordre maximise par le fait même ses chances d'atteindre la profondeur d'analyse désirée puisqu'il aura davantage pris conscience de la situation. *A priori*, cela influe positivement la perception du correcteur, mais il faudra bien sûr être à la hauteur de cette première impression. Établir clairement sa position dès le départ par la présentation des sujets est certainement un atout à considérer, d'où l'importance du plan de réponse.

Il arrive parfois que l'évaluation de la solution d'un cas soit majorée du fait que l'ordre d'importance des sujets en cause ait été bien établi par le candidat. Ce n'est toutefois ni régulier ni systématique. On ne peut donc pas le savoir à l'avance. De toute façon, pour tous les cas sans exception, vous devriez suivre mes précédents conseils lors de l'élaboration de votre plan de réponse et toujours classer les sujets par ordre d'importance. Vos chances de succès sont alors maximisées.

POINT DE VUE

Lorsque le temps manque et qu'il reste quelques problèmes ou enjeux de moindre importance à discuter, il est possible de créer une page intitulée « Autres sujets ». Dans de telles circonstances, vous devez aller directement au but, soit à la recommandation justifiée, parfois par deux idées au lieu d'une seule. Il arrive d'ailleurs régulièrement que les sujets plus secondaires requièrent une telle forme d'analyse dans laquelle les explications sont très succinctes.

Ajouter des titres et des sous-titres

Le texte de votre solution doit être accompagné de titres et de sous-titres, et ce, dans le but de préciser le sujet discuté, de vous contraindre à présenter une solution structurée et, avantage non négligeable, de minimiser les répétitions inutiles du cas. En effet, un titre clair, permettant au lecteur de se situer, est un bon truc pour éviter de résumer le cas avant de commencer sa rédaction.

Un titre clair peut remplacer quelques lignes résumant le cas.

Les candidats ont une forte tendance à répéter ou résumer le cas en guise d'introduction à chaque sujet discuté. Il s'agit d'une perte de temps puisque le destinataire de votre rapport connaît très bien les informations qu'il vous a remises en vous confiant le mandat. On doit également en déduire que le correcteur est tout autant familier au cas qu'il corrige. Voici un exemple où l'usage approprié d'un titre rend la rédaction plus rapide et donc plus efficiente. Mais voyons d'abord ce qui est à éviter.

EXEMPLE (À ÉVITER)

> Votre entreprise offre actuellement un régime complet de participation différé aux bénéfices. Or, vous vous demandez comment comptabiliser les options d'achat d'actions que vous venez tout juste d'offrir à vos employés. Voici mes recommandations à ce sujet :

EXEMPLE (SUGGÉRÉ)

> Compt. des options d'achat d'actions

Ce titre est clair, court et situe rapidement le lecteur de la solution. Nul besoin de rappeler toute l'histoire du cas sur ce sujet. Vous pourrez donc directement aller à l'analyse, qui comprendra des idées nouvelles et pertinentes. En outre, le titre situe clairement la nature du problème ou enjeu à discuter, soit la « comptabilisation » des options. Le candidat ne devrait donc pas s'égarer et discuter d'autres aspects que celui demandé, tel le bien-fondé de ce mode de rémunération, par exemple.

Présenter les feuilles de travail à la toute fin du rapport

L'aide-mémoire et toutes les feuilles de brouillon que vous avez préparées au fur et à mesure de votre lecture du cas doivent être remis avec le texte de votre solution. Tout est lu par le correcteur, et il arrive de temps à autre que l'évaluation d'une solution soit majorée grâce aux idées qui s'y trouvent. Je vous suggère de présenter l'aide-mémoire et les feuilles de brouillon à la toute fin de votre solution pour deux raisons. D'une part, il est peu professionnel de présenter ses feuilles de travail (pensez à l'apparence et au caractère succinct de vos brouillons…) à titre de première page. D'autre part, il sera plus facile pour le correcteur d'évaluer le contenu de ces feuilles après avoir lu la solution en entier.

Il n'est pas approprié de présenter ses feuilles de travail au tout début d'une solution.

Les feuilles de travail sont, *a priori*, difficiles à corriger puisque les idées y sont décousues, pêle-mêle et incomplètes. Cette difficulté s'accroît davantage si ces feuilles sont présentées au tout début de la solution. En réalité, le correcteur ne sait pas si l'idée sera répétée plus clairement ou mieux expliquée dans le corps même du texte qui suit. On lui demande alors de décider s'il accorde un certain poids à l'idée dans l'évaluation, sans avoir en main toute l'information disponible. Pour cette raison, le correcteur attendra bien souvent à la toute fin pour revenir à ces pages du début et compléter son évaluation de la solution. Il pourrait, par contre, oublier d'y revenir. En plaçant ses feuilles de travail à la fin, le candidat évite ce risque inutile.

L'aide-mémoire (ou les feuilles de brouillon) peut être utile lorsque le temps alloué au cas est presque écoulé et que le candidat n'a pas eu le temps d'aborder un ou deux sujets plus secondaires. Ainsi, au lieu de commencer une nouvelle page, il peut tout simplement compléter les idées déjà amorcées dans l'aide-mémoire. Quelques éléments de fiscalité, d'autres suggestions de procédures de contrôle interne ou des informations supplémentaires à obtenir pour finaliser le mandat ont pu avoir été oubliés lors de l'élaboration de la solution. Étant donné que les feuilles de travail sont lues par le correcteur, les idées pertinentes et nouvelles qui s'y trouvent peuvent être prises en compte dans son évaluation.

Toutefois, il ne faut pas abuser de l'utilisation de ce truc et discuter de sujets importants parmi l'ensemble des idées décousues ou inintelligibles de l'aide-mémoire. À ce point-ci, l'objectif est surtout d'utiliser avec davantage d'efficience les dernières minutes de la simulation d'un cas. Un dernier conseil : attirez l'attention du correcteur sur ces idées ajoutées en les entourant ou en les pointant d'une flèche, par exemple.

Rédiger la solution à l'encre

Il m'apparaît indispensable que la solution d'un cas soit rédigée à l'encre. Tout d'abord, l'apparence plus professionnelle de la solution, qui est plus claire et plus propre, est améliorée. Ensuite, il y a un effet positif à la rédaction à l'encre puisque le candidat doit être un peu plus certain de l'idée qu'il écrit sur sa feuille. Il sait qu'il ne peut pas aussi facilement effacer. Finalement, l'écriture à l'encre est plus rapide qu'au crayon à mine, ce qui permet d'augmenter le nombre d'idées fournies dans un même laps de temps.

> **Il est plus rapide de rédiger un cas au stylo.**

Je sais toutefois que beaucoup de candidats hésitent entre le crayon ou le stylo, particulièrement lors de la rédaction de leurs premières simulations. Il n'est probablement pas facile de changer ses habitudes et de se faire suffisamment confiance pour écrire sa solution à l'encre indélébile. À mon avis, il est indispensable de vous entraîner le plus tôt possible à rédiger au stylo. Cela fait partie de l'apprentissage par cas. Je vous suggère de choisir un stylo qui « glisse bien » sur le papier, c'est-à-dire qui n'est pas trop pénible à utiliser – pas comme celui fourni dans les magasins pour signer la facture d'une carte de crédit! Ces stylos exigent que l'on appuie plus fort que d'habitude pour que la signature soit bien imprimée. Personnellement, lorsque je corrige des copies de candidats, je choisis un stylo du genre « Pilot Hi-Tecpoint » ou « Uni-ball Vision Elite ». Il ne requiert pas de pression inutile sur le papier et me permet surtout d'écrire plus rapidement. Au fil de vos simulations, prenez le temps de trouver le stylo qui vous convient.

Il est très rare qu'un candidat rédige la solution d'un examen – universitaire ou professionnel – au crayon à mine. En fait, pensez un peu aux yeux de celui qui corrige bon nombre de copies pendant de longues heures. Vous conviendrez qu'il est plus difficile de lire un texte écrit à la mine, surtout en soirée.

Plusieurs candidats effectuent les calculs à la mine et rédigent le texte à l'encre. J'imagine que cette façon de faire se justifie par la probabilité plus grande que l'on fasse une erreur dans un calcul que dans une phrase. Personnellement, je ne recommande pas de faire une telle différence et je maintiens la suggestion de tout rédiger au stylo. En présentant vos calculs de manière aérée, une petite rature ou un chiffre entre parenthèses est acceptable. À mon avis, vous n'avez pas de temps à perdre à changer régulièrement de crayon. Le stylo rouge est également à proscrire. Cette couleur choque et donne une apparence trop agressive au texte. Vous désirez certainement éviter de créer une impression défavorable avant même que le correcteur n'ait commencé à lire votre solution!

Ne pas oublier que le fond prime sur la forme

Permettez-moi d'illustrer les propos qui suivent à l'aide d'un principe comptable bien connu : celui de la primauté de la substance sur la forme. Autrement dit, la qualité des idées émises, c'est-à-dire le fond (la substance) de la discussion, prime sur la forme. Il est évident qu'une copie très bien écrite, mais pauvre en idées, ne pourra surpasser une copie moins bien structurée qui contient plusieurs bons éléments. Je vous rappelle d'ailleurs que seules les idées nouvelles et pertinentes sont considérées dans l'évaluation de la solution. Cela signifie que le candidat ne doit pas gaspiller son temps à se préoccuper outre mesure de l'apparence de sa solution.

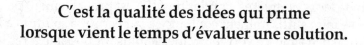

**C'est la qualité des idées qui prime
lorsque vient le temps d'évaluer une solution.**

Afin que vous puissiez consacrer le plus de temps possible à vos idées, voici quelques conseils qui ont pour but d'accélérer la rédaction, à la main ou à l'ordinateur (→).

- Rédiger à l'encre, que ce soit du texte ou des calculs.
  - → Utiliser une police de caractères standard et sans fioritures (taille 12 ou 13, style normal, couleur noire).
- Ne pas souligner les titres ou les totaux avec une règle ou un surligneur. Si nécessaire, une ligne tracée à la main est fort acceptable, même si elle est un peu de travers.

🌀 Ne pas changer de couleur pour signaler un titre, un changement de sujet ou un calcul. Une écriture dorée ou argentée, c'est bien joli, mais ce n'est pas très utile. C'est une perte de temps précieux et la solution a l'air… d'un arbre de Noël! Je suggère un seul et même stylo pour tout le texte de la solution.

→ Ne pas abuser des options offertes, comme les caractères gras, le soulignement ou l'italique – surtout cette dernière. Le correcteur peut certainement reconnaître une idée adéquate sans qu'elle soit mise en évidence. De même, il n'est pas nécessaire d'enjoliver un texte à l'aide de couleurs ou d'attributs tels que « ombré » et « contour ».

🌀 Ne pas recommencer tout un calcul sous prétexte qu'on a oublié une donnée ou utilisé un chiffre de manière erronée. Il faut plutôt chercher un truc pour réparer rapidement l'erreur si elle est importante. Le cumul des flux monétaires liés à l'exploitation ne sera pas totalement erroné si on a oublié une sortie de fonds par exemple. Avis aux perfectionnistes! L'évaluation d'un calcul n'est pas si catégorique; ce n'est pas tout ou rien. L'oubli ou le traitement erroné d'un élément n'invalide pas les autres. Vous conviendrez que le fait de se trouver un défaut n'enlève rien à vos qualités.

Après avoir fait les calculs mathématiques, il peut arriver que vous constatiez l'oubli d'un ou deux chiffres dans l'analyse quantitative. Cela est encore plus embarrassant lorsque vous venez tout juste de terminer la rédaction de l'analyse qualitative et des recommandations. Dans ces situations, je vous suggère tout simplement d'intercaler le chiffre oublié entre les lignes qui composent le calcul. À moins que le montant soit important ou fasse une différence, il ne m'apparaît pas nécessaire de recalculer le solde cumulatif des liquidités ou le sommaire d'une VAN, par exemple. Quand le correcteur évalue une solution, il ne vérifie pas l'exactitude mathématique des totaux, il s'attarde plutôt à la qualité des éléments ou des ajustements considérés dans les calculs.

Lorsqu'on utilise un logiciel pour faire ses calculs, il est particulièrement utile d'insérer tout nouvel élément entre les lignes de chiffres déjà inscrits. Ceci, parce que la formule mathématique du solde ou du total devrait automatiquement en tenir compte.

🌀 Ne pas effacer ou raturer des idées. Qui sait? Ce que vous voulez retrancher n'est peut-être pas si mal, après tout. Puisqu'il est possible que ces idées soient valables malgré votre première impression, il faut qu'elles puissent être considérées dans l'évaluation de la solution. Vous avez fait une erreur? Mettez plutôt entre parenthèses la phrase ou le paragraphe et inscrivez « brouillon » ou « aide-mémoire » ou « *draft* » à côté, puis reprenez correctement vos idées. S'il s'agit de la page entière, placez-la à la fin de votre solution, avec les autres feuilles de brouillon. Ne jetez pas tout, je vous en prie!

→ Utiliser la fonction « couper/coller » afin d'aller placer le texte rejeté à la toute fin de la solution.

POINT DE VUE

Je sais que certains candidats barrent les idées de leur aide-mémoire ou de leurs feuilles de brouillon au fur et à mesure qu'ils en discutent dans leur solution. Je n'ai naturellement rien à redire de cette façon de faire, qui sert de stimulant en cours de rédaction. Toutefois, assurez-vous que les idées raturées ont été reprises dans la solution. Comme vous le savez déjà, le correcteur ne lit pas ce qui a été barré. Il est donc préférable de faire une marque, tel un crochet, plutôt que de raturer.

- Laisser de l'espace. Sautez des lignes afin de vous permettre de revenir ajouter des idées ou des chiffres, si nécessaire. D'ailleurs, on suggère fort souvent d'écrire la solution d'un cas à interligne double (ou encore 1,5 ligne). Espacez vos chiffres pour qu'une rature paraisse moins. Commencez une nouvelle page à chaque sujet. Évitez les phrases « baladeuses », qui partent du texte de la solution, débordent dans les marges, font le tour de la feuille ou d'un paragraphe puis reviennent à leur point de départ! Ce style étourdissant oblige le correcteur à tourner la feuille dans tous les sens. Il risque de perdre le fil et de sauter quelques idées importantes sans oublier le torticolis qui en résulte. Aussi, évitez les phrases trop longues, qui n'en finissent plus. Mettez un point final à chaque idée.

  → Ne pas placer trop de texte dans la même cellule d'un logiciel de calcul, tel « Excel ». Cela se lit bien à l'écran, mais c'est une autre histoire lorsque la solution est imprimée. La fin des phrases trop longues est alors escamotée ou se retrouve sur une autre page et, malheureusement, cela rend la tâche de correction plus difficile.

- Ne pas utiliser de liquide correcteur (ou ruban-cache). Pitié! Vous n'avez pas le temps. Certains candidats attendent même que le liquide sèche car ils réécrivent par-dessus. Encore pitié!

  → Ne pas perdre de temps à fignoler le texte à l'aide d'outils offerts par le traitement de texte tels que le dictionnaire ou la recherche d'un synonyme.

- Ne pas répéter un en-tête qui se rapporte à plusieurs pages, comme par exemple « *draft* », « non vérifié », « analyse », « rapport préliminaire », « gestion », « date ». Vous pouvez le mentionner une fois, si cela est utile, mais ne le répétez pas partout. De même, le mot « suite » n'est pas nécessaire quand la discussion d'un sujet excède une page. Un rappel très succinct du problème ou de l'enjeu suffit.

Certains candidats écrivent en caractères très petits ou ont une écriture difficile à lire, caractérisée, par exemple, par des « pattes de mouche » ou des lettres à peine formées qui se ressemblent toutes. N'oubliez pas que le correcteur doit comprendre votre texte sans éprouver de difficultés. Certes, vous pouvez tenter de changer votre calligraphie, mais cela est parfois difficile, car vous écrivez de cette manière depuis longtemps. Ainsi, si l'écriture est tout de même lisible, je vous rappelle d'aérer votre solution en laissant une ligne en blanc entre chaque ligne de texte. La lecture sera moins ardue. Dans ces circonstances, la rédaction à l'encre est particulièrement recommandée.

Comptabilisez vos succès!

Si, par contre, votre écriture est illisible, alors là, il faut faire un véritable effort d'amélioration. Le correcteur essaiera de vous comprendre, mais il y a une limite à sa patience. Après deux ou trois essais infructueux, il passera à la phrase suivante. Vous risquez donc de ne pas recevoir le plein mérite de vos idées. Je vous suggère de faire lire vos solutions à différents confrères afin de déterminer si votre écriture est lisible ou non. De toute façon, certains de vos professeurs vous ont peut-être déjà dit qu'ils avaient de la difficulté à déchiffrer votre écriture. Si tel est votre lot et qu'on vous offre la possibilité de rédiger vos cas à l'ordinateur, n'hésitez pas!

Style de rédaction

Vous avez certainement compris, d'ores et déjà, que je désire que la rédaction de votre solution à un cas soit la plus efficiente possible. Nul besoin d'adopter un style d'écriture recherché, comme celui utilisé lors d'un travail de session ou d'un projet de thèse. Je vous recommande plutôt d'adopter un style de rédaction direct et précis. Il faut aller droit au but et exprimer son idée sans utiliser des expressions ou des phrases inutilement longues. Ainsi, une phrase d'introduction telle que : « Je vais présenter ci-dessous les avantages et les inconvénients de l'offre de Philimax inc. » est inutile. Il faut éviter le remplissage qui ne contribue pas à l'argumentation des idées.

Il faut d'abord et avant tout viser l'efficience dans la rédaction de cas.

La facilité de rédaction n'est pas la même pour tous. Si vous êtes le membre de l'équipe que les autres désignaient pour composer le texte d'un travail de session, cela ne sera pas nécessairement un avantage lors de vos simulations de cas. Il faudra probablement faire des efforts particuliers pour éliminer les phrases vides, qui ne contribuent pas à la résolution des problèmes ou enjeux, et réduire la longueur du texte en présentant les idées plus succinctement.

Voici plusieurs trucs qui vont rendre le style de l'écriture plus efficient.

Utiliser le style télégraphique approprié

Un point essentiel que je désire aborder concerne l'usage d'un style télégraphique approprié. La plupart des candidats en entendent parler, mais plusieurs ont de la difficulté à l'appliquer correctement. Il est dommage de constater que le sens des idées avancées est souvent perdu par un style d'écriture impropre, parfois trop télégraphique, parfois pas assez. Personnellement, je considère que vous devez, la plupart du temps, écrire des phrases complètes, c'est-à-dire ayant un sujet, un verbe et un complément. Ces phrases doivent toutefois traduire simplement les idées exprimées et ne doivent pas être encombrées de mots inutiles. À l'occasion, il arrive que le sujet de la phrase puisse être escamoté sans que l'idée ne perde son sens.

Voici une illustration de ce que j'avance.

STYLE DE RÉDACTION TROP TÉLÉGRAPHIQUE (À ÉVITER)

FILIALE AU MEXIQUE (CR)

coût : assurer approvisionnement régulier

profit : 60 % tiers

investissement : décision soc mère

∴ centre de profit

Ce texte est trop télégraphique. Pour comprendre le sens de la discussion, le lecteur doit commencer par deviner la nature du sujet traité et compléter chaque ligne dans sa tête. Certes, il peut voir vaguement ce que le candidat veut dire, mais cela ne suffit pas. Les idées émises manquent d'explications, et la recommandation ne ressort pas clairement.

**Quand vous rédigez une solution,
le défi est de composer des phrases
à la fois complètes et concises.**

Quand il évalue une solution, le correcteur essaie de tenir compte de toutes les idées nouvelles et pertinentes que lui présente le candidat. Par contre, il ne peut ni extrapoler ni ajouter des mots pour que la solution ait du sens. Si ce n'est pas écrit... le correcteur ne peut pas deviner ce que vous voulez dire.

Ainsi, dans l'exemple ci-dessus, le style télégraphique utilisé oblige le correcteur à faire le lien entre le type de centre de responsabilité et sa justification. C'est beaucoup lui demander. Pour comprendre pleinement le sens de l'argument, le correcteur devrait ajouter trop de mots à ce qui est écrit, et il ne le fera pas. Il ne peut pas présumer vos connaissances. Quand vous rédigez votre solution, vous devez par conséquent exprimer vos idées de façon claire et complète. Vous n'aurez pas la possibilité de rencontrer le correcteur pour lui expliquer ce que vous vouliez dire.

Détermination du type de centre de responsabilité de la nouvelle filiale du Mexique. (Ce titre est trop long.)

J'ai procédé à l'examen des caractéristiques de la filiale que vous détenez au Mexique. (Phrase de présentation trop longue; répétition inutile du titre.)

Il faut déterminer s'il s'agit d'un centre de responsabilité qui est un centre de coût ou d'un centre de responsabilité qui est un centre de profit. (Inutile de répéter deux fois le terme « centre de responsabilité ».) *Après analyse, je pense qu'il pourrait s'agir d'un centre de coût puisque toutes les décisions d'investissement sont prises à partir de la société mère par une équipe de huit personnes dirigées par le directeur M. Christian.* (Cette phrase est un préambule inutile; trop longue description de l'équipe de direction, puisque déjà mentionnée telle quelle dans le cas.) (Remarque : L'argument vise à rejeter le centre d'investissement alors qu'il devrait plutôt servir à appuyer le centre de coût.) *Aussi, la création de la filiale a pour but d'assurer un approvisionnement régulier de matières premières à la société mère. Ma première idée a été que le centre de responsabilité pourrait être un centre d'investissement, mais aucune décision d'investissement n'est prise par les gestionnaires mexicains.* (Répétition d'idées déjà exposées; inutile d'insister autant sur une troisième méthode qui a été écartée d'emblée.)

Ainsi, je pense qu'on pourrait (Début inutile – il est préférable d'aller droit au but; je « pense » n'exprime pas suffisamment de certitude.) *considérer la filiale du Mexique* (Inutile de revenir sur le fait que la filiale est au Mexique, on le sait déjà.) *comme un centre de profit et non comme un centre de coût,* (Inutile de dire ce qu'on rejette dans la conclusion.) *car la filiale vend près de 60 % de sa production à de tierces parties.*

Il ne faut pas oublier qu'au Mexique, ce sont des pesos. Cela va nous compliquer la tâche. (Pourquoi ce paragraphe? On demande de déterminer le type de centre de responsabilité le mieux adapté aux circonstances et non de discuter du taux de change. De toute façon, le fait de dire que cela va « compliquer la tâche » n'ajoute rien de pertinent au texte; c'est une remarque vide de sens!)

Cela signifie que la performance financière de la filiale mexicaine sera évaluée en fonction du profit réalisé. (La conclusion est plus claire ici, mais on pourrait éviter cette répétition inutile en étant plus précis la première fois.) *Le profit pourra* (Le mot « devra » est préférable au mot « pourra ».) *tenir compte des frais directement liés à l'exploitation de la filiale comme les coûts de matières premières, les frais de main-d'œuvre, l'électricité, les frais d'entretien de l'usine, les salaires des dirigeants, etc.* (Les mots « frais » et « coûts » sont inutiles; trop d'éléments énumérés.) *Il ne faut pas tenir compte des éléments non contrôlables par la filiale, comme le partage des frais communs (frais de publicité, frais de recherche et développement, frais administratifs, etc.) imputés par le siège social.* (La répétition du mot « frais » est inutile; trop d'éléments énumérés.)

124 Ce texte n'est pas assez télégraphique et comprend plusieurs éléments inutiles. En outre, il renferme plusieurs erreurs… de rédaction. Il est important de comprendre que **tout ce qui est écrit dans ce texte est correct**, il ne contient aucune idée erronée. C'est le style, inutilement lourd, qui nuit à l'efficience. En d'autres mots, c'est la forme est non le fond qui est inadéquate. Si le candidat améliore sa façon d'écrire, il pourra développer un plus grand nombre d'idées dans un même laps de temps.

STYLE DE RÉDACTION TÉLÉGRAPHIQUE (SUGGÉRÉ)

CENTRE DE RESP. FILIALE MEXIQUE

centre de coût :

car le but 1er de la filiale est d'assurer un approvisionnement régulier à la société mère

centre de profit :

car près de 60 % de sa production est vendue à des tiers

REC : centre de profit

La filiale sera évaluée sur le bénéfice qu'elle contrôle (frais directement liés à l'exploitation : matières premières et main-d'oeuvre).

Les imputations du siège social (publicité, recherche et développement) ne devraient pas être considérées.

Remarque : Avec l'exemple ci-dessus, mon objectif est d'illustrer le style télégraphique à utiliser. Il faut comprendre que le nombre d'idées présentées pour discuter du type de centre de responsabilité de la filiale mexicaine est probablement insuffisant.

Le style de rédaction de l'exemple est concis, clair, direct, et les idées sont concrètes. Il n'y a pas de verbiage interminable. Le titre précis permet d'éviter une introduction trop longue. En changeant de paragraphe à chaque phrase, la copie est plus aérée, ce qui facilite la rédaction de la solution (et la correction). Aussi, en coupant les phrases plus souvent, vous vous obligez à préciser votre pensée. Prévoyez au moins une idée différente par phrase! Remarquez également l'usage des parenthèses pour introduire un exemple ou un commentaire. J'y reviendrai un peu plus loin, mais notez également que certains mots ou expressions, tels que « publicité » et « recherche et développement » pourront être abrégés en « pub » et « R et D ».

Une idée → Une phrase → Un paragraphe

La rédaction d'une solution où les phrases sont présentées dans un texte continu allonge le temps consacré à l'écriture des mêmes idées. On se sent alors obligés d'ajouter des mots de liaison tels que « cependant », « toutefois », « malgré cela », « il s'ensuit que », « étant donné », etc. La présentation d'une seule phrase par paragraphe offre un avantage indéniable à la rédaction. Elle en accélère le rythme!

En certaines circonstances, la composition de phrases complètes (sujet, verbe, complément) n'est pas nécessaire. C'est généralement ce qui se produit quand on doit énumérer des éléments ayant un point commun, c'est-à-dire une « liste » de... Dans cette situation, il n'y a pas de sujet ou de verbe, et le style devient beaucoup plus télégraphique.

Voici des exemples où une partie de la solution peut être écrite plus succinctement qu'à l'accoutumée.

- Demande précise : responsabilités d'un comité de vérification ou tâches d'un contrôleur;

- Limites à la réalisation du mandat : informations supplémentaires à obtenir;

- Analyse qualitative : avantages et inconvénients d'un projet d'agrandissement;

- Question comptable : arguments favorisant le traitement proposé;

- Planification de la vérification : procédés à mettre en œuvre;

- Financement : renseignements qui accompagnent une demande d'emprunt;

- Analyse de la situation actuelle : forces / faiblesses / possibilités / menaces.

Lorsqu'il s'agit de recommandations, je vous rappelle qu'il est préférable de les commencer par un verbe à l'infinitif. Le sujet est alors omis. Ainsi, on pourra dire « Ajouter un quart de travail » plutôt que « Vous devriez ajouter un quart de travail ».

Présenter la solution sous forme de tableau

Il arrive de temps en temps qu'une partie de la solution d'un cas puisse être présentée sous forme de tableau. Lorsque la demande s'y prête, chaque colonne du tableau correspond alors à un élément requis. Tout en répondant aux exigences du travail à faire, cette structure vous permet d'accélérer l'élaboration de votre solution. Toutefois, il n'est pas nécessaire d'encadrer chaque colonne de texte simplement pour en améliorer l'apparence.

Voici des exemples de tels tableaux.

Avantages et inconvénients de chaque option	Questions d'ordre financier; Recommandations

Lacunes du contrôle interne; Incidences possibles; Recommandations	Calculs de ratios; Interprétation

Forces / Faiblesses / Possibilités / Menaces	Etc.

> Il est évidemment possible de créer un tableau lorsque la solution à un cas est rédigée à l'aide d'un ordinateur. Toutefois, si vous n'êtes pas parfaitement à l'aise avec cette fonction du traitement de texte, qui n'est pas si facile à utiliser, vous risquez de perdre trop de temps à choisir parmi les diverses propriétés du tableau (ex.: alignement et habillage du texte).

Adopter un style simple de conjugaison des verbes

Je vous suggère le recours à un temps simple de conjugaison des verbes. Plus précisément, le temps présent, le passé composé et le futur simple sont à privilégier. Le temps présent est d'ailleurs celui qui est le plus souvent utilisé dans la rédaction d'un cas. L'adoption d'un tel style de conjugaison permet de gagner du temps et de libérer votre esprit, qui doit se concentrer sur le fond et non sur la forme du texte. Il faut donc éviter toute forme compliquée de rédaction : « L'entreprise aurait pu gagner trois fois plus de bénéfices si elle n'était pas allée investir dans le secteur des ressources naturelles qui auraient pu générer davantage de dividendes mais qui n'ont pas été capables de rencontrer leurs promesses. C'eût été préférable de me consulter avant! ». Ai-je besoin de commenter?

Voici des exemples de verbes conjugués de façon appropriée.

rédaction compliquée (à éviter)	rédaction simplifiée (suggéré)
J'avais remarqué que...	J'ai remarqué que...
Tu auras obtenu...	Tu obtiendras...
Il avait reçu...	Il a reçu...
Nous finirions...	Nous finirons...
Vous auriez eu...	Vous avez eu...
Ils eussent été...	Ils étaient...

L'adoption d'un style de rédaction simple est plus efficace.

Certains candidats se perdent dans un style de rédaction basé sur le plus-que-parfait, le subjonctif ou le futur antérieur. C'est parfois plus joli, mais la rédaction d'un cas n'est pas un concours littéraire… Il faut que votre idée soit clairement exprimée, ce qui ne signifie pas nécessairement qu'elle doit l'être dans un style d'écriture recherché. Dans la simulation de cas, la limite de temps est une contrainte incontournable.

Mesurer l'importance à accorder à la grammaire et à l'orthographe

Plusieurs candidats s'interrogent sur l'importance de la grammaire et de l'orthographe dans la rédaction d'une solution. Il est indéniable que dans la vie réelle, un rapport professionnel doit être bien rédigé et exempt de fautes. C'est également ce que montre la solution proposée à un cas d'examen professionnel. Cette qualité de rédaction est habituellement facilitée par l'usage d'un traitement de texte, qui souligne les fautes en rouge ou en vert, et par un délai de production qui n'est pas aussi limité que lors d'une simulation de cas.

128　Voici quelques façons de tenir compte de la grammaire et de l'orthographe dans l'évaluation d'un cas.

EXEMPLE – A

Le guide d'évaluation ne tient pas spécifiquement compte des erreurs de grammaire et d'orthographe. Certes, la communication adéquate et professionnelle des idées est importante et peut, à l'occasion, faire partie de l'évaluation, mais cela est compris dans un sens beaucoup plus large. La logique du développement, la cohérence des propos, la structure de l'analyse et la clarté des idées seront plutôt examinées.

EXEMPLE – B

Le guide d'évaluation contient une section appelée « Communication écrite ». Cette section évalue la présentation (en bonne et due forme, titres et sous-titres, références aux annexes, séparation des sections, tableaux et énumérations) ainsi que le style et le langage utilisés (ton professionnel et tact, destinataires du rapport pris en considération, orthographe et grammaire, syntaxe et ponctuation, style clair et concis, enchaînement logique et cohérent).

Dans cette situation, la grammaire et l'orthographe font donc partie des éléments qui composent la note du candidat. Néanmoins, ils figurent parmi d'autres, qui m'apparaissent *a priori* plus importants, en particulier « le style clair et concis » ainsi que « l'enchaînement logique et cohérent » des idées émises. À mon avis, les candidats qui se connaissent et qui savent qu'ils font davantage de fautes que la moyenne devraient travailler un peu plus sur cet aspect. Néanmoins, il ne faut pas que cela devienne une obsession puisque les efforts déployés doivent avant tout porter sur le contenu de la solution.

EXEMPLE – C

L'évaluation de la solution d'un cas prévoit spécifiquement des points pour la qualité de la communication écrite, en particulier la forme, la logique et la clarté. On ne réfère pas spécialement aux fautes de grammaire et d'orthographe. Le candidat doit s'assurer, pour l'essentiel, d'écrire clairement ses idées et de les présenter selon une approche logique et structurée.

Comptabilisez vos succès!

Le barème de correction accorde un point lorsque l'analyse quantitative est cohérente. Cela signifie que les explications sont claires et adéquates et que le correcteur n'a pas de difficulté à comprendre la provenance et la signification des chiffres.

POINT DE VUE

Somme toute, ma position personnelle sur ce sujet est de ne pas faire d'efforts particuliers en cours de rédaction pour utiliser une grammaire ou un vocabulaire exempts d'erreur. Il est évident que l'objectif majeur est d'écrire des idées qui soient nouvelles et pertinentes. Certes, les idées doivent être claires et précises, mais pas nécessairement exprimées de manière parfaite. C'est encore le principe de la primauté de la substance sur la forme. Ainsi, l'omission d'un « s » pour « les stock » n'est pas une erreur grave, ni le fait d'utiliser deux fois le mot «communiquer» dans la même phrase. Nul besoin de perdre son temps à chercher un synonyme pour enjoliver la lecture. Il en est de même d'une erreur de grammaire comme « j'ai discuter » au lieu de « j'ai discuté ». À mon avis, cela ne vaut pas la peine de s'y arrêter, sauf si vous le faites naturellement et sans effort. Il m'apparaît beaucoup plus important de faire adéquatement valoir vos idées au fil de la rédaction, sans perdre de temps à réviser continuellement la grammaire et l'orthographe.

Certains candidats font des fautes non négligeables qui peuvent créer de l'ambiguïté. Par exemple, certains mots sont tellement mal écrits que le correcteur ne peut comprendre de quoi il s'agit, comme « paire des liquidités » au lieu de « perd des liquidités ». Ici, il est assez difficile de saisir le sens de la première expression. De même, quand l'idée est floue ou mal exprimée, il est parfois impossible de savoir s'il s'agit d'une recommandation ou simplement d'un autre argument.

Il y a, en revanche, des candidats qui se préoccupent beaucoup trop de l'orthographe et de la grammaire. Nul besoin de relire sa solution dans cet optique. Je vous rappelle que les correcteurs cherchent fondamentalement les idées nouvelles et pertinentes. C'est seulement lorsque l'idée est incompréhensible que cela nuit à l'évaluation de la solution.

Utiliser des abréviations

Plusieurs candidats se demandent s'ils peuvent utiliser des abréviations dans la rédaction de leur solution. Ma réponse est oui, pourvu qu'elles soient faciles à reconnaître, c'est-à-dire qu'il s'agisse de mots faisant partie du langage des affaires ou d'abréviations très bien connues du langage courant. Il est essentiel de ne pas ralentir la lecture du correcteur. Autrement dit, il ne doit pas avoir à chercher le sens de l'abréviation, laquelle doit être compréhensible et facile à saisir. Ainsi, il ne perdra pas le fil du texte qu'il lit. En fait, si le correcteur ne se rend pas compte qu'il y a des mots abrégés, il sera totalement concentré sur l'évaluation de la pertinence des idées écrites. Par votre façon de rédiger, il faut vous assurer que le lecteur adopte cette attitude tout au long de l'évaluation.

Les abréviations doivent être faciles à reconnaître.

Voici des exemples illustrant le manque ou l'excès d'abréviations dans un texte.

RÉDACTION QUI MANQUE D'ABRÉVIATIONS (À ÉVITER)

Selon les principes comptables généralement reconnus, il faut comptabiliser le placement à la valeur de consolidation, car il y a une influence notable.

RÉDACTION ADÉQUATE (SUGGÉRÉ)

Selon les PCGR, il faut compt. le plac. à la valeur de consol., car il y a influence notable.

Remarque : Cette phrase est facile à lire malgré les quelques abréviations. Le terme « influence notable » n'est pas abrégé, car il est moins souvent utilisé en rédaction, mais aussi parce que cela permet de garder le nombre d'abréviations à un niveau raisonnable.

RÉDACTION QUI MANQUE D'ABRÉVIATIONS (À ÉVITER)

En acceptant le partenariat avec Snack Entreprises inc. afin de produire la gamme Crispy Crunch Pack, la coentreprise serait une entité distincte aux fins de l'information financière et de l'impôt sur le revenu.

RÉDACTION ADÉQUATE (SUGGÉRÉ)

En acceptant le partenariat avec SE afin de produire la gamme Crunch*, la coentrep. serait une entité distincte aux fins de l'inform. financ. et de l'impôt.

* ou CCP s'il s'agit d'un logo spécifique

RÉDACTION QUI COMPORTE TROP D'ABRÉVIATIONS (À ÉVITER)

$$ST : + < \hat{c} \ / \ VRN$$

RÉDACTION ADÉQUATE (SUGGÉRÉ)

Les stocks sont au moindre du $\hat{c}$ et de la VRN.

Remarque : Le correcteur doit pouvoir comprendre rapidement le sens du texte sans ajouter des mots et sans se creuser la tête.

RÉDACTION QUI COMPORTE TROP D'ABRÉVIATIONS (À ÉVITER)

Clients $\neq$ facture -------> \$ prod. pas tous compt.

RÉDACTION ADÉQUATE (SUGGÉRÉ)

Comme les clients ne reçoivent pas de factures,
les prod. compt. peuvent être sous-évalués.

Veuillez noter qu'il n'existe pas de liste officielle d'abréviations généralement reconnues publiées par les ordres professionnels.

Voici donc une liste non exhaustive d'abréviations qui peuvent, à mon avis, être utilisées.

ABRÉVIATIONS

C/C – C/F	comptes clients – fournisseurs	**invest.**	investissement
DPE	déduction accordée aux petites entreprises	**VCN**	valeur comptable nette
compt. ou ctb	comptabilité	**ÉDI**	échange de données informatisées
vérif. – certif.	vérification – certification	**conv. compt.**	conventions comptables
éval. rend.	évaluation du rendement	**ALT**	actif à long terme
BAII	bénéfice avant intérêts et impôts	**FCS**	facteur clé de succès
GPA	gestion par activités	**RNC**	risque de non contrôle
DPA – FNACC	déduction pour amortissement – fraction non amortie du coût en capital	**prod. int. ou rev. int.**	produits d'intérêts / revenus d'intérêts
resp. prof.	responsabilité professionnelle	**déduct.**	déductible
REÉR	régime enregistré d'épargne retraite	**JVM**	juste valeur marchande
OAPF	option d'achat à prix de faveur	**É/F**	états financiers
CI	contrôle interne	**BPA**	bénéfice par action
JAT	juste-à-temps	**financ.**	financement
RCI	rendement du capital investi	**div.**	dividendes
b. net ou bén. net	bénéfice net	**TI**	technologies de l'information
loc-acquis.	location-acquisition	**action.**	actionnaire
PAPE	premier appel public à l'épargne	**MOD**	main-d'œuvre directe
PCI	prix de cession interne		etc.

Voici quelques conseils à suivre en ce qui concerne l'utilisation des abréviations.

- Dresser une liste d'abréviations connues et acceptables qui sera complétée au fur et à mesure de vos simulations. Cette liste peut être comparée, puis validée avec celle d'autres candidats.

○ Raccourcir une partie d'une expression en gardant les premières lettres, par exemple : « frais dir. de prod. », « emprunt hypot. », « régime de ret. », « lettre d'engag. », « abandon d'activ. », « exploit. », « ent. et rép. », etc. Bien sûr, il ne faut pas enlever trop de lettres; « ER » pour entretien et réparation ou « ex » pour exploitation est trop court alors que « CA » peut vouloir dire chiffre d'affaires ou conseil d'administration.

○ Présenter un nombre raisonnable d'abréviations dans une même phrase. Il faut un juste équilibre. Ainsi, le fait de sauter un article n'est pas grave, mais les sauter tous et ne laisser que les autres mots, c'est trop. De même, lire une phrase où seules les premières lettres de chaque mot sont écrites rend la tâche de lecture pénible.

○ Utiliser les initiales du nom de l'entreprise pour laquelle vous travaillez. Il y en a toujours et c'est réellement plus court. Il en est de même pour les noms d'individus (ex.: Mme D) et, parfois, pour les noms de produits (ex.: « Ale » ou « Rain » en diminutif de « Rain on the Heather Mild Ale »). Penser aux sigles et acronymes connus, tels que « PME » et « ALÉNA ».

○ Ne pas fournir de liste d'abréviations au début de la solution d'un cas. Cela signifie sans doute qu'elles seront difficiles à reconnaître sans ce glossaire. Si vous devez expliquer l'abréviation, mieux vaut laisser tomber. D'ailleurs, le seul fait d'écrire cette liste enlève du temps précieux à la rédaction. Et surtout, ne demandez pas au correcteur de se référer constamment à la première page de la solution tout au long de sa lecture!

Certains candidats présentent une liste d'abréviations au début de leur examen de 4 heures contenant trois ou quatre courts cas. C'est un exercice d'autant plus inutile lorsqu'on sait que chacun des cas sera corrigé par un correcteur différent. Le candidat n'a donc pas le temps de réécrire la liste d'abréviations à chaque fois, et on ne peut raisonnablement s'attendre à ce que les correcteurs se transmettent cette liste entre eux.

○ Faire attention aux abréviations de mots étrangers au langage des affaires, car elles sont plus difficiles à reconnaître, par exemple : éq. ou ⇌ (symbole chimique) pour équilibre ou « qu. » pour qualité. D'ailleurs, dans ces deux exemples, trop de lettres ont été coupées pour que l'on puisse savoir de quoi il s'agit.

La tentation d'abréger est à la fois moins forte et plus forte lorsque la solution est rédigée à l'ordinateur. D'une part, comme il peut écrire son texte plus rapidement, le candidat est moins porté à se servir d'abréviations. D'autre part, il peut être tenté d'adopter le style des internautes, dont les messages se font à l'aide d'un nombre de mots réduits au strict minimum, dans un langage unique, où l'anglais et le français s'entremêlent. Par exemple, « ke » pour « que », « all K » pour « en tout cas » (aie!) et « c la ke je voi kil è… » pour « c'est là que je vois qu'il est… ». Il va de soi que ce n'est pas une façon adéquate d'exprimer vos idées dans un cas. Ces abréviations, plus ou moins faciles à saisir, n'ont pas vraiment leur place dans le langage des affaires.

134 Vous avez remarqué ou vous remarquerez que je n'utilise pas beaucoup d'abréviations dans le corps même du texte du présent volume. C'est volontaire. Puisqu'il s'agit d'une publication, et non d'une simulation à faire dans un temps limité, ma rédaction doit respecter les règles de l'art.

Certains cas mentionnent le nombre de mots permis pour l'ensemble de la question, pour une seule ou pour toutes ses parties. Dans cette situation, le travail à effectuer sera suivi d'une remarque de ce genre : « Les réponses doivent comprendre entre 350 et 400 mots ». Le candidat doit respecter cette exigence s'il désire que tout ce qu'il écrit soit pris en compte dans l'évaluation de sa solution. Il s'agit d'une raison supplémentaire pour adopter un style de rédaction clair, efficient et direct.

Lorsqu'il rédige, le candidat doit être conscient du nombre de mots qu'il utilise. Il faut donc qu'il trouve des astuces pour faire ce calcul rapidement. Je vous suggère de déterminer un nombre moyen de mots par ligne ou par phrase; nombre qui sera par la suite rapidement multiplié par le nombre de lignes ou de phrases écrites. Au fur et à mesure de son expérience en simulation de cas, le candidat pourra plus facilement estimer ce nombre moyen de mots, qui devrait sensiblement demeurer le même d'une fois à l'autre. L'objectif est de s'assurer de respecter la contrainte liée aux mots sans perdre de vue l'ensemble du travail à effectuer.

Éviter le style interrogatif

Trop souvent, les candidats répondent au cas en posant des questions, ce qui ne constitue certes pas une bonne réponse. C'est justement le rôle du candidat de répondre aux questionnements de l'employeur ou du client. Il ne peut lui retourner la balle. Devant une phrase finissant par un point d'interrogation, le correcteur ne connaît pas la position du candidat et il sera incapable de savoir s'il s'agit d'un argument clair, d'une conclusion ou d'une recommandation. Ainsi, le style interrogatif est fortement déconseillé.

Voici des exemples de ce point de vue.

STYLE INTERROGATIF (À ÉVITER)

> Devrait-on capitaliser les frais de publicité?

C'est la question à laquelle il faut justement répondre… Un titre court et clair comme « compt. frais de pub. » suffit pour situer le correcteur.

> Devrais-je vous recommander de signer ce contrat d'approvisionnement?

Il faut une recommandation ferme et justifiée; c'est à vous de prendre position. On le signe ou non?

Comptabilisez vos succès!

Il faut justement que le candidat utilise les indices du cas afin de déterminer s'il y a des avantages ou non. C'est à lui de le faire. Il ne peut retourner les questions à son interlocuteur. Lorsque c'est impossible de déterminer la présence des avantages futurs, le candidat doit simplement mentionner cette limite à l'analyse.

Il arrive parfois qu'on ait à établir une liste d'informations qui seraient nécessaires pour compléter l'analyse d'un problème ou enjeu. *A priori*, cette situation peut donner l'impression que la forme interrogative est à utiliser puisque le candidat doit déterminer ce qui lui manque (ex.: Quelles sont les économies d'échelle suite au regroupement?). Néanmoins, je maintiens que la rédaction sous la forme de questions est à éviter. Je suggère plutôt la présentation sous forme télégraphique d'une liste d'éléments (ex.: obtenir la liste des charges qui seront réduites suite au regroupement).

Adopter un style positif et constructif

Il m'arrive régulièrement de constater que les candidats adoptent la forme négative dans leur rédaction. En plusieurs circonstances, cela alourdit le texte ou entraîne la répétition inutile de la même idée. Parfois, le candidat ne se rend pas compte que la forme négative, lorsqu'elle est mal utilisée, peut traduire une idée contraire à celle qu'il voulait exprimer. On vous a sûrement déjà dit que la présence de deux négations de suite revient à exprimer l'idée sous une forme positive. Je vous suggère donc d'envisager la résolution des problèmes ou enjeux de manière positive et constructive.

Voici une illustration des inconvénients de l'usage d'un style négatif.

STYLE NÉGATIF (À ÉVITER)

> Actuellement, ça ne fonctionne pas très bien dans votre entreprise. Il y a un mauvais contrôle interne lors de la radiation des comptes clients qui s'est élevée à plus de 89 000 $ au cours du dernier exercice. Effectivement, le contrôleur fait le rapprochement bancaire et les dépôts, puis détermine quels sont les comptes à radier. Il faudrait demander au secrétaire de faire les dépôts, puis à un des propriétaires d'approuver toutes les radiations de compte afin de mieux séparer les tâches.

Les deux premières phrases, d'un style négatif, alourdissent inutilement la rédaction, car le candidat est alors obligé de reprendre un peu plus loin ses idées dans une forme positive axée vers la résolution du problème. De toute façon, la première phrase, qui ne contient aucune idée nouvelle et pertinente, n'est pas nécessaire.

CONTRÔLE INTERNE

radiation des clients

Le contrôleur peut détourner des fonds puisqu'il effectue le rapprochement bancaire et les dépôts, puis détermine quels sont les comptes à radier.

Rec. :

Pour une meilleure séparation des tâches :

-------→ demander au secrétaire de faire les dépôts;

-------→ faire approuver toutes les radiations de compte par un des propriétaires.

Le texte est plus court : une phrase par paragraphe. Nul besoin de mots de liaison comme « effectivement ». La possibilité d'un détournement de fonds compte tenu de l'absence de séparation des tâches est clairement indiquée. Dans l'exemple « à éviter », la lourdeur de son style a fait oublier au candidat d'écrire la conséquence de la faiblesse relevée. Il faut aller droit au but et suggérer des moyens de résoudre le problème ou enjeu. Les deux recommandations ci-dessus sont des actions précises et concrètes, exprimées par un verbe à l'infinitif. Dans l'exemple « à éviter », l'expression « il faudrait » manque de fermeté. Le titre « contrôle interne », quant à lui, permet au correcteur de se situer et peut servir à la discussion d'autres faiblesses de l'entreprise. De même, le titre « radiation des clients » évite au candidat de faire la présentation du sujet qui suit.

Choix des termes

Le choix des termes est un aspect dont il faut tenir compte pour que le sens de l'idée avancée soit pleinement considéré. Certaines expressions, parfois bien connues, peuvent ne pas convenir à l'écriture d'un cas professionnel. Il faut se rappeler que les idées de la solution doivent être présentées de façon directe, claire, concrète, précise et complète. Plus cet objectif est atteint, plus l'évaluation de la solution du candidat risque de s'améliorer.

Voici quelques conseils à suivre dans le choix des termes.

Employer un langage clair et précis

Les candidats utilisent trop fréquemment un langage vague et général. Cela n'est pas adéquat puisque le lecteur ne peut saisir de façon précise ce que l'idée signifie. En d'autres circonstances, le candidat oublie d'écrire des éléments de base qui lui semblent trop évidents, tenant pour acquis que le correcteur les déduira de lui-même. Il faut utiliser, le plus souvent possible, les termes appropriés afin de rendre justice aux idées avancées.

Voici des exemples illustrant la nécessité d'employer un langage clair et précis.

rédaction vague et générale (à éviter)	commentaire	rédaction claire et précise (suggéré)
Elle aura tendance à manipuler les états financiers.	**Qui** peut faire cela? **Pourquoi? Comment** peut-elle y arriver?	La propriétaire voudra augmenter le bénéfice net, car elle désire obtenir un nouveau prêt de la banque.
Avec cela, le gestionnaire sera heureux.	**Avec quoi? Pourquoi?** Être heureux est un état affectif; nous parlons d'affaires ici.	Verser une prime de 5 % au gestionnaire le motivera à maximiser la marge brute de sa division.
L'augmentation du taux d'intérêt par le créancier affecte le risque de vérification.	**Comment** l'augmentation affecte-t-elle le risque? À la hausse? À la baisse? Il faut le préciser.	L'augmentation du taux d'intérêt par le créancier augmente le risque inhérent de la vérification.
Cela n'est pas bien du tout de la laisser tout faire toute seule.	**Qui? Quoi? Pourquoi?** Les expressions « pas bien du tout » et « tout faire » ne veulent rien dire.	La responsable de l'entrepôt est en position de dérober du stock à l'entreprise, car il n'y a pas de contrôle interne et personne d'autre qu'elle ne détient de l'information complète sur les marchandises en inventaire.
L'entreprise a la motivation d'adopter des conventions comptables libérales.	Une entreprise ne décide pas… Ce sont des personnes… De plus, l'expression « conventions comptables libérales » (ou « agressives » ou, à l'inverse « conservatrices ») est trop générale.	Les directeurs ont intérêt à choisir des conventions comptables qui maximisent le bénéfice net (ou l'actif), car ils désirent faire une première émission d'actions à la bourse dans 3 ans.
Il faut comptabiliser la rénovation du bâtiment, car il y a des avantages futurs.	**Comment** comptabiliser la rénovation? Cela n'est pas clair. L'expression « avantages futurs » est générale et imprécise. **Quels** avantages?	Il faut capitaliser la rénovation du bâtiment, car cela va diminuer les coûts d'électricité et de chauffage des prochains exercices.

rédaction vague et générale (à éviter)	commentaire	rédaction claire et précise (suggéré)
Le directeur de la filiale a un comportement dysfonctionnel à cause du système de prime.	De **quel genre** de comportement s'agit-il? L'expression « comportement dysfonctionnel » est générale et imprécise.	Puisque sa prime est calculée à partir du rendement sur le capital investi, le directeur n'a pas intérêt à renouveler régulièrement ses actifs; cela affecterait à la baisse le RCI et, par le fait même, sa prime.
Les sommes payées pour l'entretien des véhicules sont une charge aux résultats.	**Payées?** La comptabilité d'exercice est fondamentale… **Pourquoi?** Il faut une justification au traitement comptable.	Les sommes encourues pour l'entretien des véhicules sont une charge aux résultats, car…
Ces produits vont au bilan car ils concernent le prochain exercice.	**Où?** Actif ou passif? Court ou long terme (si pertinent)? L'argument pour le report des produits n'est pas assez complet.	Ce sont des produits reçus d'avance (court terme) à inscrire au bilan, car la livraison sera effectuée au cours du prochain exercice.
Le prix de cession interne doit être changé.	**Comment? Pourquoi?** Il faut spécifier précisément ce qui doit être changé.	Un PCI basé sur les coûts standards est préférable afin de s'assurer que les directeurs des deux divisions contrôlent adéquatement leurs coûts.

Les candidats ont vraiment tendance à écrire de manière générale et imprécise, particulièrement lors des premières simulations. Ils ont peur de se compromettre et en demandent trop au correcteur. Ce dernier a la responsabilité de bien lire la copie du candidat et d'évaluer adéquatement la solution, de manière juste et équitable. Il ne peut toutefois pas présumer que le candidat a « voulu dire » ceci ou qu'il « comprend » cela. Il ne faut pas compter là-dessus. Ainsi, il y a une différence entre dire que « l'arrivée de ce concurrent a possiblement affecté les résultats » et dire que « l'arrivée de ce concurrent a provoqué une baisse de la marge brute de 5 % ». Le correcteur ne lira pas la deuxième phrase à la place de la première. Soyez donc le plus concret et le plus précis possible. Qu'avez-vous à perdre?

Opter pour la brièveté

Plusieurs candidats allongent inutilement leur rédaction en y mettant des mots qui rendent, certes, la lecture plus agréable, mais qui sont tout de même inutiles. L'objectif constant devrait être de raccourcir le texte tout en ne perdant rien de l'essentiel des idées véhiculées. On libère ainsi davantage de temps pour la rédaction, temps disponible pour l'écriture d'idées supplémentaires qui seront, nous l'espérons, nouvelles et pertinentes.

Voici quelques exemples illustrant ces propos.

rédaction allongée (à éviter)	rédaction raccourcie (suggéré)
Le montant de 4 000 $... La somme de 4 000 $...	Le 4 000 $...
Tout d'abord, je vais discuter des problèmes d'éthique du vérificateur externe précédent.	éthique du vérif. précédent :
...le secteur de l'industrie...	...le secteur...
J'ai remarqué que le prix de cession interne est fixé par le siège social. Cette façon de procéder n'est pas conforme au centre de responsabilité choisi par la haute direction, qui est le centre d'investissement.	L'imposition d'un PCI entre les deux divisions par le siège social va à l'encontre de l'autonomie qui caractérise les centres d'investissement.
Je pense qu'il faut capitaliser, car...	------> capitaliser, car...
Il pourrait être envisageable d'inscrire cette dépense en charge, car...	On peut inscrire cette dépense en charge, car...
D'autres informations seront peut-être nécessaires pour améliorer mon rapport.	C'est une phrase vide de sens! Si c'est pertinent, il faudra tout simplement énumérer ces informations.
Il faut tenir compte des caractéristiques de l'entreprise dans la résolution des problèmes.	C'est une phrase vide de sens! À faire au fur et à mesure du développement des idées, s'il y a lieu.

POINT DE VUE

Les candidats ne se rendent pas compte du temps précieux qu'il perdent en présentant des phrases inutilement longues. Je suggère l'usage occasionnel de parenthèses en cours de rédaction afin de raccourcir la longueur du texte ou des phrases. Cela est particulièrement utile lorsque l'on désire ajouter des exemples au texte, faire référence à une autre section de la solution ou à une annexe, justifier une idée ou la compléter par un concept théorique. Il arrive également que cela serve à donner une opinion personnelle ou à ajouter un bref calcul. En certaines circonstances, cela permet la rédaction de l'idée en une seule phrase plutôt qu'en deux.

140

Voici quelques exemples où l'usage des parenthèses est utile.

rédaction allongée (à éviter)	rédaction raccourcie (suggéré)
Tous les frais de démarrage encourus entre le 1er janvier et le 31 mars doivent être capitalisés, car... Cela comprend les coûts d'incorporation, les frais légaux et les pertes initiales.	Tous les frais de démarrage (incorporation, légaux, pertes initiales) encourus entre le 1er janvier et le 31 mars doivent être capitalisés, car...
L'annexe B présente le calcul du bénéfice net corrigé. Le bénéfice est beaucoup plus élevé, ce qui indique que la situation financière est meilleure que ce que la propriétaire avait cru.	Le bénéfice net corrigé (annexe B) est beaucoup plus élevé. La situation financière est donc meilleure que ce que la propriétaire croit.
Puisque les produits sont reportés au prochain exercice, il faut établir les charges afférentes et les reporter également. Ce traitement est conforme au principe comptable du rapprochement des produits et des charges.	Puisque les produits sont reportés au prochain exercice, il faut établir les charges afférentes et les reporter également (rapprochement des produits et des charges).

Mon objectif ici est de vous encourager à adopter un style qui vous permet d'exprimer vos idées plus rapidement. Pour ce faire, je privilégie un style simple qui présente clairement l'idée émise. Il faut bien comprendre que cela n'entre pas en contradiction avec la profondeur d'analyse qu'exigent certains sujets. Il va de soi que la résolution d'un problème ou enjeu plus important fera l'objet d'un plus grand nombre d'idées.

Utiliser un langage professionnel

La solution devrait être rédigée dans un langage professionnel ou un langage d'affaires. Autrement dit, certaines expressions trop communes utilisées dans une conversation et qui ne veulent à peu près rien dire sont à proscrire. Un langage inapproprié nuit au candidat puisque ses idées, qui manquent de clarté, ne sont pas prises en compte dans l'évaluation de la solution.

Voici des exemples d'expressions qui, pour des raisons évidentes, sont à bannir.

EXEMPLES D'EXPRESSIONS (À ÉVITER)

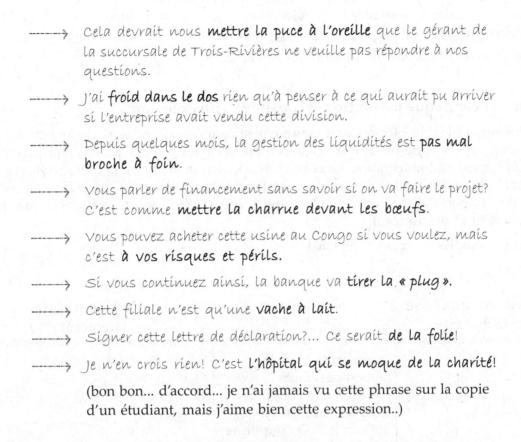

→ Cela devrait nous **mettre la puce à l'oreille** que le gérant de la succursale de Trois-Rivières ne veuille pas répondre à nos questions.

→ J'ai **froid dans le dos** rien qu'à penser à ce qui aurait pu arriver si l'entreprise avait vendu cette division.

→ Depuis quelques mois, la gestion des liquidités est **pas mal broche à foin**.

→ Vous parler de financement sans savoir si on va faire le projet? C'est comme **mettre la charrue devant les bœufs**.

→ Vous pouvez acheter cette usine au Congo si vous voulez, mais c'est **à vos risques et périls**.

→ Si vous continuez ainsi, la banque va **tirer la « plug »**.

→ Cette filiale n'est qu'une **vache à lait**.

→ Signer cette lettre de déclaration?... Ce serait **de la folie**!

→ Je n'en crois rien! C'est **l'hôpital qui se moque de la charité**!

(bon bon... d'accord... je n'ai jamais vu cette phrase sur la copie d'un étudiant, mais j'aime bien cette expression..)

Je désire vous rappeler que le langage utilisé peut être directement pris en compte dans l'évaluation de votre solution. Le ton professionnel et le tact ainsi que le style clair et concis font partie intégrante d'une communication adéquate et professionnelle des idées.

POINT DE VUE

Les dernières sections ont traité de la présentation de la solution du candidat : structure de la solution, style d'écriture, choix des termes. Cela fait beaucoup de choses à gérer en même temps, et il est fort compréhensible que vous ayez de la difficulté à penser à tout. Lorsqu'un élément particulier vous cause des difficultés, tel le fait de faire de longues phrases ou d'utiliser des mots imprécis, je vous suggère ceci : prenez un ou deux sujets particulièrement manqués dans votre solution, puis faites l'exercice de les rédiger à nouveau. C'est par la pratique que vous pourrez écrire de manière plus efficiente.

Attitudes à adopter dans la rédaction

Dans l'élaboration d'une solution à un cas, certaines attitudes doivent être adoptées. Autrement dit, dans la manière de résoudre les problèmes ou enjeux, le comportement du candidat suit habituellement certaines règles implicites qui influent sur l'écriture de ses idées.

Voici quelques indications sur les attitudes à adopter.

Garder à l'esprit que la solution est destinée à un exécutant

La personne qui lit le rapport doit comprendre ce qui est écrit et pouvoir le mettre en application sans avoir besoin de clarifications supplémentaires. Je sais que vous aurez à rédiger pour un conseil d'administration, un client, un supérieur immédiat, etc. Toutefois, le langage doit être axé vers l'exécution des recommandations et la résolution des problèmes ou enjeux, et ce, peu importe le destinataire. Celui qui reçoit votre rapport doit savoir quoi faire concrètement et précisément.

Voici des exemples de ce point de vue.

rédaction imprécise (à éviter)	commentaire	rédaction dirigée (suggéré)
On devra vérifier les stocks, car une vérification sera exigée l'an prochain.	La personne qui lit le rapport ne sait pas comment faire sans plus d'explications. **Qu'est-ce qui sera fait? Qu'implique** le terme « vérifier »?	On devra assister au dénombrement des stocks, car une vérification sera exigée l'an prochain.
L'entreprise devrait remettre en question son association avec ses locataires européens.	Cela est imprécis. **Que faut-il faire** exactement? Sous **quelles conditions?**	L'entreprise ne devrait pas renouveler le bail de ses locataires européens à moins de pouvoir changer la clause sur les heures d'accès à l'usine.
Il faut faire une meilleure séparation des tâches.	Cela ne dit rien. **Qui** est supposé faire **quoi?**	Le réceptionniste doit annexer les factures aux chèques qu'il aura préparés. La contrôleure doit inscrire « payé » sur la facture et poster elle-même les chèques qu'elle aura signés.
L'entreprise devrait faire un suivi des mouvements de fonds.	Cela est incomplet. **Comment** faire ce suivi? **Pourquoi?**	On doit préparer un budget de caisse mensuel afin de mieux prévoir les besoins de liquidités.

J'illustre habituellement les propos précédents de la manière suivante : il faut faire comme si le rapport était adressé à quelqu'un qui a réussi une année d'université. Ainsi, on n'a pas à expliquer la différence entre débit et crédit, mais on peut devoir discuter de l'impact d'une émission d'obligations sur les états financiers. Il n'est donc pas totalement vrai que la rédaction tient compte de la personne à qui on s'adresse. Par exemple, il ne devrait pas être nécessaire d'expliquer quel test effectuer sur les stocks quand on écrit à un associé-vérificateur, sauf que… cela peut l'être dans la rédaction d'un cas. Par contre, lorsqu'on s'adresse à un non-initié, tel un avocat ou un notaire, la définition de certains termes ou des explications plus détaillées peuvent être appropriées.

Considérer l'aspect monétaire des événements

Les cas que vous devez rédiger sont conçus par des comptables – et gestionnaires – et sont par le fait même fortement imprégnés par le milieu des affaires. L'aspect monétaire des événements est donc l'élément essentiel. Certes, par endroit, l'aspect humain ou social est à considérer, mais cela n'est habituellement pas un élément majeur. Vous ne devez donc pas leur donner trop d'importance et le fait d'adopter cette attitude maximisera vos chances de réussir vos cas. Évidemment, cela n'a rien à voir avec l'importance que vous et moi pouvons accorder aux diverses questions humaines et sociales.

Voyons des exemples dans lesquels l'aspect monétaire est essentiellement considéré.

- On s'intéresse davantage au financement des frais de développement qu'au bien-fondé social d'investir dans le produit en question.

- On rejette un projet d'investissement non rentable dans un nouveau médicament même si sa commercialisation permettrait de guérir plusieurs personnes.

- On s'intéresse davantage aux éventualités reliées aux obligations environnementales qu'à la responsabilité sociale de préserver l'environnement.

- On conclura qu'il est préférable de laisser les employés continuer leur grève si cela est avantageux pour l'entreprise, qui écoule alors son surplus de production.

- On vendra l'entreprise au plus offrant sans donner beaucoup de poids au fait qu'un des acheteurs est étranger et que l'autre est un groupe de gens d'affaires de la région.

- On donne des conseils fiscaux à un client qui planifie sa succession en n'insistant pas sur le fait que les legs prévus répartissent inéquitablement les biens entre les héritiers.

- On suggèrera la mise à pied des employés à la suite de la robotisation des installations si cela est l'option la plus économique parmi celles analysées.

Je dois vous dire que les exemples précédents sont un peu exagérés (mais à peine!) afin de vous aider à comprendre le point que j'avance. Ainsi, dans la solution, on mentionnera la perte d'emplois à la suite de la robotisation. Cela sera toutefois succinct, sera traité sur le plan qualitatif et ne sera généralement pas assez déterminant pour renverser la décision de robotiser. De même, on pourra mentionner qu'il serait préférable de vendre l'entreprise à des gens de la région plutôt qu'à des étrangers, mais cela n'affectera pas vraiment le choix final si ces derniers en offrent davantage.

144 En fait, dans la résolution d'un cas, le sens des décisions d'affaires découle à peu près exclusivement du quantitatif. Bien qu'une liste d'éléments qualitatifs doive être établie, cela ne change habituellement pas la décision suggérée par le calcul. En général, une ou deux phrases qualitatives par aspect suffisent, si cela est pertinent. Ce n'est qu'en de rares occasions que l'argumentation qualitative sera l'aspect clé. Cela arrive, par exemple, lorsque deux options d'approvisionnement coûtent à peu près le même prix, lorsque la VAN est presque nulle ou que la différence entre le prix offert par les acheteurs étrangers et les gens d'affaires de la région est faible. C'est également possible lorsque le risque de l'enjeu est extrêmement élevé ou que les données utilisées dans les calculs sont très incertaines ou grandement hypothétiques.

L'aspect monétaire des événements est l'élément majeur dans la résolution d'un cas.

En certaines circonstances, la discussion des aspects qualitatifs humains et sociaux prend un peu plus de place. C'est lorsque le candidat doit, entre autres, élaborer une liste d'avantages et d'inconvénients pour chacun des enjeux stratégiques et pour les enjeux opérationnels importants qui s'y prêtent. Notez toutefois que les arguments quantitatifs devraient être présentés en premier (ex.: La fusion avec SGV va éliminer la nécessité de régler cette poursuite.). En d'autres mots, les critères quantitatifs tels que l'augmentation du chiffre d'affaires ou du bénéfice net, l'amélioration de la rentabilité ou la maximisation du prix de l'action sont toujours très puissants. C'est donc principalement à partir de ces critères que sera établi votre conclusion ou votre recommandation.

Certains candidats insistent vraiment trop sur l'aspect humain ou social des événements. Cela dépend, je pense, de la personnalité et des valeurs de chacun. Par contre, cela ne doit pas paraître dans la rédaction d'un cas, et le candidat doit conserver une attitude de comptable ou de gestionnaire. Peu importe notre point de vue personnel, il faut rédiger le cas dans l'objectif de résoudre les problèmes ou enjeux de l'employeur ou du client. C'est la seule façon de maximiser le résultat de l'évaluation de votre solution.

Les cas des récentes années des examens professionnels utilisent de plus en plus le contexte d'un OSBL. Comme on le sait, ces organismes n'ont pas pour objectif premier de réaliser des bénéfices et leur mission est de nature humaine ou sociale. Il est alors compréhensible que les conclusions ou recommandations qui découlent de l'analyse ne soient pas autant influencées par l'aspect monétaire. Les considérations quantitatives et qualitatives y sont donc un peu plus équilibrées. On considérera, par exemple, divers objectifs sociaux comme la qualité des soins, la confidentialité des dossiers et la rapidité d'intervention, dans le contexte d'une clinique médicale. Il faut toutefois noter qu'il est de plus en plus impératif pour ces organismes d'assurer leur propre survie et, qu'à ce titre, les considérations monétaires sont importantes. À mon avis, cela explique le fait que les OSBL fassent de plus en plus l'objet de cas pour nous, comptables.

Jouer un rôle de premier plan

Vous êtes la personne la mieux placée pour résoudre tous les problèmes ou enjeux d'un cas. Tout tourne autour de vous, car vous êtes le seul qui remarque ce qui ne va pas, ce qui change; le seul qui comprend, évalue, analyse et règle tout. Il y a certes d'autres acteurs dans le cas, mais ils n'ont pas la compétence ni l'objectivité pour répondre aux diverses demandes. Ce sont des acteurs secondaires. C'est à vous qu'on a décerné le rôle principal; vous êtes au premier plan. Sans vous, rien n'est possible!

Dans un cas, le candidat est l'acteur principal.

Ainsi, il ne faut pas se dire « C'est une entreprise publique où il y a un contrôleur et un directeur des finances; ils savent donc comment comptabiliser les nouvelles opérations de l'exercice. », ou encore, « C'est une entreprise qui a 20 ans d'expérience, où travaille une équipe de six gestionnaires; ils savent alors sûrement quel prix de cession interne choisir ». Si la demande est là ou si des indices de problèmes ou enjeux sont relevés, vous devez en discuter. C'est votre mandat et, bien qu'il paraisse parfois un peu étrange que l'entreprise n'ait pu régler elle-même certains de ses problèmes, vous n'avez pas d'autre choix que de répondre au travail à faire.

Certains candidats ont réellement de la difficulté à accepter le mandat qui leur est confié parce qu'ils décident qu'il est impossible que l'entreprise ait tel ou tel problème. Ce n'est pas la bonne attitude à adopter, car votre tâche est de répondre à toute demande, quelle qu'elle soit. Je vous rappelle que la résolution de cas a pour but d'évaluer votre capacité à résoudre des problèmes ou enjeux, dans un contexte simulant la réalité. Le cas est un prétexte à l'évaluation de vos connaissances et de votre jugement professionnel, dans une perspective intégrée. Cela explique le fait que vous devenez la seule référence dans la situation.

Respecter le type de gestion du client

Vous devez respecter le type de gestion de votre employeur ou de votre client. Essentiellement, les objectifs, les préférences personnelles, la tolérance au risque et les politiques internes de l'entreprise doivent être pris en considération. Certes, vous devez répondre au mandat et suggérer, par exemple, des améliorations à la gestion des stocks, des procédures de contrôle interne ou de nouveaux moyens de financement. Toutefois, il faut tenir compte de ce que le destinataire du rapport souhaite et ne pas bouleverser outre mesure ou ne pas écarter impunément ce à quoi il tient.

Voici des exemples de ces particularités de l'employeur ou du client.

- Votre client vous informe que, pour des raisons personnelles, il ne veut pas investir son argent dans les grandes compagnies pétrolières.

- La mission de l'entreprise fait référence à la disponibilité des produits. À cet effet, le directeur des ventes tient à ce qu'il y ait au moins cinq unités de chacun des modèles disponibles en magasin.

- Votre employeur est réfractaire à l'idée que le ratio d'endettement (passifs/actifs) puisse excéder 40 %.

- Bien que ce soit écrit sur l'état de compte, l'entreprise a pour politique de ne pas facturer d'intérêts sur les comptes dont le retard est inférieur à 21 jours.

- Le syndicat pour lequel on vous demande d'établir un budget de caisse mensuel est convaincu que la grève est la seule option possible.

Faire preuve d'honnêteté

Il faut être honnête dans la résolution de cas en respectant les lois, en adoptant un comportement éthique et en faisant preuve de morale. Vous n'acceptez donc pas de vous associer à toute opération frauduleuse, illégale ou louche. Pas de blanchiment d'argent ou de pots-de-vin! Si cela survient dans le cas, vous devez signaler immédiatement à l'employeur ou au client que cette façon de faire est inacceptable. Celui-ci peut choisir ou non de tenir compte de votre avis, mais il aura à tout le moins été averti. Dans certaines situations, lorsque les faits sont graves, vous pouvez même envisager de vous retirer du mandat ou de quitter votre employeur. (Notez cependant que cela ne vous empêchera pas de résoudre les problèmes ou enjeux demandés.) Il est finalement de votre devoir de dénoncer tout comportement inadmissible d'un de vos confrères à votre ordre professionnel.

Par exemple, on doit mentionner au propriétaire d'une petite entreprise que les avantages personnels reçus de celle-ci (ex.: automobile fournie) sont imposables et doivent être inscrits sur son relevé d'emploi (T4). On ne peut l'empêcher de s'octroyer de tels avantages, car ce sont « ses » affaires, mais on doit l'informer des implications légales ou fiscales. Bien que cela arrive dans la vie réelle, ce prétexte ne justifie pas le fait de passer outre lors d'une simulation de cas. De même, il est acceptable et même très recommandé de minimiser les impacts fiscaux des opérations d'affaires (ex.: au moment de la disposition d'une entreprise), mais en respectant la *Loi de l'impôt sur le revenu*. Dans le cadre du travail à faire, le candidat doit donc sensibiliser l'employeur ou le client à ce point, si nécessaire.

Voici d'autres exemples de situations louches dans lesquelles le candidat doit faire preuve d'honnêteté.

- Il ne faut pas accepter d'expliquer au client comment travailler « au noir » sans se faire prendre. On ne peut dire à un psychologue, par exemple, de remplir deux carnets de rendez-vous parallèles : l'un pour l'impôt et l'autre pour ses vacances à Bora Bora…

- Il faut informer le client des conséquences des opérations qui lèsent les actionnaires sans contrôle ou qui sont dans une position minoritaire. Ainsi, la vente d'un actif en deçà de sa valeur marchande à une société apparentée peut porter préjudice à ces actionnaires.

- Il faut mettre en garde l'employeur qui veut acheter une entreprise dans laquelle on remarque plusieurs opérations louches. Parfois, dans ce genre de situation, le contrôle interne est inadéquat, tolérant par exemple des factures griffonnées sur des bouts de papier, manquantes ou non numérotées. Cela diminue grandement la crédibilité des états financiers qui servent habituellement de point de départ à l'établissement de la valeur. Votre employeur décidera peut-être d'acheter tout de même cette entreprise, mais il est de votre responsabilité de lui faire part des risques et incertitudes.

- Il faut informer le client des implications fiscales potentielles de ses décisions. Ainsi, les transferts « exagérés » de revenus au conjoint ou aux enfants sans aucune raison valable doivent être relevés.

Dans tout le processus de simulation de cas, vous devez répondre à la demande de l'employeur ou du client tout en tenant compte de ses besoins. Par exemple, si vous travaillez pour l'acheteur d'une entreprise, vous devez chercher à minimiser le prix à payer, en faisant la liste des points risqués, litigieux ou nébuleux. L'analyse doit être honnête, mais le prix offert au vendeur sera, *a priori*, près du minimum de la fourchette de prix établie. Autre exemple : si vous travaillez pour une entreprise qui cherche du financement, vous devez maximiser les chances de celle-ci d'obtenir les fonds nécessaires. On peut alors suggérer des conventions comptables qui augmentent le bénéfice net de l'exercice. Encore une fois, l'analyse demeure honnête dans le respect des PCGR, mais vous devez tenir compte des objectifs de celui qui vous embauche.

Ne pas faire référence à d'autres titres comptables

Il n'est pas convenable de faire référence à d'autres titres comptables que celui que vous convoitez. En fait, l'examen des CA ne fera jamais allusion aux autres titres professionnels, CMA ou CGA, et *vice versa*. Dans un cas CA, il arrive qu'on parle du comptable de l'entreprise d'un ton neutre, ou d'autres CA, mais cela s'arrête là. De même, ce ne serait certainement pas approprié de recommander l'embauche d'un CGA dans la rédaction d'un cas CMA, par exemple. S'il y a lieu, on suggèrera l'embauche d'un autre CMA. Il faut favoriser la profession que l'on exerce.

Analyse quantitative

Les cas font très souvent appel aux calculs. C'est un aspect incontournable de notre profession puisque l'analyse quantitative appuie la très grande majorité des décisions d'affaires. Outre la préparation des états financiers, il y a le calcul du revenu imposable, de l'importance relative en vérification, de la valeur actualisée des paiements minimums, des ratios financiers, du point de commande, etc. Les exemples ne manquent pas.

Voici quelques suggestions concernant la présentation d'une analyse quantitative.

Présenter clairement les calculs

Les calculs doivent être aérés, faciles à suivre et espacés. N'hésitez pas à utiliser un peu plus de feuilles, car cela facilitera grandement la compréhension de ce que vous faites. Je vous suggère de laisser une ligne en blanc entre chaque ligne de calcul, voire deux quand il est court. Cela vous permettra de venir y ajouter une explication entre parenthèses, un nouveau poste, une hypothèse, etc. Ainsi, votre analyse quantitative ne sera pas surchargée par des ajouts qui pourraient nuire à l'évaluation de vos calculs.

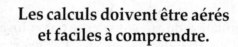

Les calculs doivent être aérés et faciles à comprendre.

Les candidats doivent faire particulièrement attention à la présentation de leurs calculs, qui donne bien souvent des maux de tête aux correcteurs. Avis particulier à ceux qui choisissent de petits caractères ou écrivent de manière sinueuse! Il ne faut pas obliger le correcteur à utiliser une loupe ou à tourner la copie dans tous les sens afin de lire ce qui y est écrit! En se concentrant trop sur le défrichage de l'écriture et des chiffres, le correcteur risque de perdre de vue l'ensemble de l'analyse quantitative et de ne pas reconnaître pleinement toutes les idées soumises à son évaluation. Mettez donc toutes les chances de votre côté et présentez clairement vos calculs.

Présenter les calculs sur une page distincte

Il m'apparaît indispensable de présenter les calculs sur une feuille distincte afin de faciliter la rédaction. Cela contribue de manière indéniable à rehausser l'aspect professionnel de votre copie. On sait qu'il faut habituellement présenter une analyse qualitative suivie d'une conclusion ou d'une recommandation pour accompagner l'analyse quantitative. D'ailleurs, il arrive fréquemment que l'on rédige de manière interactive l'aspect qualitatif et l'aspect quantitatif d'un même sujet. Il est alors plus facile de le faire sur deux pages distinctes. En effet, puisqu'ils sont interreliés, ces deux aspects ne sont pas totalement écrits l'un à la suite de l'autre.

Je recommande toutefois de faire une exception aux propos du paragraphe précédent : un calcul très court peut être intégré dans le corps même du texte, entre parenthèses ou en retrait. Cela n'altère pas l'aspect professionnel de votre solution et vous évite de perdre du temps dans la préparation d'une page distincte de calcul.

Voici un exemple de cette situation.

(SUGGÉRÉ)

QUANTITÉ MINIMALE D'UNITÉS À PRODUIRE

Le point mort est de 12 000 unités (120 000/10) alors que la demande maximale prévue est de 8 000 unités.

OU

Le point mort est de 12 000 unités alors que la demande maximale prévue est de 8 000 unités.

120 000/10 = 12 000 unités

Comme l'illustre le premier exemple ci-dessus, l'usage de parenthèses facilite la présentation d'un court calcul. Je privilégie cette façon de faire, bien que la deuxième soit également acceptable.

Évaluer la pertinence d'arrondir les chiffres

Avant de faire des calculs, il faut évaluer la pertinence d'arrondir les chiffres. Très souvent, le fait d'arrondir au millier ou au million de dollars n'affecte en rien l'utilité des calculs et permet de gagner un temps précieux. Les données du cas ainsi que l'objectif des calculs vous guideront sur la meilleure décision à prendre en cette matière.

Voici un exemple de données pouvant servir de base au calcul de la contribution marginale.

	LOU	MAX	KAT
Prix de vente	45,00	500 000	1 000
Coûts :			
matières premières	20,00	100 000	235
main-d'œuvre	12,00	80 000	278
frais généraux variables	8,00	120 000	144
frais généraux fixes	14,00	60 000	256

Un bref regard sur les données ci-dessus nous apprend clairement que le calcul de la contribution marginale peut être arrondi au dollar près pour le produit LOU. Il n'est vraiment pas nécessaire de garder le « ,00 » à chaque chiffre. Pour le produit MAX, le calcul peut être arrondi au millier de dollars près, puisque les trois derniers zéros sont inutiles. En ce qui concerne le produit KAT, la première observation nous mène à ne pas arrondir du tout puisque chaque chiffre se distingue. Dans cette situation, il est toujours possible d'arrondir à la dizaine près sans que le résultat de l'opération soit changé de façon importante. En effet, la contribution marginale actuelle est de 343 $ (1 000 – 235 – 278 – 144) alors qu'elle serait de 340 $ (1 000 – 240 – 280 – 140) en arrondissant les données. Évidemment, le calcul ne serait pas très utile si on arrondissait à la centaine près.

Il faut évaluer chaque situation avec jugement et ne pas perdre plus de temps à chercher la meilleure façon d'arrondir qu'à faire le calcul au complet. Comme le montre l'exemple du produit KAT, le fait d'arrondir chaque chiffre à la dizaine près ne doit pas exiger plus de temps de réflexion que l'usage des chiffres exacts. D'ailleurs, puisque l'arrondissement à la dizaine ne se fait pas aussi naturellement que les autres, je ne le suggère pas. Finalement, notons que la plupart des états financiers sont arrondis au millier ou au million et que le fait d'avoir un ou deux chiffres qui n'ont pas de « 000 » à la fin n'empêche pas d'arrondir l'ensemble des données.

Malheureusement, il arrive souvent qu'un candidat s'embrouille dans ses choix. Ainsi, il commence un calcul en arrondissant au millier de dollars près, mais fait un ou deux ajustements en oubliant cette règle. Il en résulte un solde invraisemblable, voire complètement erroné, qui devient alors très difficile à interpréter.

Voici un exemple illustrant cette situation.

CALCUL DU FONDS DE ROULEMENT REDRESSÉ (en milliers)	
fonds de roulement actuel	255
moins-value sur les stocks	(25)
reclassement d'un placement à titre temporaire	12 500
fonds de roulement corrigé	12 730

Ce calcul est erroné puisque 13 (ou 12) aurait du être inscrit au lieu de 12 500, pour un fonds de roulement corrigé de 243 (ou 242). Il faut vraiment éviter ce genre de méprise où les chiffres utilisés sont disproportionnés. Vous devez donc demeurer alerte et être conscient qu'il est impossible que le fonds de roulement passe de 255 000 $ à 12 730 000 $! Assurez-vous de la vraisemblance de vos calculs.

Peu importe le mode d'« arrondissement » que vous choisissez, vous devez l'indiquer quelque part dans votre solution, généralement la première fois que vous l'utilisez. La mention « *en milliers* » ou « *000 $* » peut être inscrite dans l'en-tête de la page, ou encore, chaque chiffre peut être annoté comme suit : « *100K* » ou « *100* ». Pour des raisons d'économie de temps, j'opte pour une seule mention du mode retenu. Il n'est pas nécessaire, dans un même cas, de répéter plus d'une fois que les chiffres sont en milliers.

Les inconvénients de ne pas arrondir les chiffres d'un calcul de la solution sont moindres lorsque celui-ci est effectué à l'ordinateur. Ainsi, le candidat peut garder les derniers « 000 » de chacun des chiffres sans vraiment ralentir sa rédaction, surtout s'il a recours à la fonction « copier/coller ». Malgré cela, je vous suggère d'arrondir vos chiffres afin d'aérer la page des calculs.

Mettre un en-tête sur chaque page de calcul

Un en-tête devrait être présenté au début de chaque page de calcul. Cela vous obligera à déterminer (et à écrire) dès le départ l'objectif à atteindre, car il est beaucoup trop facile de se perdre dans une analyse quantitative inutile. Ainsi, en écrivant « Objectif : déterminer la valeur des *Logements Beau Soleil* » dans le haut de la page, vous devrez avoir considéré le travail à faire, soupesé les données disponibles, puis défini clairement ce que vous désirez calculer.

> Outre l'avantage indéniable de vous amener à établir dès le départ le calcul à faire, l'inscription de l'en-tête d'une page de calcul sert à préciser au lecteur ce qui est fait. Par exemple, l'évaluation de la solution peut tenir compte de l'établissement des bénéfices prévisionnels et de la détermination de la valeur de l'entreprise de manière distincte. Certes, ces calculs peuvent, du moins en partie, faire appel aux mêmes données, ou être liés entre eux. Ils ont tout de même chacun un objectif précis, et le correcteur doit pouvoir identifier lequel des deux se trouve sur la page afin de récompenser pleinement les efforts du candidat. Malheureusement, il arrive que le correcteur ne puisse déterminer le type de calcul que le candidat a cherché à faire. Il faut donc prendre le temps de mettre un en-tête descriptif sur chaque page de calcul.

Insérer les pages de calcul au bon endroit

Les pages de calcul peuvent être insérées à la fin du sujet concerné ou à la toute fin de la solution d'un cas. Bien que ces deux façons de faire soient acceptables, je préfère la deuxième puisque certains calculs peuvent servir à plus d'un sujet (ex.: cumul des besoins de fonds). Je sais, par contre, que certains candidats préfèrent mettre de côté toutes les pages de leur texte, incluant les calculs, lorsqu'un problème ou enjeu est terminé. C'est une forme d'encouragement positif au fur et à mesure de la rédaction. Il est en effet plus rapide de placer quelques pages en ordre que d'attendre la fin de la simulation et d'en placer quinze ou vingt. Procédez à votre guise, mais n'oubliez pas de faire les liens nécessaires entre les sections.

Les examens universitaires et les examens professionnels contiennent parfois trois ou quatre courts cas. Dans ces circonstances, il faut bien séparer vos calculs et placer chacun d'eux avec le cas auxquels il se rapporte. Je vous rappelle qu'il y a habituellement un correcteur différent par cas. Ainsi, les calculs mal classés exigent des correcteurs qu'ils se transmettent l'information entre eux. C'est une « manutention » inutile de la solution, pouvant amener des erreurs ou des oublis, particulièrement quand le numéro de référence du cas est erroné, qu'il n'est pas là ou qu'il n'y a aucun en-tête à la page de calcul.

De plus, il arrive que deux cas exigent une analyse quantitative relativement similaire, tel un calcul de flux monétaires. Dans cette situation, il se peut que le calcul soit malencontreusement attribué au mauvais cas. Il n'y a qu'une seule façon de procéder : lorsqu'une simulation ou un examen comprend plusieurs courts cas, il faut insérer les calculs à la suite de la solution à laquelle ils se rapportent.

Puisqu'une solution composée à l'ordinateur est habituellement imprimée pour fins d'évaluation, le correcteur ne voit que le résultat final d'un calcul effectué sur Excel. Afin de lui permettre d'en évaluer la pertinence, je vous suggère d'expliquer brièvement le calcul ou d'inscrire la formule mathématique dans un carré à côté du résultat obtenu ('=fonction). Cela est particulièrement utile lorsqu'il s'agit d'autre chose qu'une simple addition mathématique (ex.: actualisation, pondération d'un bénéfice caractéristique).

Je vous déconseille la présentation des calculs au tout début de la solution. Ils font partie intégrante d'une discussion plus globale et doivent par conséquent accompagner l'analyse qualitative, et non la devancer. Évidemment, si le calcul est la raison d'être du cas – telle la détermination du revenu imposable – cela ne s'applique pas.

Comptabilisez vos succès!

Trois choix s'offrent à vous lorsque vient le temps de présenter les hypothèses de travail se rapportant à un calcul : les présenter dans le corps même du texte de la solution, les énumérer au bas de la page sur laquelle figure le calcul ou les lister sur une page distincte placée avant ou après celui-ci. Pour ma part, je préfère que les hypothèses soient présentées tout près du calcul auquel elles se rapportent, pour que le lecteur trouve au même endroit toute l'information requise à la compréhension des chiffres. Cela facilitera également votre rédaction.

À mon avis, le choix idéal est de présenter les hypothèses sur la même page que les calculs, si possible au bas de celle-ci. Il faut toutefois éviter qu'un long calcul qui s'étend sur plus d'une page soit entrecoupé par la présentation des hypothèses de travail. Je suggère alors de présenter ces hypothèses sur une page à part, de préférence à la suite du calcul. Il faut comprendre que le lecteur, et en l'occurrence le correcteur, examine généralement le calcul dans son ensemble avant d'en étudier les composantes. Naturellement, il arrive que de courtes hypothèses puissent être intégrées aux calculs. Présentées entre parenthèses, elles ne risquent pas d'altérer l'aspect professionnel de la solution.

Présenter ses calculs avec efficience

Vous devriez constamment vous demander si vous pouvez présenter vos calculs avec plus d'efficience. Par exemple, il sera plus rapide de présenter le calcul de la contribution marginale par colonne s'il est demandé pour trois produits ou trois usines. De cette manière, les titres de chacun des éléments utilisés dans le calcul (prix de vente, matières premières, main d'œuvre, etc.) ne seront écrits qu'une seule fois. Rien ne vous empêche d'effectuer les calculs en colonnes, dans l'autre sens de la feuille (orientation paysage), s'il le faut. De même, on procédera de la même façon pour un budget de caisse pour trois trimestres ou un état prévisionnel des revenus. En d'autres mots, lorsque les mêmes éléments se répètent dans différents calculs, il est possible de planifier leur mise en page de façon efficience.

Redressement de données financières

Dans la résolution d'un cas, il faut régulièrement redresser certains postes ou groupes de postes précis des états financiers et plus rarement un état complet. Puisqu'un tel redressement de données financières consomme beaucoup de temps, il faut tout d'abord vous assurer que cela est absolument nécessaire à la résolution des problèmes ou enjeux du cas. La nécessité de redresser peut résulter d'opérations oubliées ou mal comptabilisées, ou encore, qui doivent respecter d'autres règles que les PCGR afin de se conformer à une entente ou à un contrat.

Voici quelques points à retenir lorsque vous devez redresser des données financières.

N'effectuer que les calculs requis pour le cas

La demande du cas précise habituellement quel est le poste ou solde à corriger, comme le bénéfice net, le bénéfice brut, les flux de trésorerie, l'avoir des actionnaires ou l'actif net, le fonds de roulement, le ratio d'endettement, etc. Il n'est alors pas nécessaire de refaire un état tout entier en bonne et due forme puisqu'un seul chiffre est demandé. C'est le nouveau chiffre qui est important à l'analyse et non la présentation d'un état financier complet. Le calcul peut donc contenir moins de détails et être structuré différemment des états financiers habituels. Ainsi, la présentation du CMV en ses composantes – stock au début, achats, stock à la fin – n'est pas automatiquement nécessaire dans le calcul du bénéfice brut redressé.

Afin de ne pas perdre un temps précieux, il faut adopter une façon rapide de présenter un calcul, tel le bénéfice net redressé de l'exemple suivant.

(SUGGÉRÉ)

BÉNÉFICE NET REDRESSÉ - 20X3

Bénéfice net actuel (après impôts)		114 000
Ajustements :		
– acomptes sur ventes ⓐ	(20 000)	
– achats (CMV) ⓑ	12 000	
– frais de garanties ⓒ	(15 000)	
	(23 000)	
– Impôts (40 %)	9 000	(14 000)
Bénéfice net corrigé		100 000

ⓐ   Les acomptes reçus pour des commandes de 20X4 ne sont pas des ventes en 20X3, car les biens ne sont pas encore livrés.

ⓑ   Il faut diminuer les achats (ainsi que le CMV), car une facture a été comptée deux fois par erreur.

ⓒ   Comme les ventes ont eu lieu en 20X3, il faut inscrire la charge des garanties afférentes afin de rapprocher les produits et les charges (3 % x 500 000).

Utiliser les références appropriées

Les références ⓐ, ⓑ, ⓒ, etc. expliquent les ajustements présentés dans le calcul. Ces notes explicatives doivent être brèves et peuvent être présentées au bas de la page, s'il y a de la place, ou autre part dans le texte; naturellement pas deux fois. Pour des raisons d'efficience, les postes concernés par la même explication doivent utiliser la même référence (ex.: référence ⓐ pour les ventes et les produits reçus d'avance). Il ne faudra donc pas s'en faire s'il y a un bris dans la séquence des références. Pour ma part, je préfère l'usage des lettres en tant que références afin d'éliminer le risque de confusion lorsque des chiffres sont écrits (ex.: 210 ⓓ plutôt que 210 (4)) juste à côté d'autres montants.

Vous pouvez remarquer la simplicité des explications données dans les références de l'exemple ci-dessus. Nul besoin de rappeler les faits ou de répéter les montants. La raison (notez l'usage du « car ») ou la justification y est mentionnée, ce qui est le but essentiel d'une explication. Trop de candidats perdent du temps à justifier de façon élaborée leurs calculs ou leurs hypothèses. À moins d'écrire en gros caractères, je dirais que l'explication d'un ajustement ou d'une correction peut généralement se résumer en deux ou trois lignes.

**Les notes explicatives accompagnent les calculs;
elles ne les remplacent pas.**

156   Voici un exemple d'explications trop détaillées se rapportant au point ⓒ de l'exemple ci-dessus.

> ⓒ   Je vais ajuster l'état des résultats et le bilan pour tenir compte des frais de garanties de l'exercice 20X3. Je vais débiter une charge de 15 000 $ aux résultats et créer une provision pour garanties au crédit du passif à court terme.
>
> Comme les ventes ont eu lieu en 20X3, il faut inscrire la charge des garanties afférentes afin de rapprocher les produits et les charges (3 % x 500 000).

Il est évident que le premier paragraphe en entier est inutile, car il ne contient aucune idée nouvelle, une fois l'ajustement présenté dans l'état redressé. De plus, il n'est pas nécessaire de parler de l'impact sur le bilan si la résolution des problèmes ou enjeux ne le requiert pas. Ici, l'axe central est le bénéfice net. Le second paragraphe est adéquat, car il justifie bien l'ajustement requis pour les frais de garanties et il explique la provenance du montant de 15 000 $.

Penser « débit-crédit »

Il faut penser débit-crédit à chaque ajustement qui est fait afin de s'assurer que l'équilibre existe et d'éviter de coûteux oublis. C'est donc une bonne idée de penser aux écritures de journal, ce qui ne veut toutefois pas dire de les écrire dans la solution. Il est également bien certain qu'il ne faut pas refaire l'état des résultats si, par exemple, seuls des ajustements au bilan sont nécessaires. Penser aux deux aspects de l'écriture – débit et crédit – est un truc qui permet de ne pas oublier d'ajuster tous les comptes concernés.

> Il est très rare d'apercevoir des écritures de journal dans la solution proposée d'un cas. Ce n'est tout simplement pas demandé. Le candidat doit plutôt dépasser l'étape des écritures et établir comment elles influent sur les états financiers ou sur des postes précis. Ce ne serait donc pas une bonne idée d'énumérer toutes les écritures d'ajustement en guise de calculs ou à titre d'explications de ceux-ci. Il faut penser débit-crédit, mais non l'écrire.

Il arrive parfois qu'une opération comptabilisée dans les livres de l'entreprise ou qu'une écriture de correction soit difficile à saisir. L'énoncé du cas n'est peut-être pas clair, le sujet est parfois trop complexe ou l'ajustement requis touche plusieurs postes à la fois. Dans ces circonstances, rien ne vous empêche de faire une écriture de journal pour vous-même, dans l'aide-mémoire ou sur une feuille de brouillon.

Faire un seul calcul d'impôt pour tous les ajustements

Je suggère d'établir tous les ajustements, puis d'effectuer un seul calcul global de l'impôt, comme dans l'exemple présenté plus tôt. La présentation des ajustements en retrait facilite ce calcul des impôts et favorise la compréhension du lecteur. Vous n'avez donc pas à calculer individuellement l'impôt afférent à chacun de ceux-ci, ce qui est plus rapide.

Il existe aussi une autre possibilité, soit de commencer le calcul par le bénéfice net actuel avant impôts. Une fois tous les ajustements terminés, l'impôt pourra être directement calculé sur la totalité du bénéfice redressé. Bien sûr, les deux approches sont valables, et le candidat peut choisir celle qu'il préfère. Selon mon expérience, il semble qu'il y ait moins d'erreurs et d'oublis avec la seconde. À vous de voir!

Choisir la voie la plus efficiente pour redresser des états financiers

Dans le cadre de redressements d'états financiers, il faut utiliser son jugement professionnel et choisir la voie la plus efficiente. J'ai illustré précédemment la situation dans laquelle, à partir du bénéfice net actuel, les ajustements nécessaires sont pris en compte pour arriver au bénéfice net redressé (approche marginale). Par contre, si le nombre d'ajustements est très élevé, il sera parfois plus facile et plus rapide de reprendre tous les postes individuels ou groupes de postes de l'état des résultats (approche intégrale). Cela est toutefois plus rare et survient dans des circonstances particulières, tel un état contenant peu de postes différents.

(SUGGÉRÉ)

ÉTAT DES RÉSULTATS REDRESSÉ – 20X3

Chiffre d'affaires (– 20 000) [a]	550 000
CMV (– 12 000) [b]	300 000
Marge brute	250 000
Frais de vente et d'administration	65 000
Amortissement	30 000
Frais de garanties (+ 15 000) [c]	15 000
Bénéfice avant impôts	140 000
Impôts (40 %)	40 000
Bénéfice net	100 000

Remarques : Le sous-total de la marge brute n'est pas nécessaire.
Les chiffres devraient être exprimés en milliers de dollars.

Présentation de la solution d'un cas

158   Il faut bien lire l'énoncé du cas afin de répondre à la demande. Il y a, je le souligne, une énorme différence entre « refaire l'état des résultats » et « établir le bénéfice net redressé ». On rencontre presque exclusivement la seconde demande, qui n'exige pas la présentation en bonne et due forme d'un nouvel état. Si le candidat ne saisit pas cette nuance, il risque fort de perdre du temps précieux à préparer un état, certes bien fait, mais inutilement détaillé. Il arrive même que des candidats présentent, en guise de comparaison, l'état de l'exercice précédent. Il est totalement inutile de recopier les données du cas, dans le seul but d'obtenir des états financiers comparatifs. À ma connaissance, le redressement d'états financiers pour plus d'un exercice est extrêmement rare.

Voici d'autres situations où l'analyse quantitative est dirigée vers un poste ou groupe de postes précis des états financiers. Dans ce contexte, l'objectif est de :

- s'assurer que le fonds de roulement est maintenu au niveau requis par la banque (ou autres ratios, tel le ratio d'endettement);

- déterminer la valeur comptable nette d'une entreprise dans le contexte d'un rachat d'actions;

- calculer les redevances dues à un inventeur ou à une auteure compte tenu des particularités de l'entente;

- établir le bénéfice net perdu à la suite d'un sinistre, à partir des clauses du contrat d'assurance;

- effectuer une analyse financière à partir de chiffres redressés;

- calculer la prime au rendement à verser aux dirigeants compte tenu de règles spécifiques (ex.: bénéfice net contrôlable).

Le correcteur ne tiendra certainement pas compte du bilan complet, corrigé et dressé en bonne et due forme, lorsqu'il n'est pas requis; et qui balance par dessus le marché! Pour un calcul du fonds de roulement redressé, par exemple, ce sont les ajustements à l'actif et au passif à court terme qui sont pertinents. Nul besoin de faire le bilan en entier pour obtenir ce résultat.

FONDS DE ROULEMENT REDRESSÉ

Actif à court terme	270 000	Passif à court terme	200 000
Impôts à recevoir *	9 000	Produits reçus d'avance ⓐ	20 000
		Fournisseurs ⓑ	(12 000)
		Provision pour garanties ⓒ	15 000
Actif à court terme redressé	279 000	Passif à court terme redressé	223 000

Fonds de roulement redressé : 279 / 223 = 1,25

* ou diminution des Impôts à payer

L'évaluation d'une solution ne tient pas compte des opérations mathématiques comme telles. Le correcteur considère plutôt la justification et la qualité des ajustements présentés, ainsi que l'interprétation des résultats obtenus par les calculs.

Compte tenu de cette remarque, vous ne serez pas surpris d'apprendre qu'une erreur mathématique ne fera pas de différence sur le résultat d'un cas. Par exemple, les deux solutions suivantes seront équivalentes.

M. Cricri :	CMV (– 12 000) ⓑ	300 000
Mme Vivie :	CMV (– 12 000) ⓑ	302 000

Il en est ainsi parce que, dans les deux situations, l'ajustement de « – 12 000 » est adéquat. Que le solde final soit de 300 000 $ ou de 302 000 $ n'est pas le critère d'évaluation. C'est d'ailleurs la même chose en ce qui concerne les écritures comptables. Ce n'est pas l'écriture qui compte, mais l'ajustement qui est fait aux données financières.

Présentation de la solution d'un cas

> ## Ce sont les ajustements ou les corrections qui comptent dans l'évaluation.

Notons finalement qu'il est inutile de perdre son temps à inscrire les signes de dollars à côté de chaque chiffre. Si vous ne pouvez vraiment pas vous en empêcher, écrivez-les seulement en haut, puis en bas de chaque colonne de chiffres. Il est par contre nécessaire de spécifier de quoi il s'agit lorsque ce n'est pas de l'argent (ex.: kilomètres, unités, litres, etc.).

Refaire un état au complet quand la demande l'exige

Il est possible que la demande d'un cas exige de refaire un état quasi complet, habituellement l'état des flux de trésorerie ou l'état des résultats, quelquefois un état *pro forma*, et, très rarement, le bilan. Vous n'avez alors pas le choix, il faut répondre au travail à faire. Sachant qu'un tel calcul requiert beaucoup de temps, assurez-vous doublement de sa pertinence.

> Lorsqu'on observe les cas d'examens professionnels publiés au cours des dernières années, on recense peu de cas ayant demandé un bilan complet redressé. Quant à l'état des résultats, il est rare qu'on doive le refaire au complet. L'état des flux de trésorerie, en particulier la section liée à l'exploitation, est le plus populaire et est régulièrement demandé dans les examens professionnels.
>
> La présente section du volume traite du redressement des trois états, quelle que soit leur popularité chez les auteurs de cas. À ma connaissance, plusieurs des cas utilisés dans les cours universitaires demandent de corriger des états financiers. Je dois donc également tenir compte de cet objectif d'apprentissage.

Dans le cadre de la préparation d'un état financier complet redressé, vous devez, idéalement :

- présenter le nouvel état sur une page distincte (une page par état s'il y a lieu). Lors d'une simulation, il arrive que des feuilles vertes quadrillées soient spécialement fournies pour les calculs. En leur absence, l'endos d'une feuille lignée peut également faire l'affaire. Par ailleurs, placer le bilan de côté est souvent préférable, les actifs à gauche et les passifs et capitaux propres à droite.

Comptabilisez vos succès!

© inscrire le titre des grandes sections de l'état, comme par exemple les trois catégories d'activités de l'état des flux de trésorerie, ainsi que l'actif et le passif à court et à long terme du bilan; inscrire ensuite les noms des postes connus (provenant du cas) et laisser un espace (de deux à cinq lignes) entre chacune des grandes sections de l'état.

© ajouter les montants des ajustements ou des corrections entre parenthèses à côté du poste concerné; y mettre une référence – ①, ②, ③ ou ⓐ, ⓑ, ⓒ, etc. – contenant une brève explication présentée plus loin. La même référence peut servir à deux endroits différents lorsqu'elle concerne le même ajustement. Penser débit-crédit facilite votre tâche.

(SUGGÉRÉ)

Extraits du bilan – 31 décembre 20X3

Passif à court terme

Emprunt bancaire	4 000
Produits reçus d'avance (+ 20 000) ⓐ	40 000
Fournisseurs (– 12 000) ⓑ	88 000
Provision pour garanties (+ 15 000) ⓒ	15 000
Etc.	

Le solde des postes qui ne changent pas, tel l'Emprunt bancaire de 4 000 $, n'est pas écrit deux fois. Il en est de même de tous les chiffres non redressés, tel le solde avant correction de 100 000 $ des Fournisseurs. Nul besoin de les écrire entre parenthèses, puis de les réécrire dans la colonne de droite. Il faut aller chercher les montants qui proviennent directement du cas, à la toute fin seulement, lors des calculs de totaux par poste. Vous le savez déjà, seules les idées nouvelles seront prises en compte dans l'évaluation par le correcteur. Cela s'applique également aux chiffres.

> J'ai déjà mentionné que l'évaluation de la solution tient essentiellement compte des ajustements ou corrections que vous avez apportés aux données financières. Il faut donc minimiser le temps alloué au recopiage, néanmoins indispensable, des données fournies dans l'énoncé du cas.

Dresser le bilan et l'état des résultats simultanément

Lorsqu'ils sont tous les deux demandés, je vous conseille de dresser le bilan et l'état des résultats en même temps. La rédaction sur deux pages distinctes facilitera votre travail puisque vous pourrez terminer dans un seul effort chacun des ajustements. En faisant mentalement référence au débit-crédit et en ayant les deux états devant vous, il sera plus efficace de terminer l'impact complet d'un ajustement avant de passer à un autre.

162 Je vous suggère d'ailleurs de composer les notes explicatives au fur et à mesure et de les présenter à un endroit commun aux deux états. Il serait moins efficient et plus difficile de faire toutes les corrections d'un état, puis toutes celles de l'autre, pour finalement préparer l'ensemble des explications. En ce qui concerne les frais de garanties, par exemple, cela exigerait du candidat qu'il revienne à trois reprises sur le sujet – à l'état des résultats, au bilan, dans les notes explicatives –, ce qui demande plus d'énergie et augmente les risques d'erreurs ou d'oublis.

Additionner tous les totaux en même temps

Les additions des totaux ou sous-totaux devraient se faire en même temps, c'est une question de rapidité. Cela permet de séparer la rédaction entre la partie analyse et la partie mathématique. Cette dernière étape est nécessaire, mais doit être aussi courte que possible. Ainsi, dans la présentation du bilan, on sépare l'actif de son amortissement cumulé, sans toutefois calculer un solde net.

Les sous-totaux et les totaux indispensables de l'état des flux de trésorerie concernent le cumul des activités d'exploitation, d'investissement et de financement ainsi que le solde des liquidités. Au bilan, ce sont le total de l'actif (court et long terme), du passif (court et long terme) et des capitaux propres. À l'état des résultats, le bénéfice avant impôts et le bénéfice net doivent être distingués.

Que faire si le bilan ne balance pas?

Il ne faut pas s'en préoccuper! Cela est chose courante dans un contexte où le temps pour simuler un cas est limité. Il est toutefois impératif de montrer que le lien entre le bilan et l'état des résultats a été compris, par l'entremise du calcul des bénéfices non répartis. Illustrons ces propos par l'exemple suivant.

(SUGGÉRÉ)

Extraits du bilan – 31 décembre 20X3

Total de l'actif 710 000	Total du passif	420 000
	Capital-actions	100 000
	Bénéfices non répartis	
	(110 000 ⓓ + 100 000 ⓔ - 10 000 ⓕ)	200 000
	TOTAL	710 000

ⓓ bénéfices non répartis au début

ⓔ bénéfice net redressé

ⓕ dividendes

Dans cet exemple, on constate au premier coup d'œil que le bilan ne balance pas. En effet, l'addition du passif et des capitaux propres donne plutôt 720 000 $. Toutefois, j'ai inscrit 710 000 $ pour être conforme au total de l'actif. Je n'ai pas fait l'erreur de ceux qui établissent automatiquement le solde des bénéfices non répartis au montant nécessaire pour que le bilan balance (ex.: 190 000 $), sans en montrer la provenance. Si je procédais comme tel, j'ajouterais une erreur supplémentaire, soit celle de ne pas utiliser correctement le bénéfice net redressé, diminué des dividendes. Il est donc préférable de ne pas corriger arbitrairement un poste et de simplement présenter le même total des deux côtés. Somme toute, je ne vous conseille pas de chercher activement la raison pour laquelle le bilan ne balance pas.

Certains candidats ont vraiment beaucoup de difficultés à accepter que leur bilan ne balance pas. À ce propos, rappelez-vous vos premiers cours de comptabilité, où une simulation ou un problème comptable vous a fait perdre beaucoup de temps, simplement pour une inversion de chiffres ou un zéro de trop... Alors, si le bilan ne balance pas, vous pouvez examiner très brièvement les ajustements apportés afin de chercher une erreur évidente. Toutefois, ne perdez pas de temps et passez vite à autre chose, car le coût (temps dépensé) excède généralement le bénéfice (amélioration de la précision du résultat).

Cette logique s'applique également à l'état des flux de trésorerie. Habituellement, vous connaissez déjà le montant des liquidités du début et de la fin de l'exercice. Il est donc facile de déterminer la variation nette des liquidités au cours de cette période, par différence. Toutefois, il est fort peu probable que le cumul des liquidités liées à l'exploitation, à l'investissement et au financement arrive exactement à cette variation. Il ne faut alors pas revenir ajuster les liquidités du début ou de la fin, car ces chiffres sont connus et exacts. On laisse l'état des flux de trésorerie tel quel, avec des chiffres qui ne balancent pas...

> Je vous rappelle que les calculs font couramment partie de la solution d'un cas. Toutefois, ils consomment rapidement une bonne partie du temps si précieux dont on dispose pour une simulation. Il faut donc définir clairement l'objectif de l'analyse quantitative afin de l'axer directement sur ce qui est essentiel. De plus, la présentation efficiente des calculs est un objectif qu'il faut constamment tenter d'atteindre. Autrement dit, il faut chercher des trucs afin de présenter plus rapidement les mêmes données et résultats.

Partie 4
Analyse d'un cas

Lecture de la solution proposée
Analyse du guide d'évaluation
Correction d'une simulation
Évaluation de sa performance

166 La simulation d'un cas n'est que la première partie du processus d'apprentissage du candidat. Personnellement, je crois qu'il faut prévoir consacrer au moins deux fois plus de temps à l'analyse d'un cas qu'à la simulation proprement dite. Par exemple, un cas de 4 heures demandera un minimum de 8 heures supplémentaires de travail. Au début, il n'est pas rare de passer jusqu'à 10 heures à l'analyse complète d'un tel cas.

Chaque cas comprend quatre parties : l'énoncé, la solution proposée, le guide d'évaluation et les commentaires des correcteurs. Une fois la simulation d'un cas terminée, il y a donc plusieurs aspects à considérer dans l'analyse de celui-ci.

Voici les étapes que je suggère de suivre dans le processus d'analyse d'un cas.

1. Lecture de la solution proposée
2. Analyse du guide d'évaluation
3. Correction d'une simulation
4. Évaluation de sa performance

Chacune de ces étapes est nécessaire et fera l'objet de plus amples explications au cours des sections suivantes.

Lecture de la solution proposée

Vous devez prendre le temps de lire la solution proposée du cas que vous venez tout juste de simuler. À mon avis, c'est une étape indispensable au perfectionnement et je ne vois aucune raison valable de la négliger. D'une part, il s'agit d'une excellente source d'idées pertinentes qui, par la même occasion, vous permettent de réviser plusieurs sujets. D'autre part, c'est la base incontournable de l'évaluation ultérieure de votre propre solution.

Voici quelques points importants concernant la lecture détaillée de la solution proposée.

Analyser le cas simulé le plus tôt possible

Dans votre horaire d'étude, prévoyez du temps pour faire l'analyse du cas simulé dès que possible après la simulation. De cette façon, l'énoncé du cas sera encore frais dans votre mémoire, ce qui vous évitera de perdre du temps à essayer de le remémorer. À mon avis, l'idéal serait de lire la solution proposée le jour même de la simulation, le reste du travail pouvant attendre quelques jours à la rigueur. En ayant déjà lu la solution proposée, vous pourrez plus facilement reprendre le fil du cas lors de la lecture du guide d'évaluation et de la correction de votre simulation.

**Il est préférable de lire la solution proposée
dans les heures qui suivent la simulation.**

> Si vous me le permettez, je vais clarifier deux termes que j'utiliserai à plusieurs reprises dans le reste du volume. Tout d'abord, la « solution proposée » (ou suggérée) d'un cas est habituellement présentée sous forme de texte continu, quelle que soit sa provenance. Il arrivera parfois qu'une réponse réelle d'un candidat soit fournie en supplément, à titre d'exemple.
>
> Quant au « guide d'évaluation » qui accompagne la solution proposée, il précise les critères de correction du cas. Bien que j'utilise toujours ce terme de référence, d'autres appellations peuvent le décrire, tels que « guide de correction » ou « sections d'évaluation ». Au cours des années, chacun des ordres professionnels a développé sa propre façon d'évaluer la performance d'un candidat. Même si la tendance actuelle des correcteurs est d'évaluer la solution d'un cas selon une approche relativement globale, il arrive qu'un barème de correction soit utilisé. Alors, chaque idée pertinente est récompensée par un demi-point, un point ou deux points. À l'heure actuelle, on utilise cette façon de corriger dans certains cours universitaires, notamment pour les premiers cas simulés par les étudiants. Et comme nous le verrons un peu plus loin, certains cas sont corrigés selon une approche « semi-globale » qui se situe entre l'approche globale et le barème de correction.

La correction d'un cas est régulièrement effectuée par une tierce personne, généralement un professeur. À cause de cela, plusieurs candidats attendent d'avoir reçu leur copie corrigée avant d'entreprendre tout travail sur le cas. Comme il peut parfois s'écouler jusqu'à deux ou trois semaines avant la remise de la correction, je vous suggère fortement de ne pas attendre aussi longtemps. Même si vous n'avez pas votre propre copie en main, vous pouvez à tout le moins lire la solution proposée et commencer votre analyse. Si les circonstances vous permettent de faire une photocopie de votre solution avant de la remettre, cela vous permettra d'effectuer une analyse complète du cas, puis de vous corriger. Ultérieurement, vous pourrez comparer votre propre évaluation à celle du correcteur externe, ce qui sera très enrichissant.

La simulation d'un cas à l'ordinateur est donc un avantage puisque le candidat détient automatiquement une copie de sa solution avec laquelle il peut immédiatement travailler.

Lire la solution proposée

Comme je l'ai mentionné précédemment, il est essentiel de lire la solution proposée afin de comprendre chacune des idées qui y est avancée. Un des premiers objectifs de cette lecture consiste donc, à mon avis, à réviser l'application pratique de la théorie aux particularités du cas. Vous pouvez ainsi profiter de l'occasion pour parfaire vos connaissances des problèmes ou enjeux présentés dans une approche intégrée et dynamique.

168   À l'étape de la lecture de la solution proposée, le candidat doit prendre en note les sujets à réviser ultérieurement. Il se peut, effectivement, qu'il ait manqué d'idées, qu'il se soit trompé ou qu'il n'ait pas su comment traiter adéquatement un problème ou enjeu en cours de rédaction. Au fur et à mesure des simulations, vous devez relever ces sujets qui exigent une étude supplémentaire.

POINT DE VUE

Plusieurs candidats lisent trop rapidement ou en diagonale la solution proposée. Ils simulent leur cas puis, peut-être par curiosité, vont directement se corriger sans plus attendre. Je trouve que cela est fort dommage, d'une part à cause de toute la richesse d'idées fournies dans la solution proposée, d'autre part, parce qu'il doit être plus difficile de se corriger sans avoir pris connaissance de l'ensemble des idées contenues dans la solution. Certes, le candidat n'a pas à fournir une performance aussi parfaite que dans la solution proposée, mais il doit tout de même s'assurer de se situer dans le bon cadre. S'il ne lit pas cette solution, il se prive de bonnes idées qui pourraient ultérieurement lui être utiles et, qui sait, se trouver au premier plan de la résolution du prochain cas.

Il est fort tentant de ne pas lire la solution proposée et de se rendre directement au guide d'évaluation. Effectivement, ce dernier établit assez clairement les grandes lignes de la correction. J'ai déjà annoncé mes couleurs sur ce point un peu plus haut. Il s'agit, à mon avis, d'une erreur importante d'apprentissage puisque le guide d'évaluation ne contient évidemment pas autant de détails que la solution proposée. Par exemple, le guide peut mentionner qu'il faut au moins trois ajustements au bénéfice net pour atteindre le niveau d'évaluation « compétent ». Le candidat doit alors obligatoirement se référer à la solution proposée afin d'obtenir la liste des ajustements valables, les calculs exacts et leurs explications. Il en va de même pour l'analyse qualitative, puisque le guide fera par exemple référence à une « discussion raisonnable des deux principaux risques ».

À l'heure actuelle, plusieurs cas accompagnés d'un barème de correction détaillé (sous forme de points) sont en circulation. Puisqu'un tel barème sépare bien les idées de la solution proposée, le consulter est particulièrement formateur lors des premières simulations. En effet, cela permet de séparer plus facilement le texte de la solution proposée, qui est rédigé de manière continue, en ses diverses parties. Je reviendrai sur la nécessité de faire un tel exercice un peu plus loin.

Dans cette situation, puisque le barème de correction est très détaillé, il est acceptable de lire plus rapidement la solution proposée. Vous devez néanmoins vous servir de votre jugement afin de vous assurer d'avoir bien compris toutes les idées du barème, idées souvent résumées de manière très télégraphique.

Comptabilisez vos succès!

Comprendre chaque élément de la solution proposée

Il m'apparaît indispensable de comprendre chacune des composantes de la solution proposée. « Pourquoi? » est d'ailleurs la question que le candidat se posera le plus souvent pendant sa lecture. Il y a toujours une raison à la présence de chaque élément de solution; le fait de la déterminer vous aidera dans votre apprentissage des cas. Il en sera de même dans l'analyse du guide d'évaluation.

Il faut donc comprendre pourquoi cette idée, cette analyse, cette discussion, cet argument ou ce calcul est pertinent dans ce cas particulier. Vous devez identifier les indices de l'énoncé du cas qui permettent d'expliquer le contenu et la structure de la solution proposée. Tout ceci, sans perdre de vue le rôle à jouer, le travail à faire et l'axe central.

Pourquoi?
Voilà la question à répondre dans l'analyse d'un cas.

Voici plusieurs exemples illustrant l'indice du cas expliquant la présence d'un élément donné dans la solution.

EXEMPLES DE LIENS ENTRE UN INDICE DE L'ÉNONCÉ DU CAS ET LA SOLUTION PROPOSÉE

Indice du cas	Élément de la solution proposée
Les coûts fixes du secteur d'activité sont élevés, particulièrement lorsqu'il s'agit d'un nouveau produit.	L'analyse du point mort renseigne sur le nombre minimal d'unités qu'il faut vendre. Ce calcul est pertinent étant donné l'ampleur des coûts fixes.
Le directeur général se demande si la banque va accepter de renouveler le prêt venant bientôt à échéance.	Certains postes de l'état des résultats doivent être redressés afin de pouvoir calculer le ratio de couverture des intérêts, car c'est la clause de la banque que l'entreprise a de la difficulté à respecter.
Étant donné la perte de ce client important, on ne sait pas si l'entreprise pourra encore continuer son exploitation.	Un calcul des flux de trésorerie futurs renseigne sur la capacité financière (ou viabilité) de l'entreprise.

Élément de la solution proposée

Indice du cas	Élément de la solution proposée
L'avocate vous demande d'examiner les états financiers afin de déterminer s'ils respectent les PCGR.	Il faut discuter des conventions comptables choisies, puis conclure sur la pertinence de ces choix, compte tenu des faits du cas (ex.: des stocks désuets peuvent justifier une moins-value).
La propriétaire cherche à comprendre pourquoi le bénéfice réel est inférieur au bénéfice prévu puisque les ventes ont augmenté.	Il faut identifier, puis analyser les postes pour lesquels la variation est la plus importante. Le calcul de certains écarts complète la discussion.
Dans ce secteur d'activité, la durée de vie d'un produit est de trois ans.	Le délai de récupération de l'investissement doit être de trois ans; la durée de vie utile des actifs concernés est, *a priori*, de trois ans.
L'acheteur est intéressé par les actifs de l'entreprise.	Il faut dresser un bilan, en tout ou en partie, à la valeur marchande.
Le directeur du marketing mentionne qu'il y a davantage d'incertitude qu'à l'accoutumée dans les prévisions des ventes futures.	Le taux d'actualisation de la VAN est haussé pour tenir compte de ce risque supplémentaire. Ou encore, en guise d'analyse de sensibilité, un scénario plus pessimiste est rapidement établi.

Cette liste d'exemples est loin d'être exhaustive, et chacun d'entre eux dépend du cas particulier auquel il se réfère. Parfois, vous remarquerez que l'indice est clair et direct, comme la demande de l'avocate ou de la propriétaire, par exemple. En d'autres circonstances, vous devrez réunir deux ou trois indices, situés à des endroits différents dans l'énoncé du cas. La durée de vie des produits du secteur peut très bien être mentionnée à la première page du cas, alors que la description du projet d'investissement figure en annexe.

POINT DE VUE

Il m'arrive souvent d'entendre les commentaires suivants de candidats qui ont quelques simulations à leur actif : « Il y a tellement d'idées dans le texte du cas! », « Tout est dans le cas! », « Je cherche à me compliquer la vie, mais je ne tiens pas assez compte des idées fournies dans l'énoncé du cas ». Tout cela est vrai. La solution proposée (et, éventuellement, le guide d'évaluation) découle directement des indices du cas. Au fond, il est normal qu'il en soit ainsi puisque chaque cas à résoudre est distinct et comporte ses particularités propres. Voilà pourquoi la recherche des liens entre les indices de l'énoncé du cas et la solution proposée est si importante. Plus on en trouve, plus on comprend et… plus facile sera la prochaine simulation.

Dans l'analyse de cas, le candidat doit établir, *a posteriori*, pourquoi il devait ou non traiter de tel problème ou enjeu et dans quel ordre, en reconnaissant les indices à cet effet. C'est en examinant la structure de la solution proposée – entre autres à l'aide des titres et des sous-titres – que le candidat sera à même de déceler les interrelations. Par exemple, on peut remarquer qu'il faut tout d'abord discuter du bien-fondé de l'inscription d'une provision pour épuisement avant d'aborder la manière d'en estimer le montant. Ou encore, il faut procéder à l'analyse de l'achat et de la location avant de rejeter ou recommander l'une des deux options, puisqu'elles sont concurrentes. Finalement, celui qui n'avait pas réussi à déterminer correctement l'axe central du cas simulé peut maintenant le faire à l'aide de la solution proposée.

Régulièrement, vous devez prendre chacune des idées de la solution proposée et expliquer comment, à partir de l'énoncé du cas, vous auriez pu y penser. En d'autres mots, il faut chercher l'indice qui explique la présence de l'idée dans la solution. Cela vous permettra de comprendre comment votre propre solution doit être intégrée au cas et vous aidera à améliorer la qualité de la lecture du prochain cas. Vous vous apercevrez ainsi que l'énoncé de chaque cas contient une foule d'indices pertinents à la solution.

Dans la partie 1 du présent volume, je vous ai parlé de la « boîte » d'un cas. Je vous ai alors signalé qu'il était inutile de sortir de ce qui a été tracé par les paramètres de la demande. Ajoutons maintenant qu'une solution au travail à faire qui se base sur les indices du cas se situera à l'intérieur de la boîte, et qu'une solution sans indices de référence est à l'extérieur de celle-ci. S'il n'y a pas d'indices, le candidat ne doit pas s'engager dans l'analyse d'un problème ou enjeu, qui ne sera certainement pas pertinent. Il y perdrait son temps!

L'utilisation des indices de l'énoncé du cas est indispensable à la rédaction d'une solution.

Avec l'expérience, il vous sera de plus en plus facile de repérer les indices pertinents à la première lecture du cas que vous simulez. Ils sembleront presque être écrits en caractères gras ou en lettres de feu! Je vous le souhaite!

Discerner les idées pertinentes

Le candidat doit apprendre à ressortir les idées nouvelles et pertinentes contenues dans la solution proposée. Comme celle-ci est rédigée de manière continue, présentée avec professionnalisme, il est normal que le style d'écriture soit plus recherché. Il faut donc en arriver à identifier les idées qui seront prises en compte par le correcteur lors de l'évaluation d'une solution. Ce faisant, vous apprendrez à rédiger avec plus de précision, en évitant les mots inutiles, afin de fournir un plus grand nombre d'idées dans votre solution.

Il faut ressortir les idées nouvelles et pertinentes de la solution proposée.

POINT DE VUE

Je suggère au candidat qui lit la solution proposée d'un cas de trouver une façon bien personnelle de faire ressortir les différentes idées. Il peut naturellement les souligner ou les surligner en couleur. Toutefois, on peut imaginer que le texte de la solution sera rapidement surchargé d'annotations. Le fait de placer chaque idée entre parenthèses ou de mettre un crochet (ou tout autre signe) au début de chacune d'elles allégera le processus. On peut également barrer ou rayer d'un petit « x » les mots ou les phrases inutiles.

À quelques reprises, vous pouvez prendre le temps de réécrire sur une autre feuille les idées de la solution proposée en adoptant un style de rédaction plus télégraphique. Cet entraînement à l'écriture plus précise des idées vous apprendra à rédiger avec davantage d'efficience.

Voici tout d'abord, à titre d'exemple, un paragraphe d'une solution proposée contenant des idées pertinentes, qui sont soulignées d'un trait simple. Je vous propose ensuite un exemple de rédaction efficiente, qu'un candidat aurait pu rédiger à titre d'exercice.

EXEMPLE OÙ LES IDÉES PERTINENTES SONT EXTRAITES DE LA SOLUTION PROPOSÉE

Les flux monétaires de SD ltée :

Au cours des deux dernières années, SD ltée a subi d'importantes pertes d'exploitation. En 20X4, les pertes ont atteint 3,58 millions de dollars (5,88 millions de dollars en 20X3). Cependant, le bénéfice net après éléments extraordinaires était de 1,94 million de dollars et, fait encore plus important, les sorties nettes de fonds liées aux opérations étaient de 1,19 million de dollars (30 millions de dollars en 20X3). Cela signifie que les flux monétaires liés aux opérations s'améliorent et sont de beaucoup inférieurs aux pertes d'exploitation présentées à l'état des résultats. Les flux monétaires provenant des opérations constituent un aspect important à prendre en considération dans l'évaluation de la capacité de SD ltée à poursuivre son exploitation. La nouvelle émission d'actions envisagée pour 20X5 aurait pour effet d'améliorer les flux monétaires.

EXEMPLE OÙ LES IDÉES PERTINENTES DE LA SOLUTION PROPOSÉE SONT RÉDIGÉES AVEC EFFICIENCE

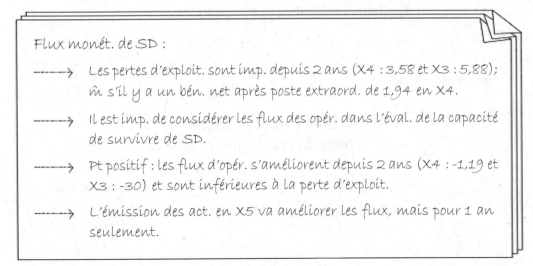

Flux monét. de SD :

------→ Les pertes d'exploit. sont imp. depuis 2 ans (X4 : 3,58 et X3 : 5,88); m̂ s'il y a un bén. net après poste extraord. de 1,94 en X4.

------→ Il est imp. de considérer les flux des opér. dans l'éval. de la capacité de survivre de SD.

------→ Pt positif : les flux d'opér. s'améliorent depuis 2 ans (X4 : -1,19 et X3 : -30) et sont inférieures à la perte d'exploit.

------→ L'émission des act. en X5 va améliorer les flux, mais pour 1 an seulement.

L'exercice de rédaction précédent n'est pas toujours facile, mais il faut s'y entraîner de façon régulière afin d'améliorer sa capacité d'écrire un plus grand nombre d'idées dans un même laps de temps. Vous remarquerez que les idées de l'exemple ci-dessus sont exprimées au temps présent, sont concrètes, claires, précises et directes. Les phrases sont complètes, le nombre d'abréviations y est raisonnable et l'usage des parenthèses fort utile.

Quelquefois, la solution proposée est accompagnée d'un barème de correction indiquant la valeur de chaque idée : un demi-point, un point ou deux points. Dans cette situation, le texte continu d'une solution proposée est déjà séparé en fonction des idées pertinentes qu'il contient. À chaque fois qu'il vous est possible d'obtenir un tel barème pour un cas, je vous encourage à le lire et à l'analyser.

Il arrive que certains cas ne soient pas accompagnés d'une solution proposée qui soit complète et exhaustive. À la place, à titre d'exemple, on y présente la solution réelle d'un candidat qui a réussi le cas de manière satisfaisante. L'objectif est de vous montrer quel résultat un candidat peut raisonnablement espérer, s'il utilise efficacement le temps qui lui est octroyé pour l'examen ou la simulation. Il faut se rappeler qu'une telle solution ne contient pas toutes les idées valables et que la note attribuée n'atteindra vraisemblablement pas 100 %. On peut toutefois dire qu'une solution satisfaisante mérite généralement au candidat une note entre 75 % et 85 %. Autrement dit, la solution rencontre sans équivoque les exigences minimales de passage.

Comprendre l'analyse quantitative de la solution proposée

Vous devez absolument faire l'effort de comprendre l'analyse quantitative de la solution proposée. Ainsi, tout le contenu des annexes doit être analysé et bien assimilé. Le but est d'établir ce qui justifie chacun des calculs présentés et d'en saisir les principales composantes. Il faut également déterminer quels sont les chiffres provenant directement du cas et les distinguer de ceux qui devaient être générés par le candidat.

**Il faut bien comprendre chacun
des calculs de la solution proposée.**

calculs d'une solution proposée.

- ⊘   La provenance des rentrées et des sorties de fonds.

- ⊘   Le choix des hypothèses :

    → pourquoi tel taux d'actualisation?

    → pourquoi ce calcul sur cinq ans?

- ⊘   Le choix de la méthode d'évaluation de l'entreprise :

    → pourquoi avoir calculé le bénéfice pondéré passé?

    → pourquoi prendre en compte le salaire d'un nouveau directeur?

- ⊘   Le contenu de l'analyse de ratios par division ou par pays (ou le calcul de la contribution marginale).

- ⊘   La détermination des coûts des deux sources d'approvisionnement.

- ⊘   L'origine du chiffre de produits de l'état des résultats prévisionnel.

La solution proposée contient bien souvent des calculs trop élaborés qu'il serait très difficile de réaliser dans un contexte où le temps de simulation est limité. Il m'arrive même de penser qu'il serait carrément impossible de seulement recopier tels quels les calculs de la solution proposée, dans l'intervalle de temps accordé. Et là, il n'y a pas d'identification du calcul à faire (formule à créer à l'ordinateur), de recherche de données, de « pitonnage » sur la calculatrice ou d'erreurs à compenser… Il faut donc être conscient que les calculs d'une solution proposée sont plus détaillés qu'il ne le faut. Cette situation s'explique par l'aspect professionnel requis lors de la publication externe des solutions aux cas servant d'examens. Malgré cette observation, vous devez tout de même étudier tous les calculs de la solution officielle. Par la suite, vous devez évaluer la profondeur que vous étiez en mesure d'atteindre, compte tenu de l'importance du sujet et du temps disponible.

> **La solution proposée à un cas contient souvent des calculs plus élaborés que nécessaire.**

Une fois les calculs bien compris, il faut se demander s'il n'y a pas d'autres manières d'arriver au même résultat. Ainsi, on peut calculer un bénéfice redressé en faisant directement les ajustements à partir du bénéfice net actuel ou en réécrivant chacun des postes de produits et de charges. En général, dans sa propre solution, le candidat choisit la première méthode de calcul alors que la solution proposée d'un cas est habituellement présentée selon la deuxième.

L'approche intégrale et l'approche marginale peuvent également être utilisées pour déterminer si l'acquisition d'un nouvel équipement en vaut la peine. Les deux approches aboutissent au même résultat, malgré leur cheminement différent. Je vous suggère donc de tenter régulièrement l'expérience de refaire le même calcul que la solution proposée, mais d'une manière différente. Qui sait? La prochaine fois, vous serez peut-être obligé d'adopter l'une des deux approches, compte tenu des données disponibles.

L'objectif de cet exercice est double. Le fait de calculer de nouveau le même résultat d'une manière différente vous permet de vérifier si vous avez réellement bien compris les particularités du problème ou enjeu. D'autre part, cela vous permet de chercher une approche plus rapide et plus efficiente pour présenter le même calcul. Dans les solutions proposées, l'analyse quantitative est souvent longue, détaillée et présentée sans souci d'économie de temps. Vous pourrez très souvent trouver une façon plus courte de présenter les composantes essentielles d'un même calcul.

Analyse du guide d'évaluation

Une fois que vous avez lu et compris la solution proposée, vous devez étudier le guide d'évaluation qui contient les directives à suivre lors de la correction. Le candidat qui a jusqu'ici effectué avec sérieux l'analyse du cas devrait comprendre beaucoup plus facilement la structure de ce guide.

Voici plusieurs points importants concernant l'analyse détaillée du guide d'évaluation.

Étudier le guide d'évaluation

Il est primordial de prendre le temps nécessaire à l'étude du guide d'évaluation. Cela va tellement de soi que j'ai de la difficulté à concevoir que je doive même justifier cette remarque. Néanmoins, j'ai souvent vu des candidats qui ne prenaient pas le temps de faire une telle analyse, surtout lors des premières simulations. L'étude du guide d'évaluation est d'autant plus nécessaire que les résultats aux premiers cas sont habituellement faibles.

POINT DE VUE

À mon avis, plusieurs candidats n'adoptent pas la bonne attitude concernant le guide d'évaluation. Ils en critiquent le contenu et en viennent trop souvent à la conclusion que tout est de la faute du guide! J'ai souvent entendu des commentaires tels que : « Si le guide était bien fait, j'aurais réussi ce cas. » (!) ou « Cette façon de résoudre le cas est erronée, cela ne m'avance à rien d'étudier le guide. » (!), ou encore, « Il n'y a pas assez d'importance accordée aux sujets de gestion dans ce guide, ils ne comprennent pas la situation » (!).

Il s'agit là d'une critique du guide d'évaluation et non d'une étude de celui-ci. Cela ne donne absolument rien et fait perdre du temps, car on ne peut pas changer un guide. Il faut essayer de le comprendre et non chercher à le dénigrer. Ce sera alors beaucoup plus constructif. Il est malheureusement trop facile d'adhérer à la maxime suivante : « Un travailleur maladroit blâme injustement ses outils ». En adoptant une attitude négative envers le guide d'évaluation, le candidat ne cherchera pas à s'améliorer et fera les mêmes erreurs lors des prochaines simulations.

Avant d'expliquer la façon d'analyser plus en profondeur le guide d'évaluation, je vous présente ci-dessous un tableau contenant des exemples de sections d'évaluation d'après la correction globale, la correction semi-globale et le barème de correction.

SECTIONS D'ÉVALUATION SELON DIFFÉRENTES APPROCHES DE CORRECTION

Correction globale – A	Exemples de sections d'évaluation	Particularités
Indicateurs principaux et secondaires particuliers à chaque cas	– Gouvernance, stratégie et gestion des risques – Mesure de la performance et information – Certification – Finance – Prise de décisions de gestion – Fiscalité	→ Il y a une gradation : « non traité », « compétence minime », « en voie vers la compétence », « compétent » et « hautement compétent ». → Le niveau du centre « en voie vers la compétence », et parfois le niveau « hautement compétent », n'existent pas pour les indicateurs secondaires. → Il n'y a pas de « pointage » comme tel; il faut viser l'atteinte du niveau « compétent » à chaque indicateur. *A priori*, le niveau « hautement compétent » semble assez difficile à atteindre. → Il peut y avoir plus d'un indicateur avec une appellation identique dans le même cas.

Correction globale – B	Exemples de sections d'évaluation	Particularités
Critères globaux identiques d'un cas à l'autre	– Réflexion (ou pensée) stratégique – Analyse (et utilisation) de l'information – Intégration – Jugement – Communication écrite	→ « Pointage » global par critère guidé par la détermination d'un niveau : « faible » « acceptable » ou « fort »; il faut viser l'atteinte du niveau « acceptable » à chacun des critères globaux. → Le guide d'évaluation est quasi identique à chaque cas; quelques rares éléments changent à l'intérieur des critères globaux.

Correction semi-globale	Exemples de sections (ou de critères) d'évaluation	Particularités
Problèmes ou enjeux particuliers à chaque cas	– 7 points pour les considérations éthiques – 4 points pour les considérations liées à la vérification – 5 points pour l'usage d'une démarche systématique de résolution de problèmes – 2 points pour une recommandation globale justifiée – 3 points pour la qualité de la communication écrite	→ La note maximale de chaque problème ou enjeu est indiquée. → Il y a des points pour la communication écrite dans la plupart des cas. → Le total des points disponibles à chacun des problèmes ou enjeux est habituellement égal au « pointage » total du cas. → Le travail à effectuer indique généralement la répartition du « pointage » global du cas entre les sous-questions – a), b), c), etc. – ou scénarios.

Barème de correction	Exemples de sections (ou de critères) d'évaluation		Particularités
Problèmes ou enjeux particuliers à chaque cas	Calcul de la valeur de ATV : – bén. net 20X7 (700) Correction des erreurs : – publicité (-10) – bonus (+40) Ajustements : – ventes non récurrentes (–100) – salaires supp. direction (–80) bénéfice caract. x 3 COMPARAISON entre valeur et prix demandé **disponible 5 points;** **maximum 4 points**	½ 1 ½ ½ 1 ½ 1 **/4**	→ La total des points disponibles est régulièrement supérieur au « pointage » de la section. → Le plus souvent, ½ point est accordé pour chaque élément d'un calcul et 1 point pour chaque idée qualitative. → Le barème de correction présente les idées pertinentes de la solution proposée d'une manière très succincte. → À la fin du barème de correction se trouve généralement une section intitulée : « Compétences professionnelles ». Les points de cette section ont trait à la capacité de cerner et traiter des aspects clés du cas.

Il existe de nombreuses façons de corriger la solution d'un cas. Dans les pages qui suivent, je vais essentiellement discuter de trois approches de correction : l'approche globale (exemples A et B), l'approche semi-globale et le barème de correction. Habituellement, les premiers cas simulés sont corrigés à l'aide d'un barème de correction afin d'aider les candidats à comprendre ce qu'est une idée nouvelle et pertinente.

Dans ce volume, je me dois d'expliquer les différentes approches de correction à l'aide d'exemples pragmatiques. Mon objectif est de vous sensibiliser au fait que le même cas peut être corrigé de différentes façons et de vous familiariser avec l'approche retenue dans les circonstances. Essentiellement, je désire vous apprendre à évaluer votre propre solution à un cas, que le guide d'évaluation soit global ou précis.

Il existe un vaste éventail d'approches à la correction et je n'ai pas vraiment l'intention d'en faire le tour ici. J'ai donc choisi de vous en exposer quelques-unes, dans une présentation compartimentée de manière à bien illustrer mes propos. Toutefois, même si chaque processus d'évaluation a ses propres particularités, il partage également des points communs avec les autres. Cela signifie que, très souvent, les idées que j'avance peuvent très bien s'appliquer à plus d'une approche. Par exemple, la nécessité d'intégrer les idées de la solution au contexte spécifique du cas est toujours valable, quelle que soit l'approche de correction retenue.

Adopter une démarche d'analyse structurée

Dans le but d'adopter une démarche structurée, je vous suggère quatre étapes à suivre dans l'analyse détaillée d'un guide d'évaluation. À la suite de la description de chaque étape, je fournirai des exemples concrets pour chacune des différentes approches d'évaluation : correction globale, correction semi-globale et barème de correction.

1. Examiner l'ensemble du guide d'évaluation, c'est-à-dire en visualiser la structure générale.

C'est comme regarder l'ensemble de la forêt avant d'en étudier chaque arbre. On relève ainsi les titres et sous-titres, la distinction faite entre l'aspect qualitatif et l'aspect quantitatif, les problèmes ou enjeux traités, le fait qu'un aspect soit mis en évidence, l'ordre d'importance des sujets discutés, les critères clés d'une décision, la présence d'une conclusion globale, la pondération maximale d'un sujet ou d'une section, etc. Tout élément inhabituel doit également être souligné.

Correction globale – A – Structure générale	Exemples concrets
Repérer les indicateurs principaux et secondaires.	La « fiscalité » est un indicateur important, car on doit spécifiquement examiner les conséquences fiscales de la fermeture de l'usine.
Déterminer les critères qui portent essentiellement sur des aspects quantitatifs et ceux qui sont strictement qualitatifs. (Attention, l'un ne remplace pas l'autre!)	Tout l'indicateur « finance » porte sur le calcul du bénéfice caractéristique, car le client nous a demandé de lui confirmer que le prix exigé par le vendeur n'est pas trop élevé.
Examiner l'importance accordée au second rapport, s'il y a lieu.	L'analyse du risque et la liste des procédés de vérification de fin d'exercice font partie de l'indicateur principal « certification ».

Correction globale – B – Structure générale	Exemples concrets
Ressortir les enjeux stratégiques et opérationnels.	La décision d'adopter un nouveau format pour le produit le plus vendu est un enjeu stratégique; elle implique des changements considérables dans la mise en marché.
Déterminer les aspects qui sont particuliers au cas dans le guide.	– L'analyse quantitative est un outil indispensable pour déterminer lequel des trois fournisseurs offre les meilleures conditions.
	– Puisque l'embauche d'une main-d'œuvre spécialisée est problématique, il fallait en tenir compte dans tout autre aspect pouvant en être affecté.

Correction semi-globale – Structure générale	Exemples concrets
Repérer chacune des sections du guide.	L'éthique est un enjeu suffisamment important pour que 3 points y soient consacrés dans le guide.
Relever le « pointage » accordé à chacun des sujets.	– 3 points pour une question comptable dans laquelle deux possibilités sont discutées.
(Remarque : Il y a régulièrement un nombre maximal de points par sujet ou section.)	– 2 points par argument valable dans la discussion des questions comptables, pour un maximum de 11 points.

Comptabilisez vos succès!

Barème de correction – Structure générale	Exemples concrets
Identifier les titres et sous-titres de chaque section et segment.	Il y a deux options possibles pour ce qui est du contrat de location : l'annuler au coût de 79 000 $ ou tenter de sous-louer.
Remarquer la répartition des points : – disponibles pour l'ensemble de la solution; – disponibles par sujet ou rapport; – entre les aspects qualitatifs et quantitatifs; – etc.	– Il y a 33 points disponibles pour un court cas de 25 points. – Chacun des moyens de financement est évalué sur 5 points : 3 points pour l'aspect qualitatif et 2 points pour l'aspect quantitatif.
(Remarque : Normalement, il y a un nombre maximal de points par sujet ou par rapport.)	– En considérant le nombre maximum de points par sujet comptable, on constate qu'il faut discuter d'au moins trois questions comptables importantes pour réussir le cas.

2. Décortiquer le contenu du guide d'évaluation.

Il faut établir le lien entre la solution proposée et le guide d'évaluation afin de comprendre le pourquoi de chacun des critères qui y est énoncé. Tout comme pour l'analyse de la solution proposée, il m'apparaît indispensable de trouver la justification de chaque élément du guide d'évaluation. À mon avis, vous ne devez négliger aucun élément, même si vous jugez qu'il s'agit d'un point plus complexe ou qui ne vous paraît pas, pour le moment, pertinent ou important. À cette étape, vous devez être capable d'identifier de manière raisonnable les idées nécessaires à la réussite de chacun des aspects du cas. Pour cette raison, et aussi parce que le guide d'évaluation ne contient que les grands critères de correction (approche globale et approche semi-globale) ou un texte très succinct (barème de correction), il est indispensable de faire constamment référence à la solution proposée du cas.

Correction globale – A – Analyse du contenu	Exemples concrets
Faire le lien entre la structure de la solution proposée et le guide d'évaluation.	La solution relève fréquemment l'impact du traitement des questions comptables sur le ratio emprunts / capitaux propres; au niveau « compétent », le guide exige que le ratio soit recalculé et contienne au moins trois aujstements.
Remarquer l'usage des deux conjonctions – **et** – **ou** – à différents endroits.	La recommandation basée sur l'analyse qualitative – **ou** – quantitative est suffisante pour le niveau « en voie vers la compétence ». Toutefois, l'atteinte du niveau « compétent » exige que la recommandation soit basée à la fois sur l'analyse qualitative – **et** – quantitative.
Repérer la présence d'un critère clé dans un indicateur.	Il est impératif de redresser le bénéfice net à l'intérieur de l'indicateur « prise de décisions de gestion ». Autrement, le candidat ne peut obtenir un niveau supérieur à celui de « compétence minime »!
S'attarder sur les mots qui sont utilisés au début de chaque critère du guide; les mots « comprendre », « réaliser », « aborder », « identifier », « estimer », « redresser », « traiter », « tenter », « recommander », etc., ont leur signification propre.	Simplement **aborder** le choix entre vendre les actifs ou les actions permet tout juste d'atteindre le niveau « compétence minime » alors que le niveau « en voie vers la compétence » exige de **traiter** de l'un ou de l'autre en avançant quelques arguments pertinents.
Examiner la gradation nécessaire pour passer d'un niveau d'évaluation à l'autre.	– Il faut indiquer les limites à l'analyse quantitative effectuée pour accéder au niveau « compétent ». – Il faut discuter d'au moins trois questions comptables pour atteindre le niveau « compétent ». Il en fallait seulement deux au niveau précédent.

Correction globale – B – Analyse du contenu	Exemples concrets
Faire le lien entre la structure de la solution proposée et le guide d'évaluation. (Remarque : Étant donné la nature même des enjeux stratégiques, il est normal que le guide d'évaluation tienne compte de l'importance relative qui leur est accordée par rapport aux enjeux opérationnels.)	Puisque la mission de l'entreprise est de fournir des produits de qualité, cet élément particulier doit être considéré dans l'analyse des enjeux stratégiques.
Relever le type d'arguments utilisés dans la discussion des enjeux.	Plusieurs des avantages de la construction d'une usine de fabrication ont été brièvement avancés par l'un ou l'autre des trois directeurs, dont la discussion a été rapportée dans l'énoncé du cas.
Prendre note de la démarche analytique. (Remarque : Certains cas ont des exigences particulières quant aux sections qui doivent être présentées dans la solution.)	Le plan de mise en œuvre découle directement des principales recommandations de la solution. Puisqu'on prévoit l'embauche d'employés supplémentaires à l'usine d'ici quelques semaines, il est normal que le directeur de la production soit impliqué dans le processus de recrutement.
Relever tous les liens pouvant être faits entre les sections et les sujets. (Remarque : Ici, l'intégration est un critère d'évaluation distinct. Il faut donc prendre l'habitude de relever tous les liens d'intégration.)	– Un des avantages de l'achat d'un nouvel entrepôt est de diminuer le temps de livraison, ce qui est un facteur clé de succès dans le secteur. – En se fusionnant avec NewCo, qui injecterait plus de 10M, le problème de liquidités de l'entreprise serait réglé.

Correction semi-globale – Analyse du contenu	Exemples concrets
Faire le lien entre la structure de la solution proposée et le guide d'évaluation.	La solution traite autant des considérations reliées à la vérification que des considérations reliées au régime de primes; le « pointage » de chacune de ces sections est le même.
Analyser la répartition des points.	Il y a davantage de points pour les questions comptables que pour les aspects fiscaux. Le cas mentionnait d'ailleurs que la comptabilisation des opérations de l'exercice préoccupait davantage le contrôleur.
Lire les remarques du guide d'évaluation, s'il y a lieu.	– La réponse doit traiter d'au moins trois domaines parmi les cinq de la solution, pour un maximum de 9 points. – Un maximum de 2 points est accordé par exemple donné jusqu'à concurrence de 6 points. – Il y a 3 points pour les questions relatives à la performance de la division; 1 point par idée.

Le guide d'évaluation de cette dernière approche de correction (approche semi-globale) indique habituellement le nombre maximal de points pour chacun des problèmes ou enjeux du cas, parfois pour chaque sujet. Il ne contient pratiquement aucune instruction sur la façon d'attribuer les points lors de la correction. Cela vous force en quelque sorte à effectuer l'exercice que j'ai présenté un peu plus tôt dans cette partie du volume. Vous devez nécessairement lire la solution proposée et la séparer en ses idées. Supposons, par exemple, que 4 points sont prévus pour les questions relatives au contrôle interne. Il m'apparaît alors nécessaire de lire la solution proposée sur ce sujet et de dresser la liste des idées qui s'y trouvent. Cela vous aidera à déterminer ce qui peut valoir des points. Parfois, le guide mentionne qu'il y a un point par élément valable (nouveau et pertinent). La correction de la copie en est alors facilitée, mais cette information n'est pas toujours divulguée.

Barème de correction – Analyse du contenu	Exemples concrets
Faire le lien entre la structure de la solution proposée et le guide d'évaluation.	La solution proposée débute avec la description des objectifs conflictuels des parties : ceux des propriétaires et ceux du syndicat. Par la suite, pour chaque question comptable, on présente le calcul de son impact sur la prime à remettre aux employés.
Remarquer la répartition des points : ½, 1 ou 2 points. (Remarque : Habituellement, une valeur plus élevée signifie que l'idée est plus importante.)	On accorde 2 points pour l'identification du manque d'intégrité de la haute direction. C'est un élément majeur du cas.
Lire attentivement la section « Compétences professionnelles » où l'on insiste sur les aspects clés du cas. (Remarque : Les points de cette section servent à récompenser les idées ou les attitudes jugées indispensables à la réussite du cas.)	Section « Compétences professionnelles » : – 1 point est accordé au candidat qui a clairement établi les objectifs conflictuels des deux actionnaires. – 2 points sont accordés au candidat qui a remis en question la viabilité future de l'entreprise.
Signaler les idées qui sont des conclusions ou des recommandations; Faire ressortir toute conclusion globale.	La conclusion globale suivante est récompensée par 2 points : « Toutes les options analysées nécessitent une sortie de fond majeure dès le départ ».

Je viens de vous présenter la deuxième étape de l'analyse détaillée du guide d'évaluation. En résumé, il faut tout d'abord prendre du recul et visualiser l'ensemble du guide, en examinant la structure générale (étape 1). Par la suite, c'est l'étape de l'analyse du contenu, où il faut prendre le temps de décortiquer chaque composante du guide (étape 2). Mon objectif est de vous sensibiliser à ces deux aspects qui sont, à mon avis, indispensables à votre apprentissage. Toutefois, je sais bien qu'il n'est pas toujours facile de distinguer le genre de questionnement approprié à l'un ou à l'autre. Il ne faut pas perdre de temps à distinguer les éléments qui chevauchent ces deux étapes. Ce n'est pas l'essentiel de mes propos. L'objectif ultime est que votre compréhension du guide d'évaluation soit la plus complète possible.

Vous devez faire particulièrement attention à la façon dont chacun des éléments individuels est intégré dans l'énoncé du cas. En fait, chaque solution proposée et chaque guide d'évaluation est unique parce que chaque cas, aussi, est unique. Cela signifie que vous devez comprendre comment chaque idée, nouvelle et pertinente, découle de l'énoncé du cas et examiner la manière dont chaque élément théorique est introduit.

Analyse d'un cas

186 Vous devez également déterminer précisément quel est l'axe central du cas et son impact sur le guide d'évaluation. Des points peuvent être accordés spécifiquement pour cet aspect. Par exemple, si la maximisation du bénéfice net est l'axe central, il peut être nécessaire de considérer cet objectif dans la discussion de chaque sujet important pour atteindre le niveau « compétent », ou encore, pour obtenir une note supérieure à 7/10 à la section « Jugement ».

Finalement, n'oubliez pas de regarder le guide d'évaluation en considérant ces deux conjonctions : « car » (puisque, pour, étant donné, afin de) et « donc » (ainsi, je recommande). Ce faisant, vous allez sûrement constater que bon nombre d'idées de la solution proposée sont une suite logique à ces deux conjonctions. Cette constatation vous aidera à générer davantage d'idées et à mieux les structurer lors de la prochaine simulation. « Car » est un petit mot qui facilite grandement l'intégration d'une idée dans le cas : « Elle n'a pas vraiment eu une baisse de salaire, car elle a reçu des dividendes pour le même montant ».

3. Tirer des constatations de l'analyse du guide d'évaluation.

Il est naturellement important de résumer les leçons à retenir de tout le travail « post-simulation ». Les particularités du cas sous étude doivent être soulignées tout autant que les éléments qui peuvent être communs aux cas précédents. Éventuellement, la comparaison des observations (similitudes et différences) entre tous les cas simulés sera nécessaire. L'objectif demeure le développement d'outils qui vous aideront à mieux aborder la prochaine simulation. Vous noterez, dans les exemples qui suivent, que les constatations déduites de l'analyse du guide d'évaluation commencent toutes par un verbe à l'infinitif.

Remarque : Même si les exemples ci-dessous sont classés en fonction des diverses approches de correction, les constatations de l'une peuvent être également valides pour les autres, tel le lien entre la viabilité financière et les flux de trésorerie.

CORRECTION GLOBALE – A – EXEMPLES DE CONSTATATIONS

> → Penser aux flux de trésorerie quand la viabilité financière est en doute.
>
> → Cibler dès le départ les conflits d'intérêts entre les parties.
>
> → Traiter de toutes les questions comptables importantes sans exception.
>
> → Ne pas traiter des sujets qui influencent seulement la vérification de l'an prochain.
>
> → Faire le lien entre les conventions comptables choisies et l'objectif du directeur de voir sa prime annuelle augmenter.
>
> → Ne pas quitter une section, un enjeu ou une discussion sans une conclusion ou une recommandation.
>
> → Etc.

CORRECTION GLOBALE – B – EXEMPLES DE CONSTATATIONS

→ Justifier la mission à l'aide des forces de l'entreprise et des facteurs clés de succès.

→ Utiliser les éléments relevés de l'analyse forces / faiblesses / possibilités menaces tout au long de la solution plutôt que de se contenter de les énumérer au tout début.

→ Tenir compte des tendances du marché dans l'analyse de la situation actuelle.

→ Ne pas utiliser des mots tels que profit et point mort dans l'analyse lorsqu'il s'agit d'un OSBL.

→ Relier l'analyse des enjeux opérationnels aux enjeux stratégiques discutés antérieurement.

→ Calculer la contribution marginale par heure-personne, car il s'agit là d'une contrainte majeure.

→ Etc.

CORRECTION SEMI-GLOBALE ET BARÈME DE CORRECTION – EXEMPLES DE CONSTATATIONS

→ Présenter des recommandations justifiées à partir de l'analyse précédente, en tenant compte à la fois de l'aspect qualitatif et de l'aspect quantitatif.

→ Diversifier la solution entre les divers problèmes ou enjeux, car il y a un maximum de points pour les questions de comptabilité.

→ Distinguer clairement les idées à inclure dans chacun des deux rapports.

→ Présenter la solution dans un tableau contenant les avantages des trois options offertes : achat des actifs, location des actifs et achat des actions.

→ Soulever le fait que l'obtention du brevet est indispensable dans l'aspect « faisabilité de la vente » afin d'obtenir tous les points disponibles.

→ Écrire un plus grand nombre d'idées sur les sujets les plus importants, puisqu'ils valent plus de points.

→ Etc.

Analyse d'un cas

188   **4. *Lire les commentaires des correcteurs ou des examinateurs*** sur les résultats à la simulation ou à l'examen.

Ces commentaires font état des forces et faiblesses de l'ensemble des candidats ayant simulé le cas, et pour certains problèmes ou enjeux parmi les plus importants. Il faut néanmoins reconnaître qu'ils insistent particulièrement sur la liste des faiblesses et erreurs des candidats. La lecture des commentaires des correcteurs ou des examinateurs vous permettra de mieux vous situer par rapport à la moyenne. Finalement, il arrive parfois qu'ils précisent davantage certains éléments du guide d'évaluation.

Voici, à titre d'information, des exemples de commentaires des correcteurs.

Les candidats...

- n'ont pas repéré les questions sur lesquelles on n'avait pas beaucoup attiré leur attention, notamment le financement et l'impôt.
- n'ont pas fourni de discussion sur le type de certification qui pouvait répondre aux besoins des utilisateurs.
- n'ont pas considéré le fait que l'entreprise a des commandes pour plus de trois mois à l'avance dans la résolution des enjeux stratégiques et opérationnels.
- n'ont pas justifié le choix de l'orientation stratégique retenue à l'aide de la mission et de l'analyse forces / faiblesses / possibilités / menaces.
- n'ont pas tenu compte des faits du cas dans la description des procédés de vérification.
- n'ont pas expliqué adéquatement la nature du conflit résultant de l'incompatibilité des objectifs à court terme et à long terme.
- n'ont pas appliqué leurs connaissances au contexte particulier d'un OSBL.
- n'ont pas accordé suffisamment d'attention à la question importante de la comptabilisation des contrats de change.

Un peu plus tôt dans ce volume, j'ai mentionné la grande utilité de faire le lien entre les idées de la solution proposée et l'énoncé du cas. Je vous suggère de faire de même avec le guide d'évaluation. Le fait de partir du guide et d'aller retracer l'indice du cas qui justifie la présence de tel ou tel élément est fort révélateur. Cet exercice est toujours utile, particulièrement lors des premières simulations.

> Il faut dire que le processus de préparation du guide d'évaluation est similaire à cette façon de procéder. En effet, lorsqu'un auteur de cas, un Jury d'examen ou un groupe de correcteurs se demandent si telle ou telle idée doit être prise en compte, ils se posent les mêmes questions : Est-ce pertinent à l'égard du travail à faire et du rôle à jouer? Est-ce qu'il y a, quelque part dans l'énoncé du cas, un ou plusieurs indices permettant au candidat d'y penser? Une réponse positive à ces deux questions est indispensable pour que l'idée puisse être considérée dans l'évaluation.

Parce que j'en discute séparément, le lecteur pourrait croire que l'analyse de la solution proposée et du guide d'évaluation sont deux parties bien distinctes. Cela ne se passe pas nécessairement ainsi. En fait, il arrive fréquemment que tout le processus soit réalisé simultanément puisque ces deux activités se complètent réellement fort bien. Vous pouvez, par exemple, effectuer l'analyse section par section ou sujet par sujet. Cette façon de faire est naturellement acceptable à la condition que tous les objectifs d'apprentissage soient atteints.

Correction d'une simulation

Arrivé à ce point, vous connaissez bien la solution proposée ainsi que le guide d'évaluation. Dans le cadre de vos divers questionnements, vous avez même probablement lu des parties de l'énoncé du cas à quelques reprises. Vous êtes maintenant prêt à corriger votre propre solution.

Voici quelques trucs qui faciliteront la correction d'une simulation.

Prendre le temps nécessaire pour corriger une solution

Il est indispensable de prendre le temps nécessaire pour corriger toute solution à une simulation. À mon avis, cela fait partie intégrante du processus d'apprentissage, et cette étape ne doit pas être négligée sous de faux prétextes. Le manque de temps, la peur de ne pas avoir un bon résultat, le fait d'en avoir marre de travailler sur le même cas, la certitude de se rappeler tout ce qu'on a écrit ou toute autre raison semblable ne devraient pas entrer en ligne de compte.

La correction des simulations est nécessaire à l'apprentissage.

Je sais que plusieurs candidats ont de la difficulté à cette étape. Disons surtout qu'il s'agit principalement d'une évaluation de sa propre performance, et cet aspect, à mon avis, prend parfois un sens négatif. On sait que les résultats obtenus lors des simulations de cas sont assez faibles, particulièrement au début. Le taux d'échec est souvent élevé, et peu de candidats répondent aux exigences minimales de passage. Pour ces raisons, la correction d'une solution à une simulation est une étape souvent négligée. Quant à moi, je vous recommande fortement de les corriger toutes. Il faut y voir un objectif constructif où l'analyse de la façon dont on a résolu le cas est un aspect indispensable de l'apprentissage. Il arrive très souvent que de bons candidats, ayant une forte moyenne à l'université, aient beaucoup de difficultés à rédiger des cas. Ce qui peut expliquer, *a priori*, leur réticence à vouloir se corriger, mais renforce d'autant plus la nécessité de le faire.

Distinguer les idées pertinentes

Je vous suggère, lorsque vous corrigez ou évaluez votre solution à un cas, de distinguer les idées de votre copie qui sont adéquates, c'est-à-dire nouvelles et pertinentes. Ce sont elles qui seront prises en compte dans l'évaluation. Commencez par les mettre en évidence en les soulignant au stylo ou au crayon marqueur, ou en les identifiant par des guillemets, des crochets ou tout autre signe. Vous pouvez ensuite ajouter à côté de chacune une annotation qui vous permettra de déterminer à quelle partie du guide d'évaluation elle se rapporte. Cette annotation peut faire référence au problème ou à l'enjeu, ou encore, à la ou les sections du guide en question. Cela dépendra des circonstances.

POINT DE VUE

Certains candidats ne veulent pas du tout écrire sur leur copie. Peu importe les raisons invoquées, je suis persuadée qu'une analyse active des idées de votre solution est indispensable pour évaluer la simulation. De plus, cela vous permettra également, *a posteriori*, d'analyser l'efficience de votre rédaction. Par ailleurs, je suggère d'utiliser un stylo d'une couleur différente pour vos annotations. Si vous désirez que votre solution originale demeure intacte, vous pouvez tout simplement la photocopier ou l'imprimer de nouveau aux fins d'analyse.

Voici, à titre de suggestions, quelques annotations servant à commenter le texte de votre propre solution à une simulation.

- « R » pour répétition de la même idée. Il faut comprendre qu'une même idée qui se répète dans le même contexte, même en des mots différents, n'est pas prise en compte deux fois dans l'évaluation.

- « +/− » pour plus ou moins clair ou précis. Ce signe permet de pointer les idées qui ne seront probablement pas retenues dans l'évaluation, mais qui ont tout de même un certain mérite.

- « dump » pour « *dumping* » de la théorie sans lien au contexte du cas. Vous le savez déjà, il faut intégrer la théorie au cas de façon simultanée.

- « W » pour faible (ou « *weak* ») est un signe assez répandu, même s'il est anglais. Ce signe permet l'identification d'une idée pas très forte, tel un argument un peu tiré par les cheveux, incomplet ou qui manque de précision.

- « cont » pour contraire ou contradictoire. Le candidat relève alors les endroits où il contredit une idée précédemment avancée ou dans laquelle il y a incohérence. Tout dépend des circonstances, mais il n'est pas du tout certain que l'idée sera retenue dans l'évaluation.

- « + » ou « pour » et « − » ou « contre », afin de signaler les arguments qui constituent des avantages ou des inconvénients. Cela facilite la correction des idées en elles-mêmes et permet de mieux évaluer si la discussion est équilibrée.

- « CONC » pour conclusion et « REC » pour recommandation. Il s'agit de désigner les idées qui sont des commentaires globaux ou des actions à entreprendre.

- ①, ②, ③, etc. ou ⓐ, ⓑ, ⓒ, etc. Ces annotations servent à indiquer le nombre d'idées (ex.: procédés de vérification), d'aspects ou d'arguments avancés sur un aspect particulier.

- « PLO » pour « pour les oiseaux »... Cela signifie que l'idée, la phrase, le paragraphe ou la page est inutile, compte tenu de la demande.

Lors de la correction d'une simulation ou d'un examen, le correcteur doit parfois décider s'il va tenir compte d'une idée un peu faible, imprécise ou incomplète. En certaines circonstances, il va accorder le bénéfice du doute et retenir tout de même l'idée dans l'évaluation. Il n'existe toutefois aucune règle stipulant, par exemple, que « après trois idées faibles, on en retient une ». Certains candidats appliquent une règle semblable lorsqu'ils évaluent leur solution et ils ont tort. Il n'y a pas de tels automatismes en correction.

Pour qu'elle soit retenue dans l'évaluation, l'idée avancée doit tout de même être assez forte. Bien que mon commentaire soit un peu arbitraire et basé sur mon expérience personnelle, je dirais que l'essence de l'idée doit être présente au moins à 80 % pour qu'elle soit prise en compte. Et, malgré tout... cela dépendra du 20 % manquant. En correction, chaque situation est unique, et la décision de récompenser une idée relève du jugement professionnel du correcteur.

Analyse d'un cas

Comment savoir si une idée écrite est adéquate?

Il n'est pas toujours facile de savoir quand une idée écrite est considérée adéquate lors de l'évaluation, particulièrement lorsqu'une approche de correction globale ou semi-globale est utilisée. En effet, une phrase rédigée lors d'une simulation est rarement identique à celle de la solution officielle d'un cas. Il faut alors vous demander si l'idée écrite sur votre copie a exactement le même sens que celle véhiculée dans la solution proposée (et dans le guide d'évaluation), même si les mots utilisés diffèrent. Autrement dit, l'usage de synonymes n'empêche pas le candidat d'être récompensé, pourvu que l'idée majeure soit présente dans son texte.

> ## Une idée nouvelle et pertinente
> ## est une idée adéquate.

Voici des exemples qui vous aideront à déterminer si l'idée émise est adéquate et mérite d'être retenue dans l'évaluation.

EXEMPLES D'IDÉES POUVANT ÊTRE RETENUES OU NON DANS L'ÉVALUATION

Idée de la solution proposée	Idée non retenue dans l'évaluation	Idée retenue dans l'évaluation
« Il faudra présenter un état des flux de trésorerie à la banque ».	Il faudra faire part de la situation financière à la banque.	Il faudra présenter un état des rentrées et sorties de fonds au créancier.
L'idée majeure concerne l'état des flux de trésorerie. Le candidat doit montrer qu'il a compris la pertinence de cette information pour la banque.	L'idée des flux de trésorerie n'est pas présente. Le terme « situation financière » est trop vague. L'idée de communiquer l'information à la banque est valable, mais ce n'est pas l'aspect le plus important.	Le terme « rentrées et sorties de fonds » est un synonyme acceptable de « flux de trésorerie ». L'idée importante est donc présente. Parler du créancier plutôt que de la banque ne fait pas de différence.

Idée de la solution proposée	Idée non retenue dans l'évaluation	Idée retenue dans l'évaluation
« Nous devons communiquer avec le vérificateur précédent au sujet du différend ».	Il faut communiquer avec l'autre vérificateur et discuter de tout point critique avec lui.	Il faut communiquer avec l'autre vérificateur et discuter de sa position au sujet des frais de démarrage.
L'idée majeure a trait au différend. Le candidat doit montrer qu'il saisit la nécessité de discuter de celui-ci avec l'autre vérificateur.	L'idée de discuter du différend actuel n'est pas présente, car l'expression « tout point critique » est trop vague. L'idée de communiquer avec le vérificateur est valable, mais n'est pas suffisamment reliée aux particularités du cas.	En parlant de la position de l'autre vérificateur au sujet des frais de démarrage, le candidat fait directement référence au différend. L'idée importante est donc présente.
« La valeur des stocks aurait dû faire l'objet de plus de procédés ».	On aurait dû faire plus de procédés de vérification sur les stocks.	La valeur marchande des stocks aurait dû être davantage vérifiée.
L'idée majeure concerne la valeur des stocks. Le candidat doit montrer que l'assertion relative à la valeur n'a pas été adéquatement vérifiée.	La faiblesse remarquée sur le plan de l'évaluation des stocks n'a pas été clairement établie. L'idée que la vérification a été insuffisante est là, mais elle est imprécise.	En faisant référence à la valeur marchande, le candidat décrit précisément et correctement l'assertion à propos de laquelle la vérification a été déficiente. L'idée importante est donc présente. Bien que l'expression « être davantage vérifié » soit légèrement moins précise que « faire l'objet de plus de procédés », l'idée sera tout de même retenue aux fins de l'évaluation.
« Il faut faire enquête sur tout indice de chèque falsifié ».	Tous les chèques émis doivent être examinés.	Il faut examiner davantage les chèques dont le nom ou le montant a été changé.
L'idée majeure concerne le fait que des chèques falsifiés ont pu être faits et qu'ils doivent donc faire l'objet d'une enquête particulière.	L'idée d'enquêter sur les chèques falsifiés n'est pas là puisqu'on réfère à tous les chèques sans exception. L'idée d'examiner les chèques est bonne, mais pas assez adaptée aux circonstances.	L'idée d'examiner les chèques falsifiés est là puisque le candidat a précisément défini ce qu'il cherchait. L'idée importante est donc présente.

Analyse d'un cas

Idée de la solution proposée	Idée non retenue dans l'évaluation	Idée retenue dans l'évaluation
« Le taux d'actualisation du projet doit tenir compte du coût moyen pondéré du capital actuel de l'entreprise ».	Le taux d'actualisation du projet doit tenir compte du coût de financement.	Le taux d'actualisation du projet doit tenir compte du coût de la structure de capital actuel (au prorata de l'emprunt et des actions).
L'idée majeure a trait au coût moyen pondéré du capital. Le candidat doit montrer qu'il a compris que cela servait de point de départ à la détermination du taux d'actualisation.	L'idée du taux moyen pondéré du capital n'est pas présente. L'idée du lien entre le coût du financement et le taux d'actualisation est bonne, mais elle est incomplète.	En décrivant le coût de la structure du capital en fonction du prorata de l'emprunt et des actions, le candidat fait directement référence au coût moyen pondéré du capital. L'idée importante est donc présente.

> Il peut certainement arriver que vous ayez écrit une idée nouvelle et pertinente et que celle-ci n'apparaisse pas dans la solution proposée. Il ne faut pas en déduire pour autant qu'elle n'est pas adéquate. C'est à vous de juger si elle se situe dans la « boîte » du cas et si elle correspond à la demande ou au travail à faire. D'ailleurs, la plupart des guides d'évaluation sont suffisamment souples pour qu'une telle idée soit tout de même prise en compte.

Plusieurs candidats sont réellement embêtés lorsqu'il s'agit d'évaluer si leur idée est conforme aux attentes, surtout quand sa formulation diffère de celle de la solution proposée. Il faut retenir l'idée lorsque le sens majeur y est véhiculé, comme illustré dans les exemples ci-dessus. Je crois personnellement que le candidat qui hésite à décider si l'idée doit être retenue ou non devrait y renoncer. Cette hésitation signifie qu'il a de la difficulté à décider si l'idée majeure est présente ou qu'il n'est pas certain que l'idée écrite soit pertinente. En cas de doute, par prudence, j'estime alors préférable de ne pas retenir l'idée dans l'évaluation d'une solution et j'inscris un « +/− » à côté de celle-ci. À mon avis, dans l'incertitude, il est préférable de sous-estimer plutôt que de surestimer le résultat d'une simulation.

Pour obtenir une évaluation objective de sa performance, il faut corriger sa solution avec rigueur.

Lorsqu'ils évaluent leur propre solution à un cas, plusieurs candidats ne font pas suffisamment la différence entre ce qu'ils savent, ce qu'ils ont pensé et ce qu'ils ont écrit. J'ai déjà rencontré des candidats qui disaient avoir bien réussi un cas… et n'avaient même pas relu leur propre solution! Ils s'étaient évalués en se basant sur le souvenir de ce qu'ils avaient écrit ou pensé! Il va de soi que je suis totalement contre cette façon de procéder qui consiste « à se mettre la tête dans le sable ». De cette façon-là, le candidat a toujours un bon résultat, car il se justifie ainsi : « J'ai voulu dire ceci… », « J'y ai pensé mais j'ai oublié d'écrire cela… », « Je vais sûrement l'écrire la prochaine fois. », etc. C'est de la fausse représentation! Il m'apparaît difficile, *a priori*, de se rappeler de tout ce qu'on a écrit. De plus, il arrive fréquemment que l'on s'aperçoive que l'idée écrite n'est pas aussi claire que ne l'était la pensée… Finalement, je me demande ce que veut dire un tel résultat, qui manque totalement de fondement et d'objectivité. Lors de la correction officielle d'un cas, le candidat ne pourra pas venir expliquer sa pensée ou montrer toute l'étendue de sa connaissance au correcteur. Seules les idées écrites sont retenues, peu importe ce que le candidat pense ou sait. C'est ainsi que le système fonctionne et, franchement, je n'imagine pas d'autres façons de corriger une copie.

Plusieurs candidats se demandent s'il y a une correction négative dans l'évaluation d'une solution à un cas. Disons qu'une idée écrite qui est contredite un peu plus loin dans le texte ne sera probablement pas retenue puisque le texte est alors confus et imprécis. Il faut donc que le candidat évite, autant que possible, de se contredire ou d'émettre des propos incohérents. Il arrive toutefois qu'une idée écrite à la page 5, par exemple, soit prise en compte dans l'évaluation même si le candidat se contredit plus loin, à la page 12. Tout dépendra des circonstances, qui peuvent inclure la distance physique entre les deux idées. Une contradiction faite dans le même paragraphe ou la même page attire davantage l'attention que s'il y a sept pages entre les deux commentaires. De même, une contradiction sur une recommandation majeure est plus visible. Le correcteur n'est pas spécifiquement à la recherche des idées qui se contredisent, mais remarquera celles qui sont flagrantes.

Évaluer sa propre solution à un cas

Il n'est certes pas facile d'évaluer sa propre solution à un cas à partir d'un guide qui en définit globalement les grandes lignes, entre autres parce que cela requiert la détermination de ce qui est adéquat et suffisant pour résoudre le cas. Cet exercice est particulièrement difficile au tout début, quand le candidat en est à ses premières simulations. Comment déterminer si les exigences minimales du cas sont atteintes? Quel est le niveau de profondeur nécessaire pour considérer que telle ou telle section du guide est satisfaite? Quelles sont les exigences requises pour accéder au niveau supérieur? Et finalement, est-ce que le cas simulé a été réussi compte tenu des critères d'évaluation du guide? Autant de questions auxquelles il faut répondre et qui requièrent un bon jugement.

Si vous avez bien analysé tant la solution proposée que le guide d'évaluation, cela facilitera grandement votre tâche de correction. Il m'apparaît évident qu'une excellente compréhension du cas vous aidera à évaluer le niveau de performance de votre solution. Je vous suggère de prendre connaissance des objectifs du cas ou des attentes du Jury d'examen ou du Jury

Jury d'évaluation, lorsque cette information est disponible. Ceci, afin de déterminer si vous avez reconnu ou discuté des éléments critiques du cas simulé. Il en est de même des commentaires des correcteurs qui informent sur les aspects ayant été les mieux et les plus mal réussis. Ils vous permettent de tenir compte de la performance de l'ensemble des candidats au même cas. Si, par exemple, la plupart n'ont pas compris qu'il y avait un sérieux problème de liquidités, vous pouvez évaluer le poids de vos idées à la hausse si vous avez, quant à vous, cerné et analysé cet aspect. Je vous rappelle également que les solutions publiées ont un caractère officiel et une apparence professionnelle qui les rendent plus élaborées et mieux présentées que ce qui est nécessaire. Il ne faut pas perdre de vue le temps limité qui caractérise la résolution d'un cas.

Une bonne compréhension du cas facilite l'évaluation de sa solution.

POINT DE VUE

Personnellement, je prends des notes sur le guide d'évaluation lui-même au fur et à mesure de la lecture de ma propre solution à un cas. J'y inscris les numéros de page et autres commentaires qui me seront utiles à l'étape de l'évaluation globale. Cela facilite le repérage ultérieur des idées sur la copie. Ainsi, il est plus rapide d'évaluer la qualité de l'analyse des divers moyens de financement si j'ai bien indiqué tous les endroits où la solution proposée en traite.

À titre d'exercice, vous pouvez ajouter des idées à votre propre solution, en utilisant, par exemple, un stylo de couleur différente. Autrement dit, il vous est possible de compléter un calcul ou d'ajouter des arguments à la discussion. L'objectif est d'arriver à une analyse suffisamment en profondeur d'un problème ou enjeu en identifiant ce qui manque à votre solution. Bon nombre d'étudiants insèrent également dans leur solution les commentaires que le professeur a faits en classe. Bien sûr, tous les ajouts apportés à la solution d'une simulation peuvent aussi être écrits sur une photocopie du document original.

Afin de vous offrir une discussion mieux adaptée aux circonstances, je vais maintenant commenter le guide d'évaluation pour diverses approches de correction.

Voici donc, pour commencer, un exemple de l'approche globale.

Comptabilisez vos succès!

CORRECTION GLOBALE – A – GUIDE D'ÉVALUATION (PARTIEL) – INDICATEUR PRINCIPAL (LONG CAS DE 100 POINTS)

Mesure de la performance et information – travail à faire	Hautement compétent	Compétent	En voie vers la compétence	Compétence minime	Non traité
– Constater le biais de la direction à maximiser le bénéfice net afin d'obtenir du financement. – Relever les questions comptables importantes du cas : stocks, frais de développement capitalisés, constatation des produits, frais de publicité, coûts de financement. – Recommander un traitement comptable approprié après discussion des possibilités.	1. Trouve et traite des cinq questions comptables importantes. 2. Recommande un traitement comptable approprié. 3. Comprend les éléments d'incertitude du cas et leurs implications sur le choix des conventions comptables.	1. Mentionne le biais de la direction à maximiser le bénéfice net. 2. Relève quatre questions comptables importantes et traite de trois d'entre elles en profondeur. 3. Recommande un traitement comptable approprié.	1. Mentionne le biais de la direction à maximiser le bénéfice net 2. Traite de certaines questions comptables importantes, mais manque de profondeur ou ne propose aucune recommandation.	1. Ne satisfait pas à la norme « En voie vers la compétence ».	1. Ne traite pas de cet indicateur principal.
Résultat des candidats (100 %)	2 %	21 %	34 %	41 %	2 %

❧ Certains critères d'évaluation sont assez directifs. Il est ainsi facile d'évaluer si on rencontre le critère « mentionne le biais de la direction à maximiser le bénéfice net », par exemple. L'idée sera prise en compte par le correcteur dès que le candidat l'écrit clairement.

❧ La mention du biais de la direction est considérée comme importante puisqu'elle est nécessaire pour accéder au niveau « en voie vers la compétence ». S'il ne reconnaît pas ce biais, le candidat ne pourra pas dépasser le niveau de « compétence minime ». Il m'apparaît donc important de noter ce genre de critère qui « bloque » l'accès à un niveau supérieur d'évaluation. Je vous fais également remarquer que ce critère n'est pas reproduit au niveau « hautement compétent ». Malgré cela, il existe toujours puisque les critères des niveaux précédents, tel le niveau « compétent », doivent généralement être tous satisfaits pour accéder à un niveau supérieur.

❧ Il faut traiter adéquatement de trois questions comptables, peu importe lesquelles, parmi un choix de cinq sujets, afin d'atteindre le niveau « compétent ». Toute discussion sur d'autres sujets que ceux qui sont considérés comme importants dans la colonne de gauche du guide ne sera pas prise en compte dans l'évaluation. Il y a cinq questions comptables importantes dans ce cas; s'il en existe d'autres, elles ne sont donc pas évaluées par cet indicateur.

❧ Remarquons le nombre de sujets comptables à discuter pour atteindre chacun des niveaux. Le candidat doit traiter des cinq questions comptables importantes pour atteindre le niveau « hautement compétent », mais de trois d'entre elles (seulement) pour le niveau « compétent ». L'expression « traite de certaines questions… » indique clairement qu'il faut qu'au moins deux sujets différents soient abordés au niveau « en voie vers la compétence ». Cela est confirmé par le fait qu'il faut en traiter trois pour accéder au niveau supérieur.

❧ La lecture des objectifs établis dans la première colonne du guide sert à préciser les exigences de l'indicateur « mesure de la performance et information ». Cela vous permet de déterminer plus clairement quelles sont les attentes en ce qui concerne, par exemple, la discussion comptable. Pour cet indicateur, la discussion des possibilités de comptabilisation (disons deux) et la formulation d'une recommandation sont les étapes ultimes à réaliser. On peut en déduire que le candidat doit raisonnablement bien faire cette démarche pour trois sujets s'il désire atteindre le niveau « compétent ». À mon avis, il faudra deux arguments adéquats ou un seul très bon argument pour chacune des possibilités avant d'aboutir à une recommandation logique et justifiée. Toute discussion qui ne respecte pas cette démarche d'analyse ramènera la solution au niveau « en voie vers la compétence ». Aussi, il m'apparaît indispensable que chaque discussion comptable aboutisse à une recommandation appropriée. Afin de déterminer la validité d'un argument apporté dans la discussion (analyse ou recommandation), le candidat doit se référer à la solution proposée.

❧ À moins d'avis contraire, le candidat doit rencontrer tous les critères d'un niveau pour l'obtenir. Par exemple, une solution dans laquelle on ne recommande pas un traitement comptable approprié (3.) ne pourra obtenir le niveau « compétent », même si les autres critères sont pleinement satisfaits (1. et 2.).

Comptabilisez vos succès!

◎ Le guide d'évaluation ne mentionne pas clairement s'il faut, pour les deux niveaux supérieurs, une recommandation à chacun des sujets comptables ou à un seul d'entre eux. Compte tenu de l'importance accordée à la démarche d'analyse pour cet indicateur, je dirais qu'une recommandation découlant de la discussion de toutes les questions comptables considérées dans l'évaluation est nécessaire. Cela me paraît logique.

◎ La formulation des objectifs de l'indicateur peut laisser croire que le candidat n'a pas à faire de liens entre la discussion d'un sujet comptable et le biais de la direction. Personnellement, je vous suggère de présenter de tels liens d'intégration, disons un par sujet, afin de rehausser la qualité de votre analyse. Par ailleurs, il faudrait examiner si de tels liens sont présents dans la solution proposée.

◎ Précisons que le niveau « hautement compétent » exige du candidat qu'il ait compris l'impact des éléments d'incertitude du cas sur le choix des conventions comptables. Seul un examen de la solution proposée permettra d'identifier quelles sont ces incertitudes. Par exemple, les avantages futurs découlant des frais de publicité peuvent être difficiles à évaluer. *A priori*, la mention d'une incertitude par sujet comptable paraît nécessaire à l'atteinte de ce niveau de compétence.

◎ Finalement, comme dans l'exemple ci-dessus, la performance de l'ensemble des candidats pour un même cas est présentée sous forme de pourcentages. Cette information vous permet de comparer vos résultats à ceux des autres. Par exemple, vous remarquerez que 23 % des candidats (21 % + 2 %) ont atteint ou excédé le niveau « compétent ». Ces chiffres vous apprennent que bon nombre d'entre eux ont eu de la difficulté à réussir cet indicateur. Même si seulement 2 % des candidats ont atteint le niveau « hautement compétent », prenez tout de même note d'en examiner chaque composante.

POINT DE VUE

Personnellement, quand je corrige un cas selon l'approche globale, je m'assure d'avoir bien déterminé le niveau atteint pour la copie évaluée à partir des deux côtés. Je m'explique. Supposons par exemple que je crois que le niveau « compétent » est celui approprié pour un indicateur. En guise de confirmation de mon évaluation, je m'assure que tous les critères du carré de droite, « en voie vers la compétence », sont satisfaits. Par la suite, je vais vérifier que la solution ne satisfait pas l'ensemble des critères du carré de gauche, qui correspond au niveau « hautement compétent ». Cela confirme mon évaluation de l'indicateur.

Il est impossible d'attribuer une note à la solution d'un cas corrigé selon une telle approche globale. Le guide d'évaluation porte sur l'atteinte de divers niveaux de compétence, et rien ne permet d'établir une quelconque correspondance avec une note ou un pourcentage de réussite. Il n'apparaît pas obligatoire d'obtenir le niveau « compétent » à chacun des indicateurs pour

200 pour réussir un cas, mais l'information sur les exigences minimales requises n'est pas toujours disponible. Je vous suggère donc de viser l'atteinte du niveau « compétent », du moins pour chacun des indicateurs principaux. Si vous atteignez régulièrement ce niveau, vous pourrez supposer que vous avez réussi votre cas. Quant aux indicateurs secondaires, leur réussite n'est pas essentielle. Toutefois, l'analyse des critères à satisfaire au niveau « compétent » peut s'avérer fort utile pour le prochain cas. D'autant plus qu'il n'est pas toujours facile d'expliquer pourquoi un indicateur est secondaire plutôt qu'important et *vice versa*.

Voici maintenant un autre exemple de l'approche globale de correction.

CORRECTION GLOBALE – B – GUIDE D'ÉVALUATION (PARTIEL) – SECTION INTÉGRATION (LONG CAS DE 100 POINTS)

	note du correcteur	note finale
a) Liens avec l'analyse de la situation	/10	/15
b) Liens entre les options et les enjeux	/10	/5
		/20

Explications :

L'intégration est la capacité de faire des liens entre les éléments du cas, c'est-à-dire de considérer l'incidence d'un élément sur un autre. Les liens doivent se rapporter aux indices du cas et démontrer une relation de cause à effet. Chaque lien doit être explicite, c'est-à-dire clair et spécifique.

L'intégration est évaluée selon deux perspectives différentes :

a) Cohérence entre les options et enjeux et l'analyse de la situation

L'intégration doit se refléter dans les liens établis entre l'analyse de la situation (mission / mandat, forces, possibilités, menaces) et les options stratégiques ou enjeux opérationnels / d'intégration.

b) Liens entre différents enjeux stratégiques; entre les enjeux stratégiques et les enjeux opérationnels / d'intégration; et entre les enjeux opérationnels / d'intégration.

Remarque : Le guide d'évaluation fournit plusieurs exemples de liens d'intégration adéquats.

Comptabilisez vos succès!

ℰ Même si le correcteur établi une note sur 10 pour chacun des critères, leur pondération peut changer au moment de déterminer la note finale.

ℰ Le guide d'évaluation explique les différents types de liens d'intégration qui doivent être présentés dans la solution. En lisant bien les explications ci-dessus, nous réalisons qu'il y a cinq catégories de liens, ce qui nous porte à croire que la solution devra contenir des liens dans chacune de ces catégories. Compte tenu de cette remarque, et afin de pouvoir corriger sa copie, le candidat doit identifier et catégoriser chacun des liens d'intégration qui s'y trouvent. L'objectif est de pouvoir évaluer correctement la section « Intégration » en tenant compte de ce qui a été fait dans l'ensemble de sa solution.

ℰ Afin de faciliter votre évaluation, je vous suggère de séparer la section en ses diverses composantes. Il est toujours plus facile de déterminer une note pour un aspect spécifique et distinct lorsque l'échelle d'évaluation est plus restreinte. La section « Intégration » comprend les composantes suivantes :

En référence aux liens avec l'analyse de la situation - a)

Mission / Forces / Possibilités / Menaces
    ET Enjeux stratégiques   →   M-FPM / STRAT

Mission / Forces / Possibilités / Menaces
    ET Enjeux opérationnels   →   M-FPM / OPÉR

En référence aux liens entre les différents enjeux - b)

Stratégique ET Stratégique   →   STRAT / STRAT

Stratégique ET Opérationnel   →   STRAT / OPÉR

Opérationnel ET Opérationnel   →   OPÉR / OPÉR

ℰ À la lecture de sa propre solution, le candidat devrait indiquer la catégorie de lien d'intégration à côté de chaque idée écrite. Lorsqu'un lien se répète plus tard dans le texte, l'annotation « R » (pour répétition) permet d'éviter d'en tenir compte deux fois. De même, le signe « +/− » peut servir à identifier les liens qui ne sont pas tout à fait une relation de cause à effet.

Finalement, les abréviations « S » pour « *strong* » (fort), « A » pour « acceptable » et « W » pour « *weak* » (faible) seront utiles dans l'évaluation de la qualité des liens d'intégration. Aucun poids ne sera accordé aux liens qualifiés de faibles. Un bon exercice serait de trouver une façon de les clarifier pour qu'ils soient considérés comme étant forts la prochaine fois.

◎ On doit également prendre en considération les particularités du cas, qui sont habituellement soulignées dans le guide d'évaluation. Par exemple, « l'objectif de profit » ou la « capacité excédentaire » peuvent être des enjeux majeurs. Même si le guide d'évaluation est élaboré dans le cadre d'une approche de correction globale, on ne peut ignorer les aspects spécifiques du cas. Ainsi, il est logique d'espérer la présence de liens d'intégration avec l'objectif de profit puisque c'est une question prédominante pour l'entreprise étudiée. À mon avis, un candidat qui ne tient pas compte de ce fait ne pourra certes pas obtenir la note maximale de 10/10, peu importe le nombre et la qualité des autres liens d'intégration de sa solution.

◎ Il n'est pas facile de répartir les points entre les diverses parties, tout simplement parce que l'information n'est pas fournie. C'est l'essence même d'une approche de correction globale où le correcteur évalue l'ensemble de la solution selon différents critères. Il est donc particulièrement difficile, surtout lors des premières simulations, de trouver une façon d'évaluer son résultat. À la différence du correcteur ou du professeur, vous n'avez pas la possibilité de corriger plusieurs copies du même cas, ce qui permet d'établir une note avec plus de précision.

◎ Tout en étant parfaitement consciente que nous sommes dans une approche de correction globale, j'aimerais vous suggérer une façon de répartir les points de la section « Intégration » du guide d'évaluation. En premier lieu, je vous suggère d'accorder un point pour chaque lien fort, logique, exact et approprié au contexte du cas. Les liens établis avec les enjeux les moins importants devraient valoir un demi-point. Pour chacun des liens identifiés, vous pouvez faire une marque (√ ou autre) sur le guide d'évaluation et inscrire à côté le numéro de la page où se trouve le lien dans votre solution.

◎ Lorsque vous notez les liens de votre solution, il faut tenir compte des cinq catégories établies ci-dessus. Il est évident que la note maximale de 10 dans la partie a) ne peut être accordée au candidat qui n'a pas établi de liens du type M–FPM / OPÉR. Ainsi, en supposant qu'un candidat ait présenté dix (et même douze) excellents liens du type M–FPM / STRAT, il ne recevra pas la note 10/10. Il faut donc considérer un nombre maximal de points pour chaque catégorie de liens.

Il est important de se rappeler que le guide d'évaluation n'indique pas le nombre de points pour chacun des aspects qu'il contient. Le guide que je présente ci-dessous a pour but de faciliter la correction de votre solution. L'un des objectifs est de vous sensibiliser à la nécessité de répondre à chacune des parties demandées.

SECTION INTÉGRATION

a)	M-FPM / STRAT	/7			
	M-FPM / OPÉR	/3	/10	/15	
b)	STRAT / STRAT	/4			
	STRAT / OPÉR	/3			
	OPÉR / OPÉR	/3	/10	/5	/20

Je viens de vous fournir une répartition de la note globale pour la section « Intégration » entre ses diverses parties. Malgré ceci, il ne faut jamais perdre de vue la section dans son ensemble. Voilà pourquoi, après avoir attribué une note à chacune des parties, je vous suggère de prendre du recul, puis de confirmer la justesse de la note globale. Vous devez donc, une dernière fois, juger de la qualité des liens et ajuster votre résultat, à la hausse ou à la baisse, si nécessaire. Autrement dit, la note finale ne correspondra pas nécessairement à la somme des parties. Un peu de jugement s'impose!

En guise de conclusion, je vous rappelle qu'il est difficile d'attribuer une note à un cas corrigé selon une approche globale. Mais vous trouverez certainement utile de pouvoir vérifier si, oui ou non, vous avez satisfait à chacun des aspects ou critères énoncés. Cet exercice vous aidera à déceler avec plus de précision vos forces et vos faiblesses.

Voici maintenant deux exemples de l'approche semi-globale de correction.

CORRECTION SEMI-GLOBALE – C

Question 4a) (6 points)

Rédigez une courte note indiquant les lacunes du contrôle interne concernant la réception et la comptabilisation des dons de charité. Expliquez les incidences possibles de ces lacunes et formulez des recommandations pour les corriger.

Guide d'évaluation (partiel)

On accordera un maximum de 1 point pour chaque lacune du contrôle, chaque incidence possible et chaque recommandation, jusqu'à concurrence de 6 points.

Remarque : La solution proposée est présentée en trois colonnes : lacune du contrôle – incidence possible – recommandation. Trois différentes lacunes du contrôle y sont discutées.

Commentaires au sujet du guide d'évaluation

- La solution proposée ainsi que le guide d'évaluation sont structurés de la même manière que la question : lacune – incidence – recommandation. Cette idée de présenter la solution dans un tableau est à retenir.

- À la lecture de la solution proposée, on constate aisément que chacune des idées est clairement intégrée au cas. En d'autres mots, le saupoudrage d'idées théoriques non appliquées au contexte ne donne pas de points.

℮ On mentionne, dans le guide d'évaluation, qu'il y a un point par idée adéquate que ce soit une lacune, une incidence ou une recommandation. Il semble donc que le maximum de points puisse être obtenu en discutant adéquatement de deux lacunes parmi les trois qui sont présentées dans la solution proposée. Par contre, à mon avis, le candidat ne pourrait pas obtenir 3 points pour la mention de trois lacunes, puis 3 autres points pour la mention de leur incidence possible. Autrement dit, il m'apparaît impossible d'obtenir les 6 points disponibles sans faire aucune recommandation. Puisque trois aspects sont demandés dans le cas (lacune, incidence, recommandation), il faut que le candidat discute des trois dans sa solution s'il désire obtenir le nombre de points maximum. La démarche d'analyse doit être complète.

CORRECTION SEMI-GLOBALE – D

Question 2 (10 points)

Rédigez un court mémo à l'intention du conseil d'administration pour expliquer les aspects de la gestion générale qui doivent être améliorés.

Guide d'évaluation (partiel)

8 points pour les aspects de la gestion générale. On y présente une liste de quatre aspects importants et de deux aspects secondaires de la gestion.

2 points pour la qualité de la communication, en particulier pour la forme, la logique et la clarté.

Remarque : La solution proposée est une réponse réelle d'un candidat où celui-ci insiste sur deux aspects importants de la gestion et un aspect secondaire.

Commentaires au sujet du guide d'évaluation

℮ Le guide d'évaluation étant très sommaire, il n'est pas facile d'en sortir un *modus operandi*. On peut naturellement supposer que les aspects majeurs sont plus importants que les aspects secondaires. Ainsi, à mon avis, un candidat pourrait obtenir 8 points en discutant seulement d'aspects majeurs. S'il discute d'aspects moins importants, il ne pourra obtenir disons plus de 2 points pour ceux-ci parmi les 8 disponibles. Autrement dit, l'essentiel de la discussion doit porter sur ce qui est important.

℮ Puisque la question est sur 10 points, cela signifie que le candidat a 24 minutes pour y répondre. En comptant environ 6 à 7 minutes de lecture et de planification, il reste 17 à 18 minutes pour la discussion des aspects de la gestion. Étant donné ce laps de temps, on peut penser qu'on devait répondre à trois sujets pour atteindre le maximum des points disponibles. Ainsi, le candidat pourra se corriger comme suit : 3 points pour le premier aspect, 3 points pour le deuxième et 2 points pour le troisième (principal ou secondaire). À chacun de ces sujets, je réserverais personnellement 1 point pour une recommandation adéquate découlant bien de la discussion précédente. Quant aux 2 points réservés à l'analyse, ils requièrent l'énoncé d'au moins deux ou trois idées adéquates et pertinentes par rapport aux indices du cas.

Remarque : L'exercice ci-dessus vise à décortiquer le nombre total de points du   205
court cas en plus petites parties afin de faciliter l'évaluation d'une solution.
Évidemment, le jugement du candidat est requis dans tout ce processus.

Il y a 2 points pour la communication écrite, et nous ne connaissons pas la
façon précise dont ils sont attribués. Il faut évaluer la forme — si le texte est
structuré (en-têtes et titres) —, la logique — si les recommandations découlent
logiquement de l'analyse — et la clarté — si les idées sont claires et précises. Le
candidat devrait s'accorder 2 points s'il satisfait à ces trois aspects, 1 point s'il en
manque un et aucun s'il en manque deux.

Dans la correction d'un cas selon l'approche semi-globale, il est particulièrement important
de déterminer les idées nouvelles et pertinentes qui se trouvent dans la solution proposée.
Bien qu'il n'y ait pas de barème précis, on constate fort souvent qu'on accorde un point par
idée importante avancée par le candidat. Il arrive également, probablement pour des idées
plus secondaires ou pour des calculs, qu'un demi-point par idée soit accordé. Il m'apparaît
donc nécessaire que le candidat écrive un nombre minimal d'idées par sujet, question ou
cas. Par exemple, il faudra écrire au moins trois idées pertinentes, voire quatre ou cinq, pour
la sous-question iii) qui vaut trois points. Comme le « pointage » d'un cas - global et par
sections - est habituellement indiqué, le candidat doit en tenir compte.

Finalement, voici deux exemples de l'utilisation d'un barème de correction.

Barème de correction – E – Guide d'évaluation (partiel) – court cas de 25 points

PROVISION POUR RETOURS SUR VENTES	point disponible	% candidat
11. Une estimation de la provision est nécessaire pour rapprocher les produits et les charges.	1	36
Les procédés suivants sont nécessaires :		
12. – Évaluer les retours réels postérieurs à la fin d'exercice	½	27
13. – Examiner les retours réels pour les exercices précédents comparativement aux estimations antérieures	½	43
14. – Évaluer la méthode / les hypothèses en fonction desquelles l'estimation révisée a été faite	½	14
15. – Analyser la documentation à l'appui de l'augmentation de la provision de l'exercice (ex.: difficultés financières des clients)	½	9

DISPONIBLE 3, MAXIMUM 2   /2

◑　Un point est accordé pour avoir déterminé qu'il était nécessaire d'estimer une provision pour retours sur ventes. Cette idée doit être justifiée et, d'après le barème de correction, le rapprochement des produits et des charges est la seule justification acceptée.

◑　Les éléments pour lesquels ½ point est accordé sont des procédés qui permettront de calculer adéquatement la provision. Il s'agit d'éléments d'information à obtenir. Les idées dont tient compte le barème de correction sont très précises, et le candidat doit montrer qu'il en a compris l'essentiel pour obtenir ½ point.

◑　Il est clair que la note maximale pour l'analyse de ce sujet est de seulement 2 points. Cela confirme qu'il s'agit d'un sujet secondaire et qu'il est toujours préférable de placer les problèmes ou enjeux à discuter selon leur ordre d'importance, tout en couvrant plusieurs sujets différents.

◑　L'information concernant le pourcentage des candidats qui ont couvert chacune des idées du barème de correction vous permet de comparer vos résultats. Dans l'exemple ci-dessus, le fait que les pourcentages soient relativement faibles peut indiquer que les idées du barème sont difficiles à identifier. Cela peut également vouloir dire que les candidats ont mis de côté le sujet « provision pour retours sur ventes » parce qu'il a peu d'importance dans ce cas.

Les barèmes de correction accordent généralement un demi-point, un point ou deux points à chaque idée valable. Comme dans l'exemple ci-dessus, les idées sont concrètes et explicites. D'ordinaire, il n'est pas possible d'accorder des points pour des idées qui ne sont pas prévues au barème, et ce, même si l'idée est adéquate. De temps en temps, nous pouvons remarquer la présence d'un élément intitulé « Autres points valables ». Dans ces rares circonstances, on pourra accorder un demi-point ou un point pour une idée nouvelle et pertinente, même si elle n'était pas prévue dans le barème de correction.

POINT DE VUE

Certains candidats croient qu'il est inutile d'analyser les idées contenues dans le barème de correction lorsque moins de 20 % des candidats ont réussi à obtenir le point, comme aux #14 et #15 ci-dessus. J'ai du mal à comprendre cette attitude puisque, d'une part, le fait que peu de candidats aient inclus l'idée dans leur solution ne signifie pas pour autant qu'elle est inappropriée ou sans importance. L'idée sera peut-être utile lors d'une prochaine simulation où une plus grande proportion de candidats obtiendra le point. D'autre part, l'analyse du barème de correction a deux objectifs : déterminer la note obtenue et acquérir des connaissances. À mon avis, cette dernière raison à elle seule justifie que vous analysiez chaque idée du barème de correction, point par point, afin d'en comprendre la signification et la pertinence.

COMPÉTENCES PROFESSIONNELLES	point disponible	% candidat
70. Dans l'analyse des questions comptables, le candidat a adopté une position ferme et défendable, allant dans le sens des intérêts du syndicat : maximisation du bénéfice net.	1	33
71. La discussion du candidat, pour au moins quatre questions comptables, est d'une profondeur raisonnable.	1	48
72. Le candidat a communiqué ses idées d'une manière compréhensible pour les membres du syndicat.	1	95
73. Dans son rapport, le candidat démontre qu'il fait la différence entre les sujets importants et les sujets secondaires.	2	16

DISPONIBLE 5, MAXIMUM 5   /5

Remarque : Puisqu'il s'agit d'un barème de correction partiel, je me dois de mentionner qu'il y a sept sujets comptables à discuter dans ce cas; quatre sont importants et trois sont plus secondaires.

Commentaires au sujet du guide d'évaluation

- L'objectif de la section « Compétences professionnelles » d'un barème de correction est de récompenser les meilleures solutions. Comme dans l'exemple ci-dessus, le nombre de points disponibles correspond habituellement au nombre maximum de points qu'il est possible d'obtenir.

- L'intention du point #70 est de récompenser le candidat qui a tenu compte du fait que le syndicat était son client. Ainsi, lorsqu'il était possible de le faire, le candidat devait recommander un traitement comptable allant dans le sens d'une maximisation du bénéfice. Dans le contexte de ce cas, on sait que toute recommandation sera scrutée par l'autre partie; le candidat doit donc défendre sa position efficacement. Afin d'obtenir le point au #70, il doit faire de même pour la plupart des sujets discutés. Ce point semble difficile à obtenir puisque seulement le tiers des candidats se l'ont mérité.

Analyse d'un cas

◎ Le point au #71 se rapporte au nombre de sujets traités. On s'attend à ce que quatre sujets aient été traités relativement en profondeur. Rappelons que l'analyse d'une question comptable requiert habituellement que l'on propose deux possibilités de comptabiliser l'opération, lesquelles seront suivies d'une recommandation justifiée. Dans le cadre présent, pour qu'une discussion soit jugée raisonnable, je suis d'avis qu'au moins deux arguments (ou encore un très bon) accompagnent chacune des possibilités présentées. Parmi les quatre sujets qui doivent être couverts pour obtenir ce point, je considère qu'au moins trois doivent être parmi les plus importants.

◎ Le point au #72 est accordé au candidat qui a réalisé que les lecteurs de son rapport, en l'occurrence les membres du syndicat, n'étaient pas des initiés du domaine de la comptabilité. Cela signifie qu'il fallait utiliser des termes concrets et simples et exprimer ses idées clairement. Pour un sujet un peu complexe, comme la charge d'impôts futurs, le candidat devra expliquer ses idées plus en détails et, au besoin, définir brièvement certains termes. Dans la section « Compétences professionnelles », le point au #72 semble le plus facile à obtenir puisqu'il a été accordé à 95 % des candidats.

◎ Le dernier point de la section, au #73, se rapporte au classement des sujets. Il est de prime abord indispensable que le candidat planifie sa solution en tenant compte de l'importance des sujets, puisque, cela va de soi, les plus importants valent plus de points. Effectivement, le nombre de points disponibles et le nombre maximum de points sont plus élevés pour ceux-ci. En plus de cela, le point de « Compétences professionnelles » au #73 bonifie davantage ce comportement. Ainsi, le candidat recevra 2 points supplémentaires, s'il a traité les quatre sujets importants plus en profondeur (nombre d'idées nouvelles et pertinentes) que les sujets secondaires.

Échanger des copies simulées avec d'autres candidats

Lors d'un processus officiel de correction des examens professionnels, les correcteurs s'exercent tout d'abord à corriger bon nombre de copies-réponses en guide de test. Ils acquièrent ainsi une expérience de correction du même cas, expérience qui leur permettra d'évaluer plus objectivement la solution des candidats. Il en est de même pour les professeurs et correcteurs à l'université qui évaluent les solutions de plusieurs étudiants au même examen. En tant que candidat, il est sûrement plus difficile de corriger une seule copie, la sienne de surcroît, sans avoir une idée de la performance des autres candidats pour le même cas.

Il est stimulant de procéder régulièrement à l'échange de copies simulées avec d'autres candidats. On fait donc évaluer sa propre solution à un cas par quelqu'un d'autre. Cette idée offre plusieurs avantages, tel qu'exposé ci-dessous.

◎ Cela permet de prendre connaissance d'une façon différente de rédiger. Ainsi, le fait d'observer l'efficience de la rédaction ou d'examiner la démarche d'un autre candidat qui obtient une meilleure évaluation est souvent profitable.

◎ S'il y a lieu, l'autre candidat-correcteur pourra signaler ses difficultés à lire votre écriture, à comprendre la façon dont vos idées sont exprimées ou à reconnaître les calculs effectués.

- Souvent, on évalue plus objectivement la copie d'un autre candidat que la sienne. D'ailleurs, certains candidats, dans l'évaluation de leur propre copie, sont soient trop rigoureux ou trop généreux. Un autre correcteur, en revanche, évalue ce qu'il lit, et non tout ce que l'auteur d'une solution sait ou a voulu dire.

- Cet échange de copies simulées permet la confrontation avec d'autres correcteurs plus ou moins sévères que soi. Certains donnent un peu plus souvent le bénéfice du doute que d'autres… ou un peu moins… tout comme dans la correction réelle.

- Cette façon de procéder apporte du changement dans le processus, qui est relativement long et trop souvent solitaire. Je suggère d'ailleurs la formation d'une équipe de trois à cinq personnes à cet effet. On peut ainsi corriger plusieurs copies différentes et être corrigé par plusieurs correcteurs différents. La formation d'une équipe de travail permet effectivement de pouvoir corriger le même cas plus d'une fois. Supposons qu'une simulation de 4 heures contienne trois courts cas. Chacune des trois personnes de l'équipe peut corriger la simulation du même cas pour tous, y compris la sienne. Cela permet au candidat de comparer différentes approches aux mêmes problèmes ou enjeux et d'acquérir de l'expérience qui lui permettra de mieux appliquer le guide d'évaluation. Le même processus peut aussi être appliqué aux longs cas. Ainsi, quatre personnes peuvent, à tour de rôle, s'engager à corriger le même cas pour tous, à une date prévue à l'avance. Finalement, je suggère au candidat-correcteur de garder sa propre solution pour la fin.

Évaluation de sa performance

Nous voici arrivés à une étape majeure, soit l'évaluation de sa propre performance. Il s'agit ici de prendre du recul afin d'examiner objectivement les résultats de la simulation et de pouvoir en tirer des leçons pour mieux rédiger le prochain cas.

Voici les éléments qui devraient être considérés dans l'évaluation de votre performance.

Évaluer le niveau de performance au cas simulé

À juste titre, le premier réflexe d'un candidat est d'évaluer s'il a réussi le cas simulé. Autrement dit, le fait de répondre aux exigences minimales de passage est le premier indice de la qualité de sa performance. Il arrive parfois que le candidat puisse obtenir l'information lui permettant de déterminer sa position par rapport aux autres candidats. Que l'on soit d'accord ou non avec cette façon de procéder, l'évaluation par rapport à la moyenne est un critère important dans notre domaine.

C'est un objectif fort légitime que de vouloir constamment viser plus haut. Il faut toutefois comprendre qu'un résultat dépend de plusieurs facteurs, tels que la complexité du cas, la nervosité ou la fatigue du candidat, le rôle joué, l'aisance personnelle du candidat à discuter des problèmes ou enjeux traités, etc. Ces facteurs accroissent la difficulté à évaluer précisément et individuellement sa performance à une simulation.

> Dans la plupart des situations, le candidat exprime généralement le résultat obtenu à un cas par une note. Il est alors naturel et compréhensible de comparer ce résultat à la note de passage et à la moyenne du groupe. Notons, toutefois, qu'un candidat qui obtient 8/25 à une simulation, puis 11/25 à la suivante, ne peut pas immédiatement conclure qu'il s'est amélioré. D'ailleurs, le fait d'obtenir 8/25 quand la moyenne est de 9/25 est préférable à un résultat de 11/25 quand la moyenne est de 17/25. Il faut donc constamment relativiser son résultat. Certes, il faut à tout le moins viser l'atteinte de la note de passage (60 % ou 65 %), mais il faut également évaluer sa position par rapport au groupe.

Lorsque l'approche de correction est globale, le candidat n'obtient pas de note proprement dite. Comme je l'ai déjà mentionné précédemment, je vous suggère de viser l'obtention du niveau « compétent » pour chacun des indicateurs, du moins les principaux. Il faut également tenir compte de la proportion des candidats à chacun des niveaux du guide d'évaluation. Par exemple, la performance d'un candidat ayant obtenu le niveau « en voie vers la compétence » à l'indicateur « certification » est meilleure si 74 % des candidats ont obtenu les niveaux plus bas, soit « compétence minime » ou « non traité ».

> Le fait de lire les commentaires des correcteurs ou des examinateurs et de prendre connaissance de la position de l'ensemble des autres candidats est un guide intéressant pour situer sa performance. Il s'agit de prendre en considération les forces et les faiblesses des autres personnes ayant résolu le même cas. Lorsqu'un candidat offre une performance meilleure que la moyenne, c'est évidemment un signe positif et l'évaluation du cas ou d'une partie du cas s'en trouve avantagée.
>
> Par contre, si le candidat ne peut atteindre la même qualité d'analyse que la moyenne, cela risque naturellement de le pénaliser. Cet état de fait peut signifier qu'il ne voit pas les problèmes ou enjeux majeurs de la même manière que les autres, que ceux qu'il relève ne sont pas remarqués par les autres, qu'il n'a pas compris la demande ou le travail à faire, ou encore, qu'il doit améliorer ses connaissances. Quoi qu'il en soit, il faut minimiser cette faiblesse que représente le fait d'être à part de la masse des candidats ayant écrit un cas.

En ce qui concerne les examens professionnels, on sait que le guide d'évaluation est complété et finalisé après lecture d'un bon nombre de copies de candidats. Autrement dit, l'essentiel du guide est préparé à l'avance, et quelques modifications sont permises au tout début du processus de correction. Il va de soi que la performance de l'ensemble des candidats au même cas peut influencer jusqu'à un certain point le guide d'évaluation. Par exemple, la valeur de deux ajustements au bénéfice caractéristique est supérieure quand peu de candidats ont fait ce calcul pertinent. Par contre, si la plupart des candidats ont présenté quatre ou cinq ajustements, la valeur de deux ajustements sera moindre. La réponse fournie à un cas est également une question de relativité, c'est-à-dire qu'elle se compare à la moyenne d'un groupe, d'où la nécessité de tenir compte de la solution proposée et des commentaires adjacents.

Persévérer malgré les embûches

À mon avis, la note ou le résultat obtenu n'est pas un élément si important dans l'analyse d'un cas. Je m'explique. La simulation de cas est un processus d'apprentissage continu, en dents de scie. L'amélioration de la performance ne suit pas toujours une ligne ascendante. Il y a des hauts et des bas! Ainsi, le fait d'avoir répondu aux exigences minimales de passage ou d'avoir réalisé une performance au-dessus de la moyenne pour un cas donné ne signifie pas que la partie est gagnée et qu'on réussira dorénavant toutes les simulations. Chaque cas est distinct et chaque individu présente des forces et des faiblesses particulières. Ainsi, le choix des sujets que les candidats doivent traiter dans la résolution d'un cas spécifique influe différemment sur les résultats de chacun. Il se peut, par exemple, qu'un candidat soit à son aise quand il s'agit de discuter d'un projet d'investissement, mais qu'une évaluation d'entreprise lui pose plus de difficultés.

> **Évaluer sa progression en rédaction de cas
> n'est pas chose facile,
> car il est difficile de statuer sur son amélioration,
> même après quelques simulations.**

Le fait d'avoir à son actif quelques simulations réussies ne permet pas vraiment de généraliser sur l'ensemble des cas. En effet, le cas suivant peut grandement surprendre par sa mise en contexte ou par la façon dont les problèmes ou enjeux sont présentés. Il n'est pas rare d'observer une progression pendant quelques simulations, suivie d'une dégringolade soudaine. La simulation de cas est un processus un peu plus compliqué que l'apprentissage de l'aspect technique d'un sujet, tel le calcul d'un gain ou d'une perte de change. La réussite ultime d'une simulation de cas requiert un bon entraînement, qui comprend la pratique de cas et l'évaluation objective de chacune de ses performances.

Certains candidats accordent trop d'importance au fait de réussir un cas. Au risque que mon commentaire paraisse bizarre, ils ont une approche beaucoup trop personnelle; le résultat obtenu à la simulation d'un cas n'a absolument rien à voir avec la valeur d'une personne. La réussite d'une simulation ne veut pas dire qu'on a tout compris et qu'on n'a plus besoin de simuler de cas. Il faut éviter l'excès d'optimisme. En contrepartie, un mauvais résultat ne signifie pas qu'on ne connaît rien et que l'on ne sera jamais capable de réussir un cas. C'est un excès de pessimisme. En fait, il faut un juste milieu et voir son résultat comme un message constructif, avec le plus d'objectivité possible. Un bon résultat signifie que tout va de mieux en mieux, mais qu'il faut garder le rythme et travailler sur d'autres cas. Un mauvais résultat signifie qu'il y a des efforts à faire pour améliorer sa performance et qu'une analyse détaillée des cas suivants est toujours aussi indispensable.

POINT DE VUE

La courbe d'apprentissage de la résolution de cas n'est pas la même pour tous. Quelques candidats semblent connaître une progression constante et régulière d'un cas à l'autre. Pour la majorité, cette progression se fait plutôt par à-coups, de façon irrégulière. Une série de résultats similaires sera soudainement suivie d'une certaine amélioration, puis d'une moins bonne performance dans un ou deux cas, venant malheureusement ébranler votre idée du progrès. Toutefois, croyez-moi sur parole, les acquis des simulations antérieures finissent toujours par se matérialiser. Le candidat obtient alors des résultats constants, du moins jusqu'à la prochaine dégringolade. Il faut donc être persévérant et se rappeler que les obstacles sont là pour être franchis.

Je remarque bien souvent qu'un candidat travaillera davantage sur les cas qui ont été faibles. Le fait de ne pas réussir deux ou trois cas d'affilée stimule souvent le candidat à consacrer davantage d'efforts à l'analyse des cas. Ceux qui ont été bien réussis sont donc analysés moins longtemps, voire négligés. Dans cette perspective, on pourrait presque conclure qu'il est préférable de moins bien réussir ses cas puisqu'on les travaille alors davantage! Il faut contrecarrer cette tendance naturelle à tenir les choses pour acquises et consacrer le temps nécessaire à l'analyse de tous les cas, bien ou mal réussis, sans exception. Ils contiennent tous bon nombre d'informations utiles qui vous aideront à améliorer vos performances futures en rédaction de cas. Le fait de simuler un autre cas ne correspond pas à faire un exercice de plus sur la manière de calculer la valeur actualisée des avantages futurs, par exemple. Il n'y a pas deux cas identiques : chacun contient ses surprises et ses nouveautés.

Le candidat doit analyser tous les cas simulés, qu'ils aient été bien réussis ou non.

En fait, rappelez-vous ceci : Il y a toujours place à l'amélioration en rédaction de cas. C'est un processus qui peut constamment être bonifié… même pour un candidat ayant réussi ses examens professionnels. Connaissez-vous des candidats qui atteignent la perfection ou 100 % dans une simulation de cas? Personnellement, après plus de 20 ans d'implication dans la préparation et la correction de cas et d'examens professionnels, j'en ai rarement vu. Je vous assure que la perfection est rare, même chez les voltigeurs de haut calibre! La performance peut s'améliorer d'un cas à l'autre, mais elle ne sera jamais absolument parfaite. Cet état de fait cause certes de l'incertitude, mais vous pouvez y voir un remarquable défi.

Analyser sa copie sous plusieurs facettes

Une fois que vous avez évalué votre solution, vous devez l'examiner et l'analyser sous différents aspects. Vous trouverez un peu plus loin une liste non exhaustive des diverses questions que vous devez vous poser. Entre autres, il faut analyser les circonstances où les idées écrites sur votre copie ont été ou n'ont pas été prises en considération dans l'évaluation.

Je vous rappelle que toutes les idées de la solution proposée doivent avoir été lues et comprises. Évidemment, on ne s'attend pas à ce que vous écriviez une solution qui frôle la perfection, mais si vous avez compris l'ensemble des idées, cela vous permet de déterminer plus facilement lesquelles sont pertinentes.

> La tâche de solutionner un cas est une activité fort différente de celles des autres cours universitaires. Un cas est multidisciplinaire, exige le développement logique d'idées et requiert une démarche d'analyse intégrée. Pour ces raisons, la réussite de la simulation d'un cas est loin d'être assurée, d'où la nécessité de faire constamment des efforts. Je tiens à vous rappeler qu'un étudiant ayant obtenu de bons résultats dans ses cours universitaires ne réussit pas nécessairement ses cas, du moins les premiers. Être très bien instruit sur les diverses matières étudiées ne suffit pas. Lorsque j'enseigne, je mentionne ce qui suit dès le début de mon cours : « La capacité de résoudre un cas ne va pas nécessairement dans le même sens que les autres résultats scolaires ». Pour des raisons parfois inconnues, certains étudiants sont plus doués que d'autres pour comprendre la demande, relever les indices clés du cas, mettre le doigt sur l'axe central ou pour distinguer les sujets importants des plus secondaires.

Par ailleurs, il est fort révélateur de calculer, de temps en temps, le nombre d'idées de sa propre solution – pas le nombre de phrases ou de paragraphes – mais bien le nombre d'idées. Voici la question que l'on peut se poser : Combien d'idées différentes, nouvelles et pertinentes ai-je écrites? Vous serez parfois surpris de ce nombre. Si, par exemple, la réponse est six ou sept idées, vous comprendrez qu'il est difficile de réussir un court cas de 25 points. Bien sûr, je ne peux pas vous dire combien d'idées vous devez écrire pour réussir un tel cas. Il n'y a pas de standard. Cela dépend de la difficulté du cas lui-même et de la qualité des idées développées. Je pourrais toutefois vous dire qu'il faut, autant que possible, en maximiser le nombre. Il m'apparaît toutefois invraisemblable de penser réussir la simulation d'un court cas de 25 points sans avoir présenté au moins une vingtaine d'idées nouvelles et pertinentes.

ANALYSE DE SA PERFORMANCE SOUS PLUSIEURS FACETTES

Question à se poser	Exemple	Commentaire	Ce qu'il faut faire
Où sont situées les idées prises en compte par le correcteur?	Les idées écrites au début de chacun des sujets, comme dans le premier tiers de la solution, ne sont pas prises en compte dans l'évaluation.	Cela peut signifier que le candidat résume inutilement le cas ou prend trop de temps avant d'arriver à l'essentiel de l'analyse.	– Donner des idées nouvelles et pertinentes d'entrée de jeu. – Se rappeler que le correcteur connaît très bien le cas.
Dans quelle(s) section(s) se trouvent les idées retenues dans l'évaluation?	Aucune idée n'a été retenue dans les deux derniers sujets et dans la dernière partie de l'analyse des autres sujets.	Cela peut signifier que le candidat s'attarde sur des aspects ou des sujets secondaires ou discute d'éléments non pertinents.	– Ajuster l'ampleur de l'analyse selon l'ordre d'importance des sujets. – S'assurer de répondre au travail à faire et respecter le mandat.
Combien y a-t-il d'idées de « conc » ou de « rec »?	Plusieurs analyses sont intéressantes, mais elles ne débouchent pas sur un commentaire global ou sur une action concrète, ou les recommandations sont trop vagues.	Le candidat est peut-être gêné de prendre position ou de s'affirmer en mentionnant ce qui doit être fait. Il faut avoir confiance en ses idées et faire usage du « donc »!	– Présenter une conclusion ou une recommandation à la fin de chaque problème ou enjeu discuté. – Commencer toute recommandation par un verbe à l'infinitif.
Combien y a-t-il d'idées qui se répètent (« R »)?	Les idées importantes sont répétées deux fois, par le biais de synonymes ou dans des paragraphes différents. Le même argument revient à la fois dans l'analyse et dans la recommandation.	Cela peut signifier que le candidat a toujours peur de ne pas être compris la première fois. Il doit étudier le niveau de précision requis par le guide d'évaluation.	– Éviter de se répéter en offrant des idées, certes pertinentes, mais nouvelles et différentes. – Adopter le style de rédaction suivant : une idée → une phrase → un paragraphe.
Est-ce que je dépasse le nombre d'idées nécessaires sur certains sujets?	La discussion présentée est complète et tient compte de tous les aspects, dans ses moindres détails. L'analyse est quasi parfaite.	Le candidat semble être un perfectionniste qui ne peut changer de sujet tant qu'il n'a pas discuté en profondeur de tous les aspects.	– Apprendre à « décrocher » d'un sujet même s'il n'est pas parfaitement résolu. (Remarque : Il faut parfois sacrifier un ou deux pions pour clamer « échec et mat » plus tard.)

Comptabilisez vos succès!

Question à se poser	Exemple	Commentaire	Ce qu'il faut faire
Est-ce que les sujets importants ont été discutés en premier?	Il y a peu d'idées prises en compte dans l'évaluation des premiers sujets traités dans la solution. La section « Généralités » est trop détaillée.	Cela peut signifier que le candidat ne repère pas correctement les sujets importants. Il analyse trop en profondeur ceux de moindre importance ou s'avance trop tôt sur le développement des sujets à venir.	– Prendre le temps d'évaluer l'ordre d'importance des problèmes ou enjeux à traiter. – S'en tenir à l'essentiel dans la section « Aperçu ».
Combien y a-t-il d'annotations « +/– » ou de « W »?	Plusieurs idées « +/– » claires, faibles ou « +/– » exactes ne sont pas prises en compte dans l'évaluation. Le sens de l'idée n'est pas complet.	Le candidat doit déterminer ce qui manque pour que l'idée soit retenue. Est-ce un lien au cas? Est-ce une plus grande précision? Peut-on ajouter un « car » ou un « donc »?	– Clarifier les idées écrites qui doivent être directes, concrètes, précises, intégrées et complètes.
À quel endroit de la phrase ou du paragraphe est située l'idée prise en compte?	Les idées adéquates sont situées vers la fin des phrases ou des paragraphes.	Cela peut signifier que le candidat présente une introduction trop longue, se perd dans les détails inutiles, se répète ou va trop en profondeur.	– Exprimer les idées clairement et succinctement. – Aller droit au but en exposant une idée par phrase.
Est-ce que je néglige les idées les plus faciles?	Le candidat oublie les idées faciles et s'attaque toujours aux éléments complexes. Malgré la présence d'idées de qualité, il ne réussit pas à atteindre les exigences minimales de passage.	Cela peut signifier que le candidat passe outre certaines étapes ou qu'il croit toujours que ce qu'il écrit est trop simple ou idiot pour son interlocuteur.	– Apprendre à viser le bon niveau de langage, comme si on s'adressait à un exécutant. – Expliquer davantage les idées quand le lecteur du rapport est un non-initié.
Est-ce que je traite d'un nombre suffisant de problèmes ou enjeux?	Le candidat réussit bien les sujets discutés, mais la solution est trop courte et pas assez diversifiée.	Il se peut que le temps de lecture soit trop long, que le candidat soit trop perfectionniste ou qu'il oublie tout simplement qu'il y a un temps limite à toute simulation.	– Respecter le plan de réponse préétabli. – Discuter de tous les sujets principaux et d'un nombre raisonnable de sujets plus secondaires.

Analyse d'un cas

Question à se poser	Exemple	Commentaire	Ce qu'il faut faire
Y a-t-il des aspects du guide d'évaluation qui ont été négligés?	Problème de contrôle interne non abordé. Aucune idée adéquate dans la section sur le financement.	Cela peut signifier que le candidat n'élabore pas correctement le plan de réponse et néglige une partie du travail à faire. Le temps de lecture est peut-être trop long.	– Mieux planifier le temps de rédaction. – Suivre le plan de réponse. – Noter quels sont les sujets à réviser.
Combien y a-t-il d'idées dans chacun des deux rapports?	Très peu d'idées sont prises en compte dans le deuxième rapport et les idées adéquates qui s'y trouvent sont situées au début de chaque sujet.	Le candidat doit comprendre que l'analyse des sujets présentés dans le deuxième rapport n'a généralement pas besoin d'être aussi élaborée que dans le premier. Les deux rapports demandés ont rarement la même importance.	– Aller droit au but, particulièrement dans le deuxième rapport. – Fournir une analyse moins détaillée pour chacun des sujets.
Combien y a-t-il d'arguments présentés à chacun des enjeux du cas?	Le candidat ne présente pas de réponse équilibrée puisque sept avantages et un seul inconvénient sont avancés pour le principal enjeu stratégique.	Le candidat doit démontrer sa capacité à réaliser une analyse structurée qui prend en compte les deux aspects d'une situation.	– Présenter les « pour » et les « contre » avant d'en arriver à une conclusion ou à une recommandation justifiée. – Équilibrer l'argumentation entre les avantages et les inconvénients.
Est-ce que ma réponse tient compte de tous les aspects demandés?	Le candidat oublie une partie du travail à effectuer ou ne répond pas à la sous-question b). Le nombre de mots utilisés dépasse le maximum permis.	Cela peut signifier que le candidat manque de rigueur dans la rédaction de son texte. Il ne tient pas suffisamment compte des instructions de la question : pointage, nombre de mots, aspects demandés.	– Gérer son temps avec efficience et répondre à toutes les parties demandées, car il y a un nombre de points maximal à chacune d'entre elles. – Présenter une meilleure couverture de tous les sujets demandés.

Comptabilisez vos succès!

Faire ressortir les points À RETENIR et les points À AMÉLIORER de chacun des cas simulés

Pour chacun des cas simulés, je crois qu'il faut prendre le temps de ressortir les points forts et les points faibles. Personnellement, je commence par les points forts, pour leur aspect motivant. Tout d'abord, parce qu'il y en a toujours, mais que l'on oublie trop souvent de les prendre en considération, surtout lorsque le résultat obtenu à la simulation est faible. Deuxièmement, le fait de bien cerner ses forces, qui sont personnelles et spécifiques à chaque cas simulé, nous rappelle de les préserver. C'est aussi une bonne idée d'identifier les éléments qui se sont améliorés depuis la dernière simulation.

Voici plusieurs exemples de points forts À RETENIR.

- Recommandations précises qui découlent de l'analyse de chaque sujet;
- Quelques (ou plusieurs) bons liens d'intégration aux indices du cas;
- Sujets importants bien établis et plus amplement discutés;
- Calculs clairs et cohérents, bien présentés en annexe;
- Excellente intégration des connaissances au contexte du cas;
- Problème implicite du manque de liquidités bien établi dès le départ;
- Pas de répétitions inutiles des mêmes idées;
- Bonne compréhension du travail à faire (de la demande);
- Rapport bien structuré, développement logique et ordonné des divers sujets;
- Pas de détails inutiles sur les sujets de moindre importance;
- Discussion orientée sur l'axe central du cas;
- Bon usage du « car » et du « donc »;
- Particularités d'un OSBL bien prises en compte dans la solution.

**Faire ressortir les forces et les faiblesses
fait partie intégrante de l'apprentissage par cas.**

Énumérer les faiblesses relevées

Il faut également énumérer les faiblesses relevées lors de l'analyse de sa copie. Habituellement, celles-ci sont en plus grand nombre que les forces, surtout lors des premières simulations. Cela est tout à fait normal et il faut, je le rappelle, envisager ce processus d'apprentissage continu de manière constructive. Je vous suggère de rédiger votre liste de faiblesses sous forme de choses à faire lors de la prochaine simulation.

Voici plusieurs exemples de points faibles À AMÉLIORER.

- Éviter de résumer ou de répéter inutilement l'énoncé du cas;
- Mieux équilibrer la discussion entre les sujets importants et les plus secondaires;
- Faire attention aux indices du cas, comme ceux concernant l'éthique de l'ancien vérificateur;
- Présenter moins de détails superflus dans la liste des arguments;
- Éviter une approche trop théorique, comme celle sur le coût de revient;
- Inscrire plus régulièrement un titre ou un sous-titre afin de situer la discussion;
- Établir correctement l'ordre des sujets, tel que traiter la décision d'investissement avant de discuter des moyens de financement;
- S'en tenir au travail à faire, car l'analyse du rendement du directeur n'était pas demandée;
- Élaborer des recommandations plus précises, sous forme d'actions à entreprendre;
- Raccourcir la section « Aperçu » qui est beaucoup trop longue;
- Rendre le texte plus concret, car certaines idées sont vagues et générales;
- Discuter d'un plus grand nombre de sujets demandés;
- Ne pas perdre de vue l'axe central, qui a été bien déterminé au départ, mais qui n'a pas servi par la suite.

L'opération consistant à faire ressortir les points forts et les points faibles peut parfois être effectuée par quelqu'un d'autre que le candidat qui a simulé. Ainsi, si la copie est corrigée par un confrère ou un professeur, il est facile de lui demander de dresser la liste des forces et des faiblesses. Dans ces circonstances, un correcteur différent et objectif peut souligner certains aspects que le candidat n'avait pas remarqués lui-même.

Les exemples d'éléments À RETENIR et À AMÉLIORER présentés ci-dessus sont rédigés sous la forme de commentaires qu'un professeur pourrait écrire. Toutefois, certains candidats en profitent pour se lancer des défis à eux-mêmes. Ils utilisent un langage plus personnalisé et plus accrocheur et ils expriment alors leurs bons coups ou les points À RETENIR de la façon suivante : « Super, tu as vu le problème de trésorerie. », « Tu as finalement réussi à placer tes sujets en ordre; il était temps! », « Enfin, Enfin, Enfin, tu ne répètes pas trois fois chaque idée ». (ou presque!)

Comptabilisez vos succès!

**Le sens de l'humour est certes un atout
quand il s'agit d'évaluer sa propre solution.**

Pour ce qui est de leurs erreurs ou des points à AMÉLIORER, une petite dose de sarcasme peut être stimulante : « Que fais-tu là? Donner des procédés de vérification quand tu n'es même pas le vérificateur! », « Ce n'était pas très brillant de parler de financement sans avoir calculé combien tu as besoin d'argent! », « Arrête de résumer le cas… deux pages sans aucune idée nouvelle? C'est trop! » « Hé! N'oublie pas… de faire les calculs nets d'impôts! », etc.

En mettant un peu d'humour dans ce processus rigoureux, le candidat peut évaluer sa performance avec un peu plus de détachement, tout en ne perdant pas de vue les objectifs d'apprentissage par simulation de cas.

Lorsqu'un candidat obtient un bon résultat à sa simulation, il est normal qu'il soit fier de sa performance. Malgré cela, et même avec un résultat quasi parfait, il pourra toujours trouver des points à améliorer… Si cela peut vous rassurer, laissez-moi vous dire que je suis parfaitement capable de déceler des points faibles dans une copie qui a obtenu la note 35/35! Il y a peut-être trop d'idées « +/– » claires, faibles ou « +/– » exactes, des sujets oubliés ou des recommandations qui n'ont pas été faites. Ce que je veux dire, c'est que l'obtention d'un excellent résultat n'exonère pas le candidat d'analyser sa simulation.

L'amélioration de toute faiblesse actuelle pourra être bénéfique lors des cas suivants où le résultat obtenu ne sera peut-être pas aussi bon. Ainsi, le candidat ne peut se permettre d'oublier de recommander des actions à poser. Cela n'est pas si grave s'il a obtenu 85 % dans un cas, mais fera peut-être la différence entre 55 % et 65 % lors de la prochaine simulation. De même, il sera peut-être nécessaire de formuler des recommandations afin d'atteindre le niveau « compétent » dans le prochain cas.

Partie 5
Analyse de l'ensemble des cas

Notes personnelles sur le cas simulé
Analyse globale des énoncés
Analyse globale des solutions proposées
Fiches-info par sujet

Notes personnelles sur le cas simulé

Dans les parties précédentes de ce volume, j'ai discuté de la lecture, de la rédaction, de la présentation et de l'analyse d'un cas individuel. Je vous invite maintenant à conserver des notes personnelles sur chacune de vos simulations. Cette étape incontournable a pour objectif de faire ressortir concrètement les éléments clés de la rétroaction d'un cas et de permettre ultérieurement l'analyse de l'ensemble des cas que vous aurez simulés.

Voici quelques suggestions qui peuvent être utiles à la préparation de notes personnelles sur chacun des cas simulés.

Créer des fiches de renseignements

Il m'apparaît nettement profitable de créer des fiches de renseignements pour y inscrire les éléments clés des cas simulés. Plusieurs candidats griffonnent leurs notes sur la solution proposée, sur le guide d'évaluation ou sur leur propre solution. À mon avis, pour qu'elles soient facilement accessibles, ces notes devraient plutôt être regroupées d'une manière pratique, dans un fichier distinct. Lorsque vous en aurez besoin, vous pourrez ainsi retracer rapidement l'information recherchée.

Les fiches de renseignements cumulent les éléments clés des cas simulés.

La façon de préparer des fiches de renseignements sur les cas simulés est propre à chacun. Certains amassent leurs notes ou observations dans des cahiers alors que d'autres préfèrent les feuilles mobiles, qu'ils conservent dans des cartables à anneaux. Personnellement, je préfère la deuxième méthode qui permet davantage de flexibilité de classement de l'information. De même, le traitement de texte facilite le regroupement des cas ayant des points communs (entreprises éprouvant des difficultés financières, situations d'arbitrage, contextes d'OSBL, discussions sur l'application des normes comptables, etc.).

Il faut bien comprendre qu'un fichier ou cahier de notes personnelles ne remplace pas le cas comme tel; il le caractérise et le catégorise. Ces notes, qui comprennent les références appropriées, vous permettront d'assurer le suivi de votre apprentissage dans la résolution de cas; apprentissage qui s'étend sur plusieurs mois et même plusieurs années dans certains programmes. Autrement dit, cela facilitera tout retour à un cas simulé auparavant. Ainsi, vous pourrez mieux évaluer vos progrès, comparer les divers cas entre eux et vous fixer des objectifs d'amélioration concrets. Comme cela est expliqué ci-après, deux fiches de renseignements devraient être préparées pour chacun des cas simulés : la fiche « Informations sur un cas » et la fiche « Performance à un cas simulé ».

La fiche « Informations sur un cas »

La première fiche de renseignements, que je nomme « Informations sur un cas », concerne le cas lui-même. Cette fiche résume les caractéristiques particulières à chaque cas – travail à faire, rôle, objet, axe central, contexte, etc. – qui vous permettent de catégoriser rapidement chacun d'eux. Vous trouverez, aux pages suivantes, quatre exemples de cette fiche.

Comme l'illustrent les exemples, les renseignements devraient être concentrés sur une ou deux pages au maximum afin de permettre un retour rapide sur ce qui est essentiel. Le **travail à faire** ou travail à effectuer est une répétition des phrases du cas qui spécifient la demande, dans le cadre du **rôle** à jouer. Il est préférable d'utiliser les mots exacts de l'énoncé du cas afin d'établir un résumé objectif de leur signification et de mieux en préciser l'interprétation. La « boîte » du cas est ainsi clairement dessinée. L'**Objet** est la liste des sujets importants à discuter dans la solution, placés par ordre d'importance. Il s'agira bien souvent de la liste des titres et sous-titres de la solution proposée. On peut, s'il y a lieu, signaler les liens entre les divers sujets, par des flèches par exemple.

L'**axe central** de la demande est le fil conducteur des problèmes ou enjeux à traiter. Rappelons que, la plupart du temps, cet axe s'exprime en termes quantitatifs et concrets. Le **contexte du cas** rappelle les principaux éléments clés, propres à la simulation, qui influent sur l'analyse et les recommandations. Les événements survenus au cours du dernier exercice, les contraintes et les changements imminents y figurent souvent.

Finalement, les **particularités du cas** (énoncé, solution proposée, guide d'évaluation) sont le fruit des analyses personnelles du candidat. Il faut y inscrire l'essentiel de vos observations sur le cas à l'étude, observations qui peuvent faciliter votre prochaine simulation. Cette section contient habituellement plus d'éléments que les exemples ci-dessus. Elle peut aller jusqu'à occuper en entier la deuxième page de cette fiche de renseignements, particulièrement s'il s'agit d'un long cas.

Date de la simulation :

20 avril 20X6

Mon évaluation :

8/18 i) 3/8 ii) 4/8

communication écrite : 1/2

Cas :

Organisme à l'œuvre (30 points)

Autres candidats :

     11/18 (moyenne)

Travail à effectuer :

i) Discussion sur la comptabilisation des dons et promesses de dons.

ii) Questions de gestion générale et informations nécessaires à la prise de décision.

Rôle : membre du conseil d'administration (trésorier) d'un OSBL

Objet :

comptabilité :   dons affectés

                 inscription d'une provision pour promesses de dons qui ne seront pas perçues

gestion :   flux de trésorerie

                 sollicitation de dons auprès d'entreprises

Axe central : liquidités budgétées

Contexte du cas :

L'organisme va regrouper ses activités avec un organisme voisin d'ici six mois.

La gestion des liquidités est cruciale, car les subventions du gouvernement sont appelées à diminuer.

Particularités du cas (énoncé, solution proposée, guide d'évaluation) :

Puisqu'il s'agit d'un aspect clé, il faut justifier la nécessité de mieux gérer les liquidités.

En donnant des conseils pour une sollicitation plus efficace des dons, il faut tenir compte du fait que deux organismes seront bientôt regroupés.

Puisqu'elle comprend un estimé des sommes nettes à recevoir, la discussion sur la comptabilisation des dons doit précéder la préparation d'un état des liquidités budgétées.

Etc.

Date de la simulation : 26/11/X4   **Cas :** ISA SMILE (25 points)

Mon évaluation :   **Autres candidats :**

Mesure de la performance et information   { 48 % « compétence minime »

   « compétent »   { 64 % inférieur à « compétent »

Certification : « compétent »   { 23 % « compétence minime »

       { 44 % « en voie vers la compétence »

Fiscalité : « non traité »   24 % « compétent » et plus

Travail à faire :

Discussion de l'implication des questions comptables sur le ratio d'endettement et des conséquences sur la vérification de fin d'exercice.

Rôle : vérificateur externe

Objet :

------→ contrat de location;

------→ produits reçus d'avance;

------→ capitalisation des frais de démarrage;

     ------→ détermination de la période d'amortissement ;

------→ changement de l'amortissement dégressif à linéaire.

Axe central : ratio d'endettement

       (capitaux empruntés – court et long terme / capitaux propres)

Contexte du cas :

La banque ne renouvellera pas son prêt si le ratio excède 1,35.

La comptabilisation des nouvelles opérations de l'exercice risque d'augmenter le ratio d'endettement.

Particularités du cas (énoncé, solution proposée, guide d'évaluation) :

Il ne faut pas discuter du bien-fondé de la présentation à titre d'élément extraordinaire de la perte des marchandises à la suite de l'inondation, car cela n'influe pas sur le ratio d'endettement.

Il faut respecter les PCGR, car les états financiers sont vérifiés. Mais, certains choix avantagent ISA SMILE (ex.: amortissement linéaire au lieu de dégressif).

L'impact fiscal doit être pris en compte, car les ajustements sur le ratio d'endettement (par l'entremise des capitaux propres) doivent être calculés nets d'impôts.

Etc.

Analyse de l'ensemble des cas

Date de la simulation : 10 mai 20X6   **Cas** : Top Music

Mon évaluation : 45/100   **Autres candidats** : 74/100 (moyenne)

Travail à faire :

Conseils sur les orientations stratégiques que Top Music devrait adopter : sommaire exécutif, enjeux (stratégiques et opérationnels), recommandations et plan de mise en œuvre.

Rôle : conseiller en gestion (externe)

Objet :

Enjeux stratégiques :

    ———→   investir dans la technologie DVD;

    ———→   développer le marché sud-américain;

    ———→   fusionner avec un concurrent : Pop Mod.

Enjeux opérationnels :

    ———→   taux de roulement des employés affectés à la livraison;

    ———→   lenteur du système de gestion des livraisons;

    ———→   rachat des actions de M. Danse, fondateur de l'entreprise.

Enjeu majeur : flux de trésorerie liés à l'exploitation (actuellement faibles)

N.B. La mission est de demeurer un chef de file dans le domaine.

Contexte du cas :

Fabricant réputé de CD.

Facteurs clés de succès du secteur : qualité, rapidité de livraison.

Menace principale : Le DVD remplacera le CD d'ici quelques années.

La banque prêtera de nouvelles sommes seulement si Top Music peut démontrer que les flux de trésorerie liés à l'exploitation vont s'améliorer.

Particularités du cas (énoncé, solution proposée, guide d'évaluation) :

Il faut tenir compte de l'impact de la réalisation de chacun des enjeux stratégiques sur les flux de trésorerie liés à l'exploitation.

Un calcul de la marge brute « supplémentaire » de chacun des enjeux stratégiques permet une meilleure comparaison entre ceux-ci.

Le taux de roulement des employés affectés à la livraison est l'enjeu opérationnel le plus important puisque l'efficacité de ce service a diminué au cours des derniers mois alors qu'il s'agit d'un facteur clé de succès dans le secteur.

Etc.

Date de la simulation : 14 juin X0   **Cas :** IMMO CRS (33 points) (#025)

Mon évaluation : 27/33   **Autres candidats :** non disponible

Travail à faire :

Discussion des éléments à inclure dans la déclaration de sinistre.

Préparation d'un état cumulant les montants à réclamer à l'assureur.

Rôle : comptable chargé de préparer la réclamation

Objet :

------→ réparation et nettoyage de l'immeuble;

------→ inventaire et matériel;

------→ profit sur les ventes perdues.

Axe central : calcul du montant de la réclamation (selon la police d'assurance)

Contexte du cas :

L'entreprise doit préparer une déclaration de sinistre à la suite de l'incendie survenu le 25 juin 20X0.

Le rapport doit faire état de la difficulté à déterminer les hypothèses de base servant au calcul de certains éléments (ex.: valeur du stock détruit). Pour que la discussion soit complète, il faut par conséquent discuter des choix possibles avant de présenter une conclusion justifiée.

L'importance des divers éléments doit être considérée, afin de les classer d'après l'ampleur de leur impact financier.

Particularités du cas (énoncé, solution proposée, guide d'évaluation) :

Il faut constamment se référer aux clauses de la police d'assurance pour justifier les conclusions, les hypothèses ou les calculs.

Il est difficile de calculer la perte sur profits perdus puisque seules les ventes irrémédiablement perdues (de manière permanente) peuvent être considérées.

La base d'évaluation des actifs faisant l'objet de la réclamation doit être discutée : coût de remplacement (neuf ou usagé) ou valeur de réalisation nette.

Etc.

POINT DE VUE

Les mots en caractères gras de la fiche « Informations sur un cas » sont les mêmes éléments de base pour tous les cas. C'est donc une bonne idée de préparer le cadre général de ces fiches à l'avance et de les compléter au fur et à mesure. Vous êtes alors certain de ne rien oublier dans l'analyse d'un cas et de pouvoir éventuellement compter sur une information comparative. J'ai également observé que certains candidats préparent leurs fiches sur deux pages recto verso; cela facilite leur classement. Finalement, il est fort pratique de créer de telles fiches à l'aide du traitement de texte.

Remarque : Vous pourrez également appliquer ces derniers conseils à la deuxième fiche de renseignements présentée ci-après.

**Il est utile de préparer à l'avance
le cadre des fiches à remplir pour chacun des cas.**

La fiche « Performance à un cas simulé »

La deuxième fiche de renseignements à conserver dans vos fichiers porte sur la performance à un cas simulé. Le compte rendu de votre performance vous permettra de synthétiser l'évaluation de votre solution, de constater votre progression au fil du temps et de vous fixer des objectifs d'apprentissage bien précis pour les prochaines simulations. Voici un exemple d'une fiche de renseignements sur la performance à compléter pour chaque cas simulé. Le titre de chacun des éléments à prendre en considération est en caractères gras, car il s'agit du cadre général de la fiche à remplir. Quant au contenu, il s'agit de notes personnelles à chacun des candidats.

Date de la simulation : novembre 20X8   **Cas :** Kamalou (100 points)

Mon évaluation : 61 %   **Autres candidats :** 52 %

Notions que je dois réviser :

———→ critères de capitalisation des frais de développement;

———→ coûts de renonciation à considérer dans le calcul de la VAN.

Idées faciles que j'ai oubliées :

———→ justification du taux d'actualisation utilisé dans la VAN;

———→ comment ai-je pu oublier de recommander le projet!?

Difficultés que j'ai rencontrées en cours de rédaction :

———→ trop long avant d'identifier les rentrées de fonds du projet;

———→ pas capable de « décrocher » du premier sujet pour passer aux autres.

Éléments que je ne comprends pas dans la solution proposée ou dans le guide d'évaluation :

Pourquoi la comptabilisation du contrat de location est-elle un sujet secondaire?

Points qui sont à RETENIR à la suite de ma simulation :

———→ J'ai établi et classé tous les sujets du cas dans le bon ordre.

———→ J'ai fait un bon dosage entre le quantitatif et le qualitatif.

———→ Super! je me suis mieux débrouillée avec les chiffres du cas.

Points qui sont à AMÉLIORER pour les prochaines simulations :

———→ arrêter de résumer le cas. Ma 1ère idée nouvelle est à la fin de la page 2!

———→ intégrer simultanément les idées théoriques dans le contexte du cas au lieu de résumer la théorie dans un paragraphe distinct.

———→ faire un lien avec les objectifs du client lors des recommandations portant sur les questions comptables.

Autres observations (s'il y a lieu) :

Ce cas permet de réviser l'application des notions fiscales à une vente d'actions.

230   L'observation de l'exemple précédent vous permet de constater que le contenu de la fiche « Performance à un cas simulé » tiendra probablement sur deux pages. Le fait de ne pas dépasser cette longueur vous obligera à rester concentré sur ce qui est essentiel. La **date de la simulation** est importante afin d'évaluer, *a posteriori*, la progression de votre performance au fil du temps. Vous devez y souligner aussi les **notions que vous devez réviser** dans le but d'améliorer vos connaissances. En listant les **idées faciles qui ont été oubliées**, elles se rappelleront plus facilement à votre mémoire lors d'une prochaine simulation comprenant un aspect semblable.

Les **difficultés éprouvées lors de la rédaction** de votre solution doivent être indiquées pour que vous puissiez établir clairement vos objectifs de travail. Il faudra faire des exercices ou trouver des trucs pour minimiser les faiblesses. Il arrive, de temps en temps, qu'un candidat **ne comprenne pas certains éléments du cas,** de la solution proposée ou du guide d'évaluation. Si cela vous arrive, je vous suggère alors de les noter afin de pouvoir éventuellement partager vos interrogations avec quelqu'un d'autre ou d'y revenir un peu plus tard.

Les **points** à RETENIR **et** à AMÉLIORER doivent tous deux être présents sur cette fiche; j'ai précédemment avancé bon nombre d'exemples à cet effet. Vous devez être conscient des éléments positifs à maintenir et signaler les aspects qu'il vous faudra travailler à court et moyen terme.

> Même si elles sont préparées en même temps, la fiche « Informations sur un cas » et la fiche « Performance à un cas simulé » ne sont habituellement pas classées ensemble. Cela explique pourquoi les informations de base – date de la simulation, nom et référence du cas, résultats obtenus – sont répétées sur les deux fiches. L'information sur la seconde fiche, « Performance à un cas simulé », est très personnelle au candidat et les diverses fiches sont classées par ordre de dates de simulation, afin de suivre l'évolution de l'apprentissage. Quant aux fiches « Informations sur un cas », elles sont plutôt classées par catégorie, d'après le type de cas simulé, et leur contenu est beaucoup plus neutre.

Se fixer des objectifs d'apprentissage

À la suite de chacune de vos simulations, vous devez vous fixer des objectifs d'apprentissage. Ceux-ci découlent des points précédemment déterminés comme étant à AMÉLIORER. À cette étape, il faut être réaliste. On ne peut pas progresser sur tous les fronts en même temps, surtout lors des premières simulations, pour lesquelles la liste des améliorations souhaitées est plutôt longue… Je vous suggère donc de déterminer deux ou trois objectifs majeurs, c'est-à-dire ceux qui ont le plus pénalisé votre performance au cas. Ainsi, le fait de comprendre exactement ce que le travail à faire implique me paraît plus important que de diminuer la longueur de ses phrases. Il faudra éventuellement travailler sur ce dernier aspect, mais chaque chose en son temps.

Il faut être réaliste dans la détermination des points À AMÉLIORER.

POINT DE VUE

Parfois, des candidats me font le commentaire suivant : « On dirait qu'une faiblesse que je croyais réglée revient un peu plus tard ». Ainsi, un candidat qui avait appris à présenter des recommandations logiques et concrètes peut avoir oublié, sans raison apparente, d'en faire lors de sa simulation la plus récente. Bien qu'il me soit difficile d'expliquer ce phénomène, je peux vous dire que cela survient régulièrement. À mon avis, il y a tellement d'éléments dont il faut tenir compte dans la rédaction d'un cas (classer les sujets par ordre d'importance, intégrer ses idées au cas, jouer son rôle, répondre à la demande, ne pas se répéter, ne pas résumer le cas, abréger les mots comptables connus, et j'en passe...) qu'il est facile d'oublier un aspect. En l'inscrivant de nouveau dans la liste des points À AMÉLIORER, on y pensera plus rapidement et plus facilement lors de la prochaine simulation.

POINT DE VUE

Il arrive couramment qu'un candidat constate une baisse de sa performance lorsqu'il simule plusieurs cas d'affilés. Si cela vous arrive, je vous suggère tout simplement de cesser pendant quelques jours de simuler. C'est un peu comme s'entraîner pour un marathon. On ne court pas nécessairement tous les jours; en sautant une journée, la course du lendemain est souvent meilleure. Il faut laisser à votre cerveau le temps d'absorber ce que les derniers cas lui ont appris, même si ce processus est en partie inconscient ou se poursuit pendant votre sommeil!

Je rencontre souvent des candidats qui ont l'impression de ne plus être capables de réussir un cas dans les jours qui précèdent un examen professionnel. Ce comportement tout à fait normal est, à mon avis, essentiellement causé par la nervosité. Il se peut, aussi, qu'on soit fatigué ou qu'on en ait assez de faire des simulations lorsque le grand jour approche. Je vous dirais, par expérience, qu'il ne faut pas s'en faire outre mesure puisque ce qui a été bien appris n'est jamais très loin et revient normalement à l'esprit au bon moment. Si cela vous arrive, je vous suggère de cesser ou d'espacer les simulations. En fait, la plupart des professeurs, dont moi-même, suggérons aux candidats de cesser de simuler des cas environ une semaine avant l'écriture d'un examen professionnel.

Il est indispensable de savoir diminuer sa nervosité pendant un examen officiel afin de ne pas perdre tous ses moyens. Si votre niveau de « stress » devient trop élevé, il faut trouver des façons de vous détendre. Se mettre des bouchons dans les oreilles, apporter un objet fétiche (eh oui!), s'asseoir à l'endroit de la salle de simulation où on se sent le mieux, écouter de la musique juste avant l'examen, etc., peuvent être envisagés. Chaque individu est unique et doit donc déterminer, au fil des simulations, ce qui lui convient le mieux.

Il n'est pas toujours facile de corriger ses faiblesses, et certains candidats ont recours à divers trucs, parfois originaux. Chacun doit trouver la meilleure façon de favoriser son apprentissage. Je vous présente, ci-après, des exemples véritables inspirés de commentaires émis par des candidats qui existent réellement. Ces exemples peuvent vous inciter à faire preuve d'originalité!

- J'ai peur des chiffres et je n'en fais pas même quand c'est clair qu'on en a besoin. Lorsque je fais cette erreur en simulant un cas, je me prive de tennis pendant trois jours! Pour moi, c'est pire que de faire des calculs alors je n'ai pas le choix d'en faire...

- Je me fais deux pancartes par semaine. J'inscris mes trois meilleures réussites sur la première et mes trois plus mauvaises sur la deuxième. Je les affiche devant mon bureau de travail et je les relis plusieurs fois par jour. Cela finit par me rentrer dans la tête!

- J'oubliais toujours d'écrire mes recommandations. À un moment donné, je me suis dit que j'aurais un dessert de moins à chaque oubli. J'ai fait beaucoup plus de recommandations par la suite!

- J'inscris mes objectifs d'amélioration sur une feuille à part et je me permets de les lire deux ou trois fois pendant que je simule un cas.

Comptabilisez vos succès!

POINT DE VUE

Personnellement, j'essaie toujours d'adopter une approche positive. Je me dis que si je désire corriger mes faiblesses, je dois me croire capable d'y arriver. Supposons, par exemple, que le point faible est de ne pas placer les sujets selon leur ordre d'importance. Je suggère alors de prendre le temps d'énoncer, de manière positive, le but recherché : « Chaque fois que je simule un cas, je place adéquatement les sujets par ordre d'importance ». Il faut alors écrire cet objectif et le placer bien en vue afin de le relire régulièrement. Vous trouverez certainement un espace sur le mur en face de votre bureau de travail pour tous ces petits papiers dont vous avez besoin! Et, rappelez-vous que « vouloir, c'est pouvoir ».

Relire le contenu de ses fiches de performance à un cas simulé

Je vous suggère de revenir régulièrement sur le contenu de vos fiches « Performance à un cas simulé » afin d'évaluer votre progression. Ainsi, l'atteinte – même partielle – de vos objectifs d'apprentissage peut être soulignée. Cela vous permet également de relever toute répétition des mêmes erreurs. Si, par exemple, un candidat ne traite jamais de l'ensemble des problèmes ou enjeux importants, il doit absolument y remédier.

Après plusieurs simulations, la comparaison des diverses performances d'un candidat permet d'identifier les contextes, les rôles ou les sujets pour lesquels il éprouve davantage de difficultés. Ainsi, il se peut qu'un candidat se rende compte que le résultat qu'il obtient pour un cas n'est jamais très bon lorsqu'il y a une évaluation d'entreprise à faire. Une telle constatation soulève l'urgence de corriger cette faiblesse, en révisant d'abord les notions théoriques, puis en s'entraînant à les appliquer. Je vous suggère alors l'exercice de réécrire ou de réviser la partie qui portait sur ce sujet dans les cas simulés précédemment.

La comparaison des fiches entre elles permet au candidat d'en faire ressortir les similitudes.

De même, un candidat peut se rendre compte qu'il a de la difficulté avec tous les cas dont le contexte se situe au sein d'un OSBL. S'il constate ce fait, le candidat doit prendre le temps de faire ressortir les caractéristiques, les implications, le type de problèmes ou enjeux, etc., particuliers à ces organismes. Il doit affronter toutes les faiblesses relevées afin de pouvoir les neutraliser à moyen terme. Pour ma part, je me fais la remarque suivante : « Je ne peux pas me permettre de passer outre les faiblesses que je constate, car il y en a sûrement que je ne vois même pas! ».

Analyse de l'ensemble des cas

234   Il y a une différence entre la façon dont les candidats imaginent leur progression et la façon dont cela se passe en réalité. La performance à des simulations de cas ne s'améliore pas de manière régulière et continue. C'est normal, mais il est plus difficile de rester motivé dans ces circonstances. Certes, à moyen terme, on s'attend à une amélioration de ses résultats, mais il est difficile de s'en rendre compte à court terme. Il faut accepter cette situation. Ainsi, en ramenant la note sur 100, la progression n'ira pas comme ceci, 44 %, 48 %, 52 %, 54 %, 58 %, etc., mais plutôt comme cela, 44 %, 49 %, 46 %, 51 %, 50 %, 39 % (eh oui!), 55 %, 56 %, etc.

Dans une correction globale, le candidat peut très bien atteindre le niveau « compétent » en certification dans deux cas de suite, puis obtenir le niveau « compétence minime » dans le suivant. Cela ne veut certainement pas dire qu'il a tout à coup oublié ses notions et concepts de vérification et qu'il ne peut plus résoudre cette partie d'un cas! En guise d'encouragement, certains candidats préparent un graphique illustrant le cumul de leurs performances, considérées globalement ou par section du guide d'évaluation.

Outre la note obtenue, exprimée sous forme de pourcentage, voici des exemples d'éléments qui peuvent caractériser l'évolution de la performance au fil du temps.

        ◉   niveau atteint par type d'indicateurs ou par critère de performance;

        ◉   résultat à chacune des sections du guide d'évaluation;

        ◉   note obtenue à chacun des sujets demandés.

D'autres conçoivent un tableau, parfois de dimensions imposantes, où la première colonne comporte une liste de questions auxquelles il faut répondre ou d'objectifs de travail à atteindre. Chacune des colonnes suivantes correspond à un cas simulé. Au fil des simulations, le candidat indique simplement « OUI », « +/- » ou « NON » pour indiquer l'atteinte de chacun des objectifs énumérés. Lorsque l'analyse de cas est faite sérieusement, on devrait remarquer une tendance à l'amélioration, du moins à moyen terme.

Voici des exemples de ces objectifs de travail.

        ◉   classer les priorités de manière appropriée;

        ◉   déterminer adéquatement l'axe central;

        ◉   présenter un juste équilibre entre l'analyse qualitative et quantitative;

        ◉   identifier tous les enjeux stratégiques;

        ◉   présenter un nombre suffisant de liens d'intégration;

        ◉   terminer l'analyse par une conclusion ou une recommandation;

        ◉   répartir adéquatement le temps entre les divers aspects ou sujets;

        ◉   respecter le nombre de mots permis;

        ◉   etc.

Comptabilisez vos succès!

Certains candidats simulent une deuxième fois un cas en recréant la même situation (énoncé du cas non annoté, temps limité, etc.), soit parce qu'ils ont totalement manqué une simulation, soit parce qu'ils veulent voir s'ils peuvent maintenant élaborer une solution quasi parfaite. Je peux comprendre qu'on veuille faire un tel exercice, mais cela doit rester occasionnel. L'objectif doit être précisé à l'avance. Ainsi, on peut vouloir réviser la façon de planifier une enquête pré-acquisition ou vouloir s'exercer à générer des flux de trésorerie dans un temps restreint.

Je comprends aussi qu'un candidat soit obligé de re-simuler des cas déjà faits lorsqu'il reprend un cours ou un examen professionnel, ou encore, lorsque le nombre de cas en réserve s'amenuise. Toutefois, plusieurs mois se sont habituellement écoulés entre les deux simulations, ce qui réduit les inconvénients.

Analyse globale des énoncés

Le fait d'avoir complété un bon nombre de simulations vous donne l'expérience requise pour effectuer une analyse globale des différents cas simulés. Dans une approche analytique, fort souvent comparative, vous pouvez alors prendre du recul et observer ce que l'ensemble des énoncés des cas vous apprend.

L'approche comparative est très utile dans l'apprentissage par cas.

Je tiens à faire une remarque importante au sujet de tout le processus d'analyse globale des simulations décrit dans les pages qui suivent. Nous sommes d'accord pour dire que c'est un exercice indispensable à la maximisation de la réussite des cas. Toutefois, il ne faut jamais perdre de vue qu'il s'agit d'analyses effectuées à partir des cas passés. C'est un exercice de compréhension du matériel disponible jusqu'à présent, mais nul ne peut dire avec quoi sera construit le prochain cas.

> **L'analyse des cas passés
> permet de mieux réussir les cas futurs.
> Par contre, rien ne garantit
> que le futur sera le reflet du passé.**

POINT DE VUE

Vous remarquerez que je privilégie grandement la préparation de tableaux dans le cadre de l'analyse globale des cas : énoncés et solutions. Cette approche dynamique offre plusieurs avantages. La nécessité de structurer les observations dans un tableau facilite la concision de l'information et favorise la réflexion planifiée. En effet, l'utilisation des tableaux nous oblige à établir clairement les liens en cause ainsi que les similitudes et les différences. Par ailleurs, il est plus facile d'étudier ou réviser un tableau qu'un texte.

Voici les éléments à considérer dans l'analyse globale des énoncés.

Faire des comparaisons entre les cas simulés

Je vous suggère de faire des comparaisons entre les nombreux cas que vous simulez, à plusieurs niveaux, afin d'établir des relations de cause à effet, d'en faire ressortir les points communs et d'expliquer les différences. Cet exercice vous permettra de définir et de comprendre plus rapidement ce que vous devez faire la prochaine fois. Plusieurs aspects peuvent être ainsi analysés; je vous présente les trois que je considère les plus importants.

1. Tout d'abord, il y a un lien à faire entre le rôle principal que le candidat doit jouer et les attitudes qu'il doit adopter en cours de rédaction. L'objectif est de faire ressortir les références de base, les approches ou tout autre élément commun à ce rôle.

Voici quelques-unes de ces relations les plus souvent remarquées.

Rôle principal	Attitudes en rédaction
Conseiller en gestion	– Il faut penser « affaires », c'est-à-dire aux flux de trésorerie, au prix de revient réel ou standard, à la contribution marginale, etc. – On doit déterminer les besoins ou les préférences des intervenants, et les contraintes, les incertitudes ou les risques à considérer. – Les PCGR sont peu utiles, sauf s'ils ont une influence indirecte sur une situation de gestion (ex.: impact de la comptabilisation d'un contrat de location sur le ratio d'endettement).
Vérificateur externe (ou interne)	– Les normes professionnelles – principes comptables généralement reconnus (PCGR) et normes de vérification généralement reconnues (NVGR) – sont la référence de base et doivent, à moins d'avis contraire, être suivies. – Les questions de gestion ne sont généralement pas abordées, à moins qu'une demande soit expressément établie (ex.: louer ou acheter l'équipement). Ce n'est pas le rôle principal du vérificateur de gérer l'entreprise.
Fiscaliste	– Les règles fiscales sont la référence de base. Plus particulièrement, il faut porter attention au moment où les sommes sont imposables ou déductibles. – On ne discute généralement pas des conventions comptables, à moins que leur choix ait un impact au niveau fiscal (ex.: choix entre achèvement ou avancement des travaux).
Comptable interne ou contrôleur	– Il se préoccupe des PCGR dans le choix des conventions comptables tout en tenant compte des objectifs de son employeur (ex.: maximisation du bénéfice net). – *A priori*, les NVGR ne lui sont pas utiles. Toutefois, il se peut qu'il ait à préparer un dossier afin de faciliter la vérification de fin d'exercice. Il tiendra alors compte des NVGR qui influeront sur cette préparation.
Responsable des contrôles internes ou contrôleur	– Il faut dresser la liste des faiblesses, puis faire au moins une recommandation pour chacune d'elles afin d'en éliminer les conséquences. – Il ne faut pas confondre « contrôle interne » et « gestion interne ». Sauf avis contraire, on fait référence ici au premier aspect seulement. Ainsi, l'approbation de la provision pour mauvaises créances par une tierce personne est un contrôle interne. La gestion des clients, tel l'établissement des conditions de crédit, constitue plutôt de la gestion interne.
Membre du conseil d'administration (ex.: trésorier)	– Très souvent, il doit expliquer les termes utilisés aux autres membres (non-initiés) qui ne sont pas dans le domaine de la comptabilité ou n'ont pas d'expérience en gestion. La démarche d'analyse est objective, examinée de l'extérieur, et elle tient compte des diverses parties en présence. – L'attitude à adopter dépend du rôle à jouer : conseiller en gestion, spécialiste des contrôles internes, arbitre d'un différend, etc.

Le tableau précédent fait référence au rôle principal à jouer. Or, je sais bien que plusieurs aspects des problèmes ou enjeux peuvent être abordés dans un même cas. Par exemple, à titre de contrôleur, vous aurez peut-être à discuter de fiscalité. De même, le conseiller en gestion peut avoir à analyser aussi les procédures de contrôle interne. Il est alors bien clair que vous devez répondre à toutes les demandes en adoptant tour à tour les attitudes qui correspondent à chacun des rôles, telles que présentées ci-dessus.

Il arrive parfois que vous deviez jouer, en partie ou en totalité, un rôle un peu plus inhabituel que ceux décrits précédemment. Cela peut prendre diverses formes et les auteurs de cas se creusent la tête pour tester vos aptitudes dans de nouveaux types de mandats. Chaque cas est distinct; il faut, bien sûr, « jouer le jeu » et s'ajuster correctement à la demande. Vous trouverez des exemples de ces situations un peu plus loin.

La préparation d'un examen professionnel est un travail qui s'étend sur plusieurs mois. Outre le personnel affecté à temps plein à cette tâche, des membres externes aux ordres professionnels font partie d'un Jury d'examen ou d'évaluation pour une période de deux ou trois ans. Toutes ces personnes concernées dans le processus doivent choisir le ou les cas qui feront partie du prochain examen. Elles ont tout le temps requis pour examiner et approuver des cas originaux qui offrent des contextes nouveaux ou exigent la discussion de sujets sous un angle différent.

LIENS ENTRE LE RÔLE À JOUER ET LES ATTITUDES À ADOPTER (DEMANDES INHABITUELLES)

Rôle principal	Attitudes en rédaction
Conseiller en informatique ou contrôleur	– Il s'occupe des procédures de contrôle interne liées au cadre informatique et ne traitera donc pas, de prime abord, des contrôles à l'extérieur de ce cadre, telle une mauvaise séparation des tâches. – Parfois, on lui demande de discuter de l'implantation d'un système informatique. Néanmoins, on ne s'attend pas à ce qu'il soit un spécialiste (informaticien), mais un comptable possédant une certaine connaissance de base en la matière.
Arbitre d'un différend (ex.: part des bénéfices aux employés ou contrepartie conditionnelle à payer à la suite d'une acquisition d'entreprise)	– Les clauses contractuelles constituent la référence de base. S'il n'y a pas de clause précise ou s'il y en a une qui est vague, il faut chercher « l'esprit » du contrat et tenter de le définir en guise de base à l'analyse (ex.: le contrat mentionne qu'aucune provision pour retours sur ventes ne doit être prise en compte; on en déduira alors qu'il en est de même pour les rendus et rabais). – On doit mettre de côté les PCGR et être ouvert à l'usage d'autres règles, à moins que le contrat ne fasse directement appel à ceux-ci. Les PCGR ne sont pas totalement à proscrire, car leur logique peut être utile à l'argumentation, surtout lorsque le contrat manque de clarté, mais ils ne sont pas la principale référence.

Rôle principal	Attitudes en rédaction
Évaluateur des dommages subis (sinistre ou autre) (ex.: perte de revenus à la suite d'un délai de construction ou perte d'actifs à la suite d'un feu)	– Les clauses du contrat sont la référence de base, clauses qui peuvent suivre les PCGR ou un autre mode de calcul prédéterminé. – S'il n'y a pas ou peu d'indications, il faut utiliser son jugement professionnel. Dans cette situation, les règles qui seront suivies doivent être établies dès le départ. On peut penser aux flux de trésorerie (comptabilité de caisse), à la valeur marchande (ex.: coût de remplacement), aux PCGR, au coût standard, à la contribution marginale ou simplement déterminer une méthode raisonnable, compte tenu des circonstances.
Vérificateur externe (ou interne) (qui évalue le travail d'un autre vérificateur dans le cadre d'une poursuite)	– Les normes professionnelles – PCGR, NVGR et code de déontologie – sont la référence de base; elles doivent être suivies. La mention de l'assertion de vérification concernée est souvent utile. – Il faut surtout se concentrer sur les éléments qui ont entraîné des erreurs importantes aux états financiers (ex.: le fait de ne pas avoir confirmé assez de débiteurs n'est pas très grave si le poste Clients est correctement comptabilisé). Les erreurs comptables sont donc plus importantes et davantage discutées que les fautes de vérification. – Si on s'adresse à un non-initié (avocat ou une autre personne qui n'est pas comptable), il faut prendre le temps de définir les termes de référence.
Vérificateur (qui évalue le travail d'un autre vérificateur dans le cadre d'un contrôle de la qualité des dossiers du cabinet)	– Les normes professionnelles – PCGR, NVGR et code de déontologie – sont les références de base; elles doivent être suivies. Le cabinet peut avoir établi des normes de qualité encore plus strictes, normes qui seraient alors clairement énoncées dans le cas. – Il faut surtout se concentrer sur les éléments qui représentent un risque professionnel pour le cabinet. Ainsi, les erreurs comptables sont un peu plus importantes que les fautes de vérification, mais la différence est moins grande que dans le cadre d'une poursuite; ici, l'objectif premier du mandat est de s'assurer de la qualité du travail effectué.

2. Vous pouvez également établir un lien entre le rôle que vous devez jouer et l'axe central de la demande. L'objectif est de guider la rédaction de la solution par la mise en évidence de l'axe central du cas, qui découle directement des paramètres du travail à faire. L'identification claire et précise de cet axe vous permettra de mieux cibler votre discussion, compte tenu du rôle à jouer, en demeurant à l'intérieur de la « boîte » du cas.

Voici quelques-uns de ces liens.

Rôle principal	Axe central
À titre de conseiller en gestion pour la société de capital de risque, on vous demande d'évaluer si le prêt demandé par l'entreprise devrait être accordé.	- flux de trésorerie (capacité de remboursement) - valeur des garanties disponibles
On vous nomme arbitre, et vous devez trancher des questions en litige.	- clauses contractuelles à respecter - solde ou montant concerné (ex.: redevances, primes, valeur de l'action) à calculer
Vous êtes le vérificateur (externe ou interne) et de nouvelles opérations comptables ont été effectuées au cours de l'exercice.	- bénéfice net aux états financiers établis selon les PCGR - vérification selon les NVGR
Une acquisition d'entreprise est projetée, et vous êtes le responsable du dossier.	- prix d'achat (ou intervalle de prix) à déterminer - financement à obtenir
Comme comptable interne, vous vous demandez si l'entreprise pourra respecter les clauses de son contrat d'emprunt.	- évaluation des conventions comptables – postes concernés - ratios faisant l'objet d'une clause à calculer
Le travail à faire indique que vous devez évaluer les procédures de contrôle interne.	- liste des faiblesses/conséquences - recommandations justifiées
L'entreprise cherche du financement et demande à son contrôleur de l'aider.	- flux de trésorerie/valeurs des garanties - coût net des divers moyens de financement disponibles

L'identification des liens ci-dessus, à la section 1 (liens avec les attitudes en rédaction) et à la section 2 (liens avec l'axe central), est une partie importante de l'analyse globale des énoncés des cas. Lorsqu'un candidat se prépare à un examen professionnel, je lui suggère de créer ces tableaux en examinant au moins les cas des trois dernières années, l'idéal étant de cinq ans. En plus d'être une bonne façon de réviser et de synthétiser les cas déjà simulés, cela facilite grandement la compréhension des particularités de l'examen. Je vous laisse le soin de trouver d'autres liens que ceux établis dans les tableaux précédents, au fil de vos simulations.

3. Enfin, il y a un lien à faire entre les éléments de l'énoncé d'un cas et les idées pertinentes de la solution proposée ou du guide d'évaluation. J'exprime ce lien de la manière suivante : « Quand il y a…, il faut penser à (aux)… ». La reconnaissance de ce genre de lien vous permettra de déceler ce qui revient souvent afin de le retenir pour les prochaines simulations. Cela vous permettra également de déterminer plus rapidement l'impact de la demande ou des indices du cas sur la préparation de votre solution. Ci-après, je vous suggère plusieurs liens de ce genre.

EXEMPLES DE LIENS ENTRE L'ÉNONCÉ D'UN CAS ET LES IDÉES PERTINENTES DE LA SOLUTION

Quand il y a…,	il faut penser…
un investissement à évaluer	aux risques et opportunités de l'investissement
des questions comptables à discuter	aux utilisateurs des états financiers
une vérification à planifier	aux risques d'une mission de vérification
des coûts fixes élevés	au point mort
un créancier qui menace de rappeler son prêt	à mettre en doute la continuité de l'exploitation
une entreprise en difficultés financières	aux flux de trésorerie
des actionnaires sans contrôle	aux éléments qui pourraient leur porter préjudice (ex.: opérations entre personnes apparentées)
des soupçons ou preuves de fraude	à notre responsabilité à l'égard du public et de la profession
une prime accordée au directeur	aux éléments qu'il peut contrôler
une petite entreprise	à l'incapacité de bien séparer les tâches
une entreprise de placements ou des états financiers personnels à dresser	à l'évaluation des actifs nets à leur valeur marchande
une entreprise familiale	– aux opérations entre personnes apparentées – aux faiblesses des procédures de contrôle interne
etc.	etc.

Vous vous êtes peut-être déjà rendu compte qu'une telle liste peut être considérablement allongée. Pour s'y retrouver plus facilement, il est possible de la séparer en sections. Ainsi, les trois premiers exemples représentent un lien découlant de la demande du cas alors que tous les autres résultent d'indices du cas. Les trois derniers sont liés à la nature de l'entreprise. Il est également possible de préparer un tableau par catégorie de sujets (problèmes ou enjeux), de rôles ou de demandes. C'est à vous de déterminer quelle est la meilleure façon de classer l'information que vous accumulez au fil de vos simulations. Un candidat doit également tenir compte de ses propres faiblesses. En effet, il m'apparaît indispensable de chercher constamment un moyen efficace de minimiser les difficultés éprouvées lors de la résolution des cas.

> **Toute fiche ou tableau aidant le candidat à minimiser ses faiblesses est pertinent.**

Voici, à titre d'exemple, un tableau ayant pour sujet la fiscalité.

EXEMPLES DE LIENS À FAIRE (FISCALITÉ)

Quand il y a...,	il faut penser...
le décès d'un particulier	aux diverses dates de production des rapports aux autorités fiscales
un transfert des actions à une compagnie de gestion	aux dispositions de transfert en franchise d'impôt (roulement)
une filiale ou une division subissant des pertes	à l'utilisation des pertes par l'entreprise du groupe ayant des activités similaires
etc.	etc.

Faire ressortir et expliquer les différences entre les cas

L'exercice qui suit m'apparaît un peu plus difficile à réaliser, car il exige davantage d'analyse et de réflexion. Il s'agit de faire ressortir les différences entre les cas et d'expliquer pourquoi il en est ainsi. En d'autres mots, cet exercice vous permettra de mieux comprendre pourquoi telle idée est pertinente et telle autre ne l'est pas, compte tenu de l'énoncé d'un cas. Premièrement, il faut remarquer cette différence, ce qui n'est pas toujours aisé et requiert de l'expérience en simulation. En effet, il faut avoir simulé un certain nombre de cas présentant des caractéristiques similaires. Deuxièmement, il faut bien analyser les raisons de la différence, et la réponse n'est pas toujours facile à trouver. Il s'agit parfois d'une légère nuance dans l'énoncé du cas pouvant se trouver n'importe où dans le texte, parfois presque cachée à la fin d'une annexe. Finalement, il faut effectuer l'analyse en tenant compte constamment de la relation entre l'énoncé du cas, la solution proposée et le guide d'évaluation.

EXEMPLES D'EXPLICATIONS SUR LES DIFFÉRENCES RELEVÉES ENTRE LES CAS

	Différence relevée	Explication
Cas A :	On discute du projet d'investissement, puis de son financement.	Mention spécifique au cas B : « L'entreprise a décidé d'utiliser ses surplus investis dans des placements pour financer le projet d'investissement ».
Cas B :	On discute du projet d'investissement, mais pas de la question du financement.	
Cas C :	Il faut discuter des éléments propres à un premier mandat de vérification, telles la disponibilité des ressources, les compétences nécessaires, etc.	Mention spécifique au cas D : « Avant de vous confier le mandat, l'associé chargé du dossier a pris le temps de régler tous les éléments propres à ce nouveau mandat ».
Cas D :	Il ne faut pas discuter des éléments propres à un premier mandat de vérification.	
Cas E :	Il faut mentionner l'imposition ou la déductibilité de chacune des questions comptables discutées.	Mention spécifique au cas E : « Le contrôleur interne s'interroge sur les conséquences fiscales associées aux nouvelles opérations comptables de l'exercice ».
Cas F :	Il ne faut pas discuter de fiscalité.	
Cas G :	Il faut justifier le choix de la méthode retenue pour évaluer l'entreprise convoitée.	Mention spécifique au cas H : « Les deux parties se sont entendues pour que le prix d'acquisition soit égal à trois fois le bénéfice caractéristique moyen des deux dernières années ».
Cas H :	Il n'est pas nécessaire de justifier d'autres méthodes, celle basée sur le bénéfice net caractéristique passé est retenue.	
Cas I :	Il faut discuter des clauses à renégocier dans le cadre du prochain renouvellement du bail.	Mention spécifique au cas J : « La signature du renouvellement du bail est imminente puisque le vice-président, finances a déjà réglé toutes les questions pertinentes avec le bailleur ».
Cas J :	Il ne faut pas discuter du renouvellement du bail même si l'échéance approche.	
Cas K :	Il faut discuter de la comptabilisation des frais de développement.	Mention spécifique au cas L : « Les frais de développement n'ont pas encore été encourus. Ils concernent un projet qui prendra forme dans quelques mois ».
Cas L :	Il n'est pas nécessaire de discuter de la comptabilisation des frais de développement.	

Garder vos fiches de renseignements sous la main

La dernière suggestion que je désire émettre dans cette section est de toujours garder sous la main les fiches contenant vos réflexions sur l'analyse globale des énoncés des cas. Les tableaux et commentaires seront constamment complétés ou ajustés au fur et à mesure de votre apprentissage par simulation de cas.

Analyse globale des solutions proposées

Dans le même ordre d'idées, je vous suggère de planifier l'analyse globale de la solution proposée et du guide d'évaluation. Tout comme pour l'analyse globale des énoncés des cas, il s'agit d'une approche analytique, fort souvent comparative, que le candidat ne peut maîtriser qu'après plusieurs simulations. En effet, il faut avoir analysé plus d'une fois le même sujet ou le même contexte pour déceler une approche commune.

Il est bien clair que l'analyse des solutions proposées, incluant les guides d'évaluation, sera effectuée en tenant compte de l'énoncé du cas. Il me paraît donc indispensable d'examiner périodiquement le lien entre le cas et sa solution. Dans ce volume, pour des raisons de commodité, j'ai présenté l'analyse globale des énoncés des cas et l'analyse globale des solutions proposées dans deux sections distinctes. Naturellement, il est tout à fait acceptable de procéder à ces analyses simultanément.

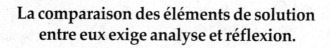

**La comparaison des éléments de solution
entre eux exige analyse et réflexion.**

Voici les principaux éléments à prendre en considération dans l'analyse globale des solutions proposées.

Faire ressortir les structures de réponse

Il faut faire ressortir les structures de réponse – que l'on appelle parfois « squelettes » de réponse – qui reviennent d'un cas à l'autre. Cet exercice vous permettra de déterminer plus rapidement la marche à suivre dans une situation donnée. Ce faisant, vous serez davantage en confiance et vous ne perdrez pas des minutes précieuses à chercher comment aborder votre solution. Vous écrirez davantage d'idées nouvelles et pertinentes. Il s'avère donc profitable de prendre le temps d'examiner les solutions proposées et les guides d'évaluation afin d'y repérer les approches similaires. Autrement dit, il s'agit d'établir une structure de développement des idées pour un contexte précis ou pour un type de problème ou enjeu donné.

Voici quelques exemples de structures de réponse développées par ce genre d'analyse.

Sujet : Discussion d'une question comptable

Structure de réponse : Possibilité 1, car…

Possibilité 2, car…

Recommandation liée aux objectifs des utilisateurs

Observations :

→ car… est généralement un aspect théorique lié aux indices du cas.

Exemple : *Les frais de démarrage ont une valeur, car AB + Publications a déjà commencé à vendre des livres aux États-Unis.*

→ Il est inutile de justifier la recommandation avec une idée déjà émise à titre d'argument d'une des possibilités. Ce serait de la répétition. Le lien aux objectifs des utilisateurs s'effectue généralement dans le cadre de la recommandation.

Exemple : *Capitaliser ces frais, car le bénéfice sera plus élevé et PO inc. désire procéder à l'émission d'obligations en bourse.*

→ Il est impératif de fournir au moins un argument en faveur du traitement comptable proposé par le client, même si on sait déjà qu'il sera rejeté ultérieurement.

→ On doit rarement discuter de trois possibilités, sauf s'il s'agit d'un sujet majeur, telle la constatation des produits dont l'importance surpasse parfois celle des autres.

→ Cette structure de réponse est trop longue quand il s'agit de sujets de moindre importance. Pour ces derniers, il est préférable d'aller directement à la recommandation, justifiée par une ou deux idées solides. Il n'y a alors pas assez de temps pour discuter de deux possibilités. Je vous suggère de justifier la recommandation avec un argument supplémentaire à celui lié aux utilisateurs.

Je rencontre souvent des candidats qui ont de la difficulté à déterminer deux possibilités de traitement d'une question comptable.

Voici quelques trucs qui vous aideront à surmonter cette difficulté.

- La plupart du temps, on a le choix entre inscrire un élément au bilan ou à l'état des résultats. Ainsi, le débit va à l'actif ou aux charges, et le crédit va au passif ou aux produits. La question clé est habituellement la suivante : Quand faut-il l'inscrire à l'état des résultats?

- Lorsqu'il s'agit d'un élément inhabituel jamais rencontré auparavant, il faut chercher le genre d'opération comptable connue auquel il ressemble. Par exemple, les « frais de recherche d'un trésor au fond de la mer » s'apparentent aux frais de recherche et développement.

⟲ Quand il est difficile de déterminer la nature de l'opération comptable, je m'interroge sur l'écriture de journal en utilisant le poste Caisse, au débit ou au crédit. Cela m'aide à préciser quel est l'aspect à discuter. Par exemple, l'entreprise a reçu deux millions en guise de dédommagement. Comme la Caisse est au débit, le questionnement se situe donc au crédit. Produit? Produit reporté?

⟲ Il faut penser au cadre conceptuel – *ICCA, chapitre 1000* –, aux postulats et principes comptables – rapprochement des produits et des charges, comptabilité d'exercice, critères de constatation des produits – ainsi qu'aux qualités de l'information financière – comparabilité, importance relative, etc. Par exemple, le paiement d'un dédommagement négocié à l'amiable se capitalise s'il y a des avantages futurs. Même si aucun chapitre du *Manuel de l'ICCA* ne traite explicitement des frais de dédommagement, les concepts comptables fondamentaux peuvent servir de référence de base.

Sujet : Évaluation des procédures de contrôle interne

Structure de réponse : Faiblesse

   Conséquences de la faiblesse

   Recommandation justifiée

Observations :

→ Habituellement, il n'y a pas, dans ce genre de situation, de choix à discuter avant de recommander. On indique la faiblesse (et ses conséquences), puis on y remédie en tenant compte, le plus souvent possible, des particularités du cas: noms des personnes, pièces justificatives.

→ Il faut expliquer la nature de la faiblesse, la plupart du temps en se référant au cas.

   Exemple : *Comme il n'y a pas de limite quant aux montants qu'il peut engager, le secrétaire a effectué d'importants achats sans l'autorisation des propriétaires.*

→ Il faut toujours recommander concrètement et précisément quelle amélioration devrait être mise en place. Qui? Quoi?

   Exemple : *Je recommande que tous les achats excédant une limite pré-établie, disons de 1 000 $, soient approuvés par l'un des propriétaires.*

Remarque : Il est parfois plus efficient d'adopter la structure de réponse qui suit au sujet des questions de contrôle interne. Vous remarquerez que toutes les idées nécessaires à la solution sont quand même présentées, mais que le texte définitif est plus court.

Titre (identification de la faiblesse)

Recommandation justifiée par un ou deux arguments (le « car » est en fait la conséquence de la faiblesse qui est maintenant éliminée).

Comptabilisez vos succès!

Sujet : Décision exécutoire sur le respect d'un contrat

Structure de réponse : Choix 1, car clause XXX du contrat...

Choix 2, car définition XXX établie au départ...

Recommandation justifiée

Observations :

→ Le « car » découle du contrat, de l'esprit de celui-ci ou de toute définition ou règle établie au début de l'argumentation. On ne réfère pas aux PCGR (sauf exception claire).

Exemple : *La clause 3B mentionne qu'aucun amortissement sur la machinerie et les équipements ne doit être pris en compte dans le calcul des redevances. Étant donné cette clause, on peut en déduire qu'aucun amortissement sur le matériel roulant ne doit être pris en compte.*

→ Il est parfois inutile d'examiner deux choix lorsque, par exemple, l'élément à traiter est clairement établi dans le contrat. Dans cette situation, il est préférable d'énoncer directement la recommandation justifiée.

Exemple : *Tel qu'établi à la clause 7A, la part des actionnaires sans contrôle n'est pas considérée dans le calcul de la prime au rendement du directeur général.*

Sujet : Doute sur la continuité de l'exploitation / Manque de liquidités

Structure de réponse : Identification du problème à l'aide d'indices du cas

Calcul des flux de trésorerie (lorsque données disponibles)

Aspects qualitatifs

Conclusion reliée au contexte du cas

Observations :

→ Le problème ou enjeu de la continuité de l'exploitation est habituellement implicite. Il y aura assurément quelques indices du cas permettant de le découvrir.

Exemple : L'entreprise a perdu son principal client, la capacité d'endettement est à son maximum et les fournisseurs exigent le paiement de la marchandise sur livraison.

→ La préparation des flux monétaires (généralement futurs) est le meilleur outil pour évaluer la capacité d'une entreprise de continuer son exploitation normale.

→ Il faut tenir compte des aspects nouveaux et particuliers à la présente situation dans l'analyse quantitative et qualitative.

Exemple : L'entreprise vient de signer un contrat important ou un nouveau produit, déjà en demande, sera mis en marché d'ici quelques semaines.

Sujet : Discussion d'un enjeu opérationnel

Structure de réponse : Identification de l'enjeu

Aspects quantitatifs (s'il y a lieu)

Aspects qualitatifs

Recommandation intégrée aux discussions précédentes

Observations :

→ Dans le cadre de la résolution de l'enjeu, l'analyse qualitative doit comprendre un certain nombre d'arguments. En moyenne, il y en a de trois à six, mais cela dépend, bien sûr, des circonstances.

→ Il arrive qu'une analyse quantitative soit nécessaire dans la discussion d'un enjeu opérationnel. Cela ne se produit toutefois pas souvent et les calculs sont alors dirigés et assez brefs.

Exemples : ratio mauvaises créances/ventes; économie de coûts

→ Il faut, si possible, faire des liens d'intégration entre l'analyse ou la recommandation et les sections précédentes de la solution.

Exemple : Il est essentiel de tenir compte de la solvabilité des clients dans la rémunération des vendeurs afin de diminuer l'ampleur des mauvaises créances (enjeu opérationnel précédent).

→ Parfois, quand l'enjeu opérationnel est important et qu'il existe deux options, le candidat peut adopter l'approche « avantages/inconvénients » pour sa rédaction.

Exemple : Recruter à l'externe ou accorder une promotion à l'interne

Remarque : Pour deux choix mutuellement exclusifs, les avantages de l'un peuvent correspondre aux inconvénients de l'autre. La rédaction doit être efficiente et éviter la répétition inutile des mêmes idées.

Il va de soi que vous pouvez dès maintenant penser à d'autres situations où une structure de réponse « standard » peut être établie. Leur nombre variera selon vos besoins, compte tenu du genre de cas que vous serez appelé à simuler. Afin de vous y aider, je vous en suggère une liste, bien sûr, non exhaustive.

Exemples de situations pouvant faire l'objet d'une structure de réponse

- Analyse d'un projet d'investissement (ex.: construction d'une nouvelle usine);
- Établissement de contrôles à la suite d'une fraude (ex.: vols de marchandises);
- Implantation d'un nouveau système informatique (ex.: révision des étapes d'implantation);
- Évaluation d'une entreprise (point de vue de l'acheteur; point de vue du vendeur);

- Opinion sur un projet de contrat (ex.: droits à remettre à un inventeur);

- Analyse d'un projet de restructuration (ex.: proposition aux créanciers);

- Évaluation d'un placement (ex.: acquisition d'actions de catégorie B);

- Décision de louer ou d'acheter (ex.: matériel roulant);

- Enquête pré-acquisition (ex.: achat d'un concurrent);

- Évaluation des dommages subis lors d'un sinistre (ex.: feu, inondation);

- Implication des nouvelles opérations comptables sur la vérification de fin d'exercice;

- Préparation d'un sommaire exécutif ou établissement d'un plan de mise en œuvre;

- Détermination des conséquences des conflits d'intérêts ou des problèmes d'éthique relevés dans le cas sur le mandat et le rôle à jouer.

Dans tout le processus d'apprentissage par cas, vous devez faire preuve de jugement professionnel. On sait que les structures de réponse que vous aurez bâties seront d'une grande aide lors de simulations ultérieures. Toutefois, cela ne doit pas devenir un automatisme appliqué indistinctement à tous les cas sans tenir compte des circonstances particulières. Par exemple, il ne sera pas nécessaire de discuter des avantages découlant de l'achat des actifs si le conseil d'administration a déjà décidé de procéder à l'achat des actions. De même, il sera inutile de discuter de l'achat d'un actif quand il s'avère impossible de procéder comme tel et que le cas vous demande plutôt de choisir entre deux offres de location. Autrement dit, vous n'êtes pas forcé d'utiliser une structure de réponse dans sa totalité. Elle vous sert simplement de point de départ et de guide en cours de rédaction : à vous de choisir ce qui vous convient. Ce n'est pas parce que le menu est varié que vous êtes obligé de commander tous les plats.

Comparer les solutions pour y déceler les points communs

Vous pouvez également faire des comparaisons entre les solutions proposées et les guides d'évaluation de vos nombreux cas simulés afin d'en faire ressortir les points communs. Cet exercice vous permettra de cibler davantage ce qu'on attend de vous dans la rédaction d'un cas. Il faut donc préciser les caractéristiques, les éléments clés ou les règles de conduite, souvent implicites, à retenir. Ces remarques ou constatations découlent essentiellement d'un processus comparatif et peuvent surgir à toute étape de la lecture, de la rédaction ou de l'analyse d'un cas. D'un point de vue pratique, chaque remarque peut être signalée dans le haut d'une page distincte, suivie par des explications sur son application, complétées par des exemples concrets.

L'analyse globale des solutions proposées permet d'en faire ressortir les points communs.

250 Voici quelques-unes de ces remarques que l'analyse des solutions proposées et des guides d'évaluation permet de faire ressortir.

Remarque : La très grande majorité des problèmes ou enjeux discutés se terminent par une conclusion ou une recommandation justifiée.

Application : Il est clair qu'il ne faut pas quitter une section ou un sujet sans se demander si une conclusion ou une recommandation est nécessaire pour terminer la discussion. Celle-ci doit logiquement découler de l'analyse précédente. Il faut prendre position et ne pas avoir peur de se compromettre.

Exemples :

-------→ Je recommande la cession-bail, car c'est la seule option qui mène à une augmentation des liquidités à court terme.

-------→ Concl. : Le non-respect des normes environnementales va entraîner le paiement de pénalités importantes.

-------→ Rec. : Vendre la filiale australienne, car...

-------→ Concl. : Les états financiers ne respectent pas les PCGR puisqu'ils sont dressés selon la comptabilité de caisse.

Remarque : On constate régulièrement la présence d'une conclusion globale de type synthèse.

Application : En cours de rédaction, il arrive qu'on puisse énoncer une conclusion qui relève un point commun à plusieurs sujets analysés individuellement.

Exemples :

-------→ Toutes les conventions comptables choisies par le contrôleur augmentent le ratio du fonds de roulement.

-------→ Toutes les opérations entre personnes apparentées faites depuis deux ans ont le même objectif, soit de sortir l'argent de l'entreprise.

-------→ Étant donné la faiblesse généralisée des procédures de contrôle interne, les états financiers peuvent contenir des erreurs.

-------→ Tous les achats faits auprès de cette entreprise ont été payés à un prix supérieur à leur valeur marchande.

Remarque : Certains types de problèmes ou enjeux exigent moins de profondeur dans la discussion. On peut alors adopter un style d'écriture plus télégraphique.

Application : Il en est ainsi des sujets portant sur les procédures de contrôle interne, les procédures de contrôle informatiques et la fiscalité. La plupart du temps, il n'y a qu'une option à envisager par aspect discuté, ce qui facilite la présentation succincte et directe de l'idée. La remarque s'applique également lorsqu'il s'agit d'une « liste » :

→   d'éléments de risque;

→   de procédés de vérification;

→   d'avantages et d'inconvénients;

→   de facteurs à considérer;

→   d'indices du cas justifiant un problème implicite;

→   d'informations supplémentaires à obtenir;

→   de raisons justifiant le même énoncé;

→   etc.

Dans ces situations, on peut énumérer les divers éléments en adoptant un style plus télégraphique qu'à l'accoutumée (sans sujet ni verbe).

Remarque : Il faut parfois dresser le bilan (ou groupe d'actifs) à la valeur marchande au lieu du coût historique.

Application : Cela survient dans des contextes bien précis, quand l'axe est le bilan plutôt que l'état des résultats. Les entreprises de placement, l'immobilier ainsi que le bilan personnel d'un individu en sont des exemples.

Autre situation : Lorsque la valeur marchande est la base du calcul des parts achetées ou vendues par les propriétaires ou par les associés d'une société en nom collectif. Dans ces situations, il est possible de déroger aux PCGR puisque les principaux utilisateurs des états financiers ont besoin d'une autre base de mesure.

Remarque : Le traitement comptable d'une opération est plus important que sa présentation.

Application : Les solutions proposées aux cas contiennent peu d'idées pertinentes au sujet des notes aux états financiers. Lorsque cela survient, il faut mentionner très brièvement le contenu de la note et non la rédiger en bonne et due forme.

Certains sujets requièrent de plus amples explications sur le plan de la présentation, mais des indices à cet effet se trouvent dans l'énoncé du cas (ex.: abandon d'activités, instruments financiers et postes extraordinaires).

252

Remarque : En vérification, il faut répondre à la question « Comment? ».

Application : Les idées émises doivent être concrètes et exprimer une action à entreprendre, dans un langage qui sera compris par l'exécutant.

Le procédé énoncé commence habituellement par un verbe à l'infinitif. Autant que possible, on évitera le mot « vérifier », un peu trop vague et général. D'autres termes – tels que lire, confirmer, passer en revue, déterminer si, évaluer, calculer, examiner, discuter avec, etc. – sont plus efficaces pour préciser l'idée.

Exemple : Il faut vérifier les placements temporaires.

Cette idée est trop vague. Il faut plutôt écrire : « retracer le coût des placements achetés » ou « obtenir la valeur marchande des titres en fin d'exercice ».

Remarque : Le deuxième rapport est souvent plus court que le premier.

Application : La proportion est approximativement de 3/5 : 2/5 à 3/4 : 1/4.

Habituellement, le premier rapport est adressé au client, et le deuxième est adressé à l'associé ou à l'employeur. Le deuxième est la suite du premier; il est donc inutile d'en reprendre le contenu. Il faut prendre en considération le fait que l'associé lira d'abord le premier rapport.

Les sujets abordés dans le deuxième rapport requièrent généralement moins de profondeur d'analyse (ex.: pas de discussion élaborée sur le procédé de vérification retenu, on le justifie brièvement et c'est tout).

Remarque : La résolution du cas doit constamment tenir compte des parties précédentes de la solution.

Application : Lors de l'analyse d'un enjeu ou de la recommandation qui en découle, il faut faire des liens d'intégration avec ce qui a été précédemment écrit.

Exemples :

→ Relier la recommandation stratégique à la mission :

Vendre la flotte de camions actuelle et négocier un contrat avec SPEEDCO qui nous garantisse un délai de livraison de 48 heures, ce qui est conforme à notre mission d'offrir une livraison rapide.

→ Relier un enjeu opérationnel à la recommandation stratégique :

L'implantation d'un système de transfert électronique de données (TÉD) permettra une communication plus rapide avec SPEEDCO.

Remarque : Il est indispensable de structurer la solution en tenant compte des particularités du travail à effectuer.

Application : Les sections du cas (a, b, c, etc.), le nombre de points, le nombre d'aspects à discuter et le nombre de mots permis (s'il y a lieu) sont des indices assez directifs. Il faut en tenir compte pour éviter d'être pénalisé à cause d'une solution qui ne répond pas aux attentes ou qui manque de diversité.

Exemples :

→   On accordera 3 points pour chacun des cinq éléments.

→   Le mémo doit comporter de 450 à 500 mots.

Les courtes questions n'exigent pas une discussion très en profondeur du sujet ni autant de détails sur une idée d'analyse. Le nombre de points accordés sert de guide pour ce qui est du nombre minimum d'idées à écrire.

Il arrive que le candidat soit capable de formuler rapidement une série de remarques qui se passent d'explications supplémentaires. Tout comme les exemples précédents, celles-ci résultent de l'analyse globale des solutions proposées, des guides d'évaluation ou des deux à la fois. Il s'agit de remarques ou de constatations directes et succinctes, qui se résument en peu de phrases. Je vous en offre, ci-dessous, quelques exemples.

- Rares sont les idées exprimées sous la forme interrogative. Il faut adopter un ton ferme, constructif et positif.

- Il faut constamment considérer l'axe central pendant la résolution d'un cas. Il aide à déterminer le choix des sujets (ex.: ceux qui ont un effet sur le prix d'émission des actions aux employés). De plus, on doit fréquemment relier les conclusions/recommandations à cet axe central.

- Lorsqu'il y a une analyse de sensibilité, elle est courte, directe et va droit au but. Il n'y a qu'un ou deux changements au calcul, tel l'usage d'un taux d'actualisation différent.

- La solution « officielle » proposée contient nombre de phrases d'introduction ou de présentation des sujets qui ne sont pas ou sont peu considérées dans le guide d'évaluation. Nul besoin d'écrire un roman. Il faut aller à l'essentiel. Ce commentaire s'applique également à l'analyse quantitative.

- Il est inutile de répéter ou résumer l'énoncé du cas, sauf si la référence à celui-ci est adéquatement utilisée dans l'analyse.

- Les idées retenues dans l'évaluation de la solution doivent être nouvelles, pertinentes, claires, directes, concrètes et complètes; elles ne doivent pas être vagues ou générales.

- Il ne faut pas traiter de sujets en dehors de nos compétences de comptable. Nous possédons peut-être quelques notions de base, mais nous ne sommes ni avocat, ni expert en environnement, ni expert en système informatique, etc.

- Les calculs présentés en annexe sont clairs, aérés et découlent d'un objectif de travail précédemment établi. Une référence à ces calculs doit figurer dans le texte de la solution.

Analyse de l'ensemble des cas

- ꙮ L'attention est davantage tournée vers le développement des sujets comptables lorsqu'il faut à la fois discuter de comptabilité et de vérification, ou de comptabilité, de vérification et de fiscalité.

- ꙮ Le plan de mise en œuvre doit porter sur trois aspects : qui?, quoi?, quand? Les idées émises doivent découler des recommandations précédentes sur les enjeux stratégiques et opérationnels.

- ꙮ Il arrive que le cas requière qu'on dresse la liste des options ou actions possibles. Leur nombre varie de deux à six. Le *statu quo* est rarement une option à envisager. De toute façon, elle ne sera probablement pas retenue.

Vous pourrez, au fil de vos simulations, constater la véracité des remarques précédentes et compléter cette liste avec vos propres observations. Après tout, c'est l'analyse comparative de nombreux cas, pratiquée pendant plusieurs années, qui m'a permis d'écrire le présent volume.

> L'analyse globale des solutions proposées et des guides d'évaluation est un processus d'apprentissage continu. Il faut donc compléter et mettre à jour l'information colligée au fur et à mesure que l'expérience en simulation de cas est acquise.

Fiches-info par sujet

Nous savons que les objectifs d'apprentissage par cas sont multiples. En tant que candidat, vous devez exercer votre jugement professionnel afin, entre autres, de déterminer correctement l'ordre d'importance des problèmes ou enjeux, de pouvoir fournir des conclusions ou recommandations adéquates et d'intégrer vos propos au contexte du cas. Aussi, il ne faut pas perdre de vue le fait que la maîtrise des connaissances acquises dans les cours universitaires fait également partie du processus.

> **La maîtrise des connaissances est indispensable à la réussite d'un cas.**

Je sais très bien que rédiger un cas, c'est simuler ce qui se passe dans la « vraie vie ». Si je peux m'exprimer ainsi : c'est comme faire semblant d'interagir dans le monde réel afin d'en saisir le maximum de particularités. Il s'agit de mises en situation; de simulations. Tout cela est fondamentalement adéquat. Toutefois, il faut être conscient que les cas demeurent essentiellement un outil pédagogique à saveur académique. Entre autres objectifs, ils servent de prétexte à l'évaluation de vos connaissances. Certes, le cas fournit un contexte exigeant une résolution intégrée, mais cela n'exempt pas le candidat de s'assurer qu'il possède les connaissances requises. Toute technique de rédaction, aussi sophistiquée qu'elle soit, ne peut compenser une faiblesse à ce niveau.

Les notions et concepts utilisés doivent être bien compris et bien appliqués. Par exemple, il serait inapproprié d'évaluer un dirigeant selon le profit s'il dirige un centre de revenus. Je vous suggère donc de préparer des fiches-info sur les sujets qui reviennent régulièrement dans les cas, notamment ceux qui sont complexes, qui vous paraissent plus difficiles ou pour lesquels peu d'écrits existent à l'heure actuelle.

Voici ce qu'il faut considérer dans la préparation de fiches-info par sujet.

Construire les fiches par sujet au fil des simulations

Les fiches-info par sujet se construisent au fur et à mesure que vous simulez. Autrement dit, vous cumulez au même endroit la liste des idées sur un sujet à partir de ce que vous lisez dans la solution proposée et dans le guide d'évaluation de chacune de vos simulations. D'une part, cela vous aidera à réviser la matière de certains sujets au moment voulu. D'autre part, vous pourrez identifier les idées pertinentes d'un même sujet qui reviennent régulièrement d'un cas à l'autre.

Il est important de comprendre qu'il n'est pas nécessaire de faire de telles fiches pour tous les sujets rencontrés. Ce serait sûrement formateur et intéressant, mais cela consommerait beaucoup trop de temps. Vous devez évaluer si les avantages valent le temps investi et faire preuve de discernement dans la détermination du nombre de fiches à créer. Ce nombre peut varier avec le temps, compte tenu de vos objectifs d'apprentissage.

Voici trois exemples de fiches-info par sujet.

REFINANCEMENT D'UNE DETTE (REMBOURSEMENT)

Calcul : comparer le coût du refinancement à la valeur actualisée des économies futures (intérêts moindres)

   - à suggérer dans un contexte de restructuration.

Alternative : passer les frais en charges OU les capitaliser sur la durée de la nouvelle dette (ex.: sur la période des nouvelles conditions)

   - préférable de capitaliser si l'objectif est de maximiser le bénéfice net.

Fiscal : amortissement sur 5 ans, donc 20 % par année.

Etc.

Analyse de l'ensemble des cas

CONSTATATION DES PRODUITS (différentes méthodes)

Constatation à la livraison   la plus répandue

------>   produits constatés lorsque les marchandises sont livrées / services sont rendus

recouvrement des coûts   vente à tempérament

------>   report de la constatation des produits jusqu'à ce que le total des versements effectués par l'acheteur excède le coût des produits vendus

à l'encaissement   vente à tempérament / comptabilité de caisse

------>   produits constatés lorsque les sommes sont encaissées

achèvement des travaux   contrat à long terme

------>   produits constatés seulement à la fin du contrat

avancement des travaux   contrat à long terme

------>   produits constatés au prorata du degré d'avancement des travaux

------>   mesure courante du degré : coûts réels encourus à date / coûts totaux estimés

ACHAT DES ACTIFS	ACHAT DES ACTIONS
Inscription de chacun des actifs acquis dans les livres de l'acheteur.	Acheteur acquiert un placement qui exigera la consolidation des états financiers.
Acheteur peut acquérir seulement les actifs qui l'intéressent.	Pas besoin d'acheter 100 % des actions pour obtenir le contrôle.
Limite le risque d'acheter des passifs non inscrits.	Assume la responsabilité des passifs non inscrits (environnement, impôts, poursuite, etc.) sauf si mention explicite au contrat.
Augmente la valeur de base pour le calcul de la déduction pour amortissement; permet la considération des actifs incorporels tel le fonds commercial.	Fin d'exercice présumée, car changement de contrôle; pertes en capital perdues; pertes autres qu'en capital transférées si même secteur d'activités.
Acheteur préfère, car...	Vendeur préfère, car... , donc lui offrir un prix plus bas.
Etc.	Etc.

Comptabilisez vos succès!

- L'ordre des idées écrites n'est pas déterminé à l'avance puisqu'elles sont cumulées au fur et à mesure de la simulation des cas. Par exemple, on peut traiter d'un sujet sous l'angle de la comptabilisation avant celui de la gestion ou *vice versa*. Cela n'a pas d'importance.

POINT DE VUE

Je vous suggère de bien espacer les idées écrites dès le départ. Cela permettra le regroupement de celles qui portent sur un même aspect, telle la liste des passifs potentiellement non inscrits au bilan d'une entreprise convoitée. Les trois exemples ci-dessus (environnement, impôts, poursuite) peuvent provenir de trois cas différents. Évidemment, ce classement des idées est facilité pour ceux qui préparent leurs fiches à l'aide d'un traitement de texte.

- Il est normal que les idées écrites sur les fiches soient multidisciplinaires étant donné la nature même des cas. Le regroupement des idées par matière peut ainsi faciliter la préparation et la lecture de la fiche d'un sujet, telle la fiscalité lors de l'achat des actifs ou des actions.

- Autant que faire se peut, vous devriez souligner la situation où l'idée a été utile. Ainsi, il peut être approprié de discuter du refinancement des dettes dans un contexte de restructuration. Si chaque fiche comprend quelques exemples d'applications de l'idée, cela vous aidera à mieux saisir les situations pour lesquelles l'idée peut être avancée.

- Le nombre d'idées par fiche est variable et dépend des sujets concernés. Il n'y a évidemment pas de nombre minimal et maximal d'idées à écrire. Je ne prétends donc pas que les exemples de fiches ci-dessus soient complets. Vous pouvez certainement ajouter d'autres idées sur la fiche-info « constatation des produits ».

- L'approche comparative est fort utile pour divers sujets, tel l'achat des actifs ou des actions. Cela vous aidera éventuellement à mieux identifier les possibilités offertes dans la résolution d'un cas. Par exemple, il peut arriver que l'acheteur d'une entreprise n'envisage que l'achat des actions. L'adoption d'une structure comparative vous rappelle qu'il est possible de suggérer une alternative, soit celui de l'achat des actifs, en l'occurrence.

- Lors de la rédaction d'un cas, vous devez utiliser avec jugement la liste des idées par sujet. Il sera très rare, voire impossible, que toutes les idées d'une fiche fassent partie de la solution d'un même cas. Il ne serait certainement pas approprié de discuter des cinq méthodes de constatation des produits dès que la question comptable se pose. Vous devez donc déterminer si les idées sont pertinentes compte tenu de la demande, de l'importance du sujet et du rôle à jouer. Les fiches préparées vous fournissent, en quelque sorte, une source d'idées relativement complète – « *check list* » – pour y puiser ce dont vous avez besoin.

⊚   Les idées des fiches ci-dessus peuvent évidemment être écrites d'une manière plus télégraphique. Puisque celles-ci sont destinées à votre usage exclusif, vous pouvez adopter le style qui vous convient (titres, soulignement, couleur, flèches, colonnes, etc.).

⊚   Finalement, je vous suggère de mentionner entre parenthèses le cas d'où provient chaque idée (année, partie ou page). En ayant la référence de chacune des simulations où l'idée a été relevée, vous pourrez toujours y revenir pour des éclaircissements supplémentaires. Cela permet aussi de constater la fréquence d'utilisation d'une même idée.

Voici une liste non exhaustive d'autres sujets pour lesquels une fiche-info peut être préparée par le candidat.

AUTRES EXEMPLES DE FICHES-INFO PAR SUJET

→   indices du cas menant à la mise en doute de la continuité de l'exploitation;

→   droits de conversion;

→   frais de démarrage;

→   mission de vérification spéciale;

→   agencements et aménagements de terrain;

→   particularités d'une vérification diligente;

→   rémunération sous forme de salaires ou de dividendes;

→   liste d'arguments « pour » et « contre » une fusion (exemples d'argumentation par type d'enjeu stratégique);

→   idées concernant la formation ou le recrutement des ressources humaines;

→   types de rémunération des employés;

→   coûts fixes ou variables par paliers;

→   idées concernant le marketing ou la mise en marché;

→   analyse des écarts entre les prévisions du budget et les données réelles;

→   situation de fraude – conflits d'intérêts;

→   détermination de l'importance relative en vérification;

→   analyse de ratios (calcul et interprétation);

→   besoins des utilisateurs des états financiers;

→   évaluation d'un placement dans une entreprise;

Lorsque vous avez simulé un certain nombre de cas et que vous avez complété une bonne partie de vos fiches-info par sujet, il est alors temps de prendre du recul par rapport à celles-ci et d'en analyser le contenu. Deux aspects méritent votre attention :

1. Les fiches servent à réviser les sujets puisqu'elles rappellent l'ensemble des idées pertinentes publiées dans l'ensemble de vos simulations. Il faut bien comprendre que ces fiches ne sont pas nécessairement un résumé complet de la matière sur un sujet donné. Ainsi, si vous n'avez jamais été en présence d'un cas où la méthode du recouvrement des coûts était discutée, celle-ci ne figurera pas sur la fiche « constatation des produits ». Cela signifie que vous ne pouvez pas baser votre étude ou votre révision uniquement sur vos fiches-info par sujet.

Vous connaissez certainement de bons volumes de référence ou de bonnes notes de cours qui résument la matière des principaux sujets. Ils sont toujours utiles puisque les fiches par sujet ne les remplacent pas. Vous devez tout d'abord acquérir les connaissances requises, puis, par le biais de vos fiches, obtenir une vue d'ensemble des idées qui reviennent régulièrement dans les cas. Les deux exercices se complètent. Finalement, les fiches-info ne sont pas seulement une liste d'idées théoriques puisqu'elles vous permettent d'apprendre à intégrer les idées à un contexte donné.

POINT DE VUE

Certains candidats se servent tout de même de leurs fiches-info par sujet pour résumer l'essentiel de la matière. Après avoir simulé bon nombre de cas, ils complètent leurs fiches en y ajoutant des notions théoriques qui ne s'y trouvent pas. Comme celles-ci proviennent d'ouvrages pédagogiques et non des cas simulés, je vous suggère de changer la couleur ou la police du texte pour les distinguer du reste.

Compte tenu de ce qui précède, c'est une bonne idée de compléter vos fiches-info par sujet en y listant les concepts théoriques qui caractérisent le sujet en titre. Par exemple, en ce qui concerne la constatation des produits, on peut ressortir les éléments suivants : transfert des risques et avantages inhérents à la propriété; recouvrabilité; rapprochement des produits et des charges; estimation des retours; inscription des frais de garantie; etc. Une telle liste est une source d'idées.

2. Les fiches fournissent également des indications fort intéressantes quant à la diversité ou à la répétition des sujets ou des idées de l'ensemble des cas simulés jusqu'alors.

Voici, à titre d'exemple, ce que le candidat peut tirer de l'examen de l'ensemble de ses fiches-info par sujet.

- Une liste de sujets fréquemment abordés dans les cas, par exemple :
  - → gestion des liquidités;
  - → importance du bénéfice net pour une entreprise cotée à la bourse;
  - → considération des objectifs et besoins des divers intervenants dans l'élaboration des recommandations.

Analyse de l'ensemble des cas

260

- Une liste de sujets peu ou superficiellement abordés dans les cas, par exemple :
  - → analyse détaillée d'une stratégie de marketing;
  - → maintien du *statu quo*;
  - → tâches et responsabilités des membres du conseil d'administration.
- Une liste des sujets abordés plus fréquemment dans les récents cas.
- Une liste des sujets abordés moins fréquemment dans les récents cas.
- Une liste des sujets en vogue, tel que la « gouvernance d'entreprise ».

Il en est de même des idées proprement dites, puisque certaines d'entre elles peuvent revenir plus fréquemment que d'autres dans la discussion d'un même sujet.

Par exemple :

- critère de l'obtention des ressources financières nécessaires à la capitalisation des frais de développement;
- amélioration du système d'information de gestion dans le but de fournir une information plus utile à la prise de décision (par produit, par format, par situation géographique, etc.)
- référence à un *Code d'éthique* dans les questions de déontologie.

Créer divers tableaux

Bien sûr, on peut envisager de créer maints tableaux, au gré des besoins relevés au fil du temps. Cela est particulièrement conseillé dès que vous constatez avoir de la difficulté avec un sujet qui s'y prête. L'approche structurée et comparative est intéressante, car elle fournit une base différente pour la révision des connaissances.

Voici une liste non exhaustive des tableaux qui peuvent ainsi être préparés.

faiblesse des procédures de contrôle interne	recommandation

OU

lacune du contrôle	incidence	recommandation

Comptabilisez vos succès!

hypothèse utilisée dans un calcul	justification

question comptable / possibilités de traitement	liens avec le cas / recommandation

OU

question comptable	possibilités de traitement	liens avec le cas	recommandation

question comptable	procédé de vérification

comptabilisation d'une charge	déductibilité au fiscal

enjeu opérationnel	éléments d'argumentation

etc.	etc.

Analyse de l'ensemble des cas

La résolution de cas n'est pas un apprentissage qui se fait rapidement. Cela requiert du temps et, permettez-moi de vous le mentionner, de l'humilité. Les résultats satisfaisants se font souvent attendre et surviennent parfois tout juste avant un examen officiel. En conséquence, il faut y mettre des efforts, simuler régulièrement de nouveaux cas, être patient et ne pas se décourager par les résultats obtenus. Tout arrive à point à qui sait… persévérer!

L'analyse individuelle d'un cas ainsi que l'analyse globale de l'ensemble des simulations (énoncés des cas et solutions proposées) exigent un travail rigoureux, mais indispensable à l'amélioration. Afin de m'assurer que ce processus est bien compris, je me suis permise de résumer sous forme de tableau (voir page suivante) l'essentiel de mes propos concernant la préparation de fiches et de tableaux.

POINT DE VUE

J'entends presque le soupir de découragement que vous laissez échapper en constatant le nombre de fiches et de tableaux qui peuvent être préparés. Je suis consciente qu'il y en a beaucoup et que le travail que cela représente peut vous sembler énorme. Cela exige effectivement bon nombre d'heures d'analyse et de réflexion. Toutefois, je vous rappelle qu'il s'agit d'un travail qui s'échelonne sur plusieurs mois. Il commence lors des simulations des premiers cas à l'université et se poursuit jusqu'à la rédaction d'un examen professionnel. De plus, certains tableaux exigent peu de temps (ex.: achat des actifs ou des actions). Et, finalement, l'information se classe plus facilement lorsque les fiches et tableaux sont créés dans un fichier informatique.

De toute façon, il vous appartient de décider si vous désirez ou non préparer de telles fiches ou tableaux. Leur utilité varie selon les forces et les faiblesses particulières à chacun. Certains vont combiner, par exemple, la fiche « Informations sur un cas » et la fiche « Performance à un cas simulé »; d'autres vont combiner le contenu de deux tableaux suggérés ici en créant trois colonnes : « rôle principal », « attitudes dans la rédaction » et « axe central ». Finalement, certains sont naturellement conscients des « structures de réponse » et n'ont pas besoin de les établir par écrit. À chacun son style.

PRÉPARATION DE FICHES ET TABLEAUX

Section du volume	Fiche ou tableau	Objectifs
Notes personnelles sur le cas simulé	Informations sur un cas	– Résumer les caractéristiques particulières à chaque cas (travail à faire, rôle, objet, axe central, contexte, etc.).
	Performance à un cas simulé	– Synthétiser l'évaluation de la solution (notions à réviser, idées faciles oubliées, difficultés rencontrées, éléments non compris, etc.). – Évaluer la progression au fil du temps et fixer des objectifs d'apprentissage pour les prochaines simulations.
Analyse globale des énoncés	Lien entre le rôle principal et les attitudes en cours de rédaction	– Faire ressortir les références de base, les approches ou tout autre élément commun des cas faisant appel au même rôle principal.
	Lien entre le rôle à jouer et l'axe central de la demande	– Mettre en évidence l'axe central qui découle des paramètres du travail à faire. – Aider à mieux cibler la discussion, compte tenu du rôle à jouer, en demeurant à l'intérieur de la boîte du cas.
	Lien entre l'énoncé d'un cas et les idées pertinentes de la solution	– Déceler ce qui revient souvent (« Quand il y a..., il faut penser à (aux)... ») et peut servir lors de la prochaine simulation. – Déterminer plus rapidement l'impact de la demande ou des indices du cas sur la préparation d'une solution.
	Explications sur les différences relevées entre les cas	– Comprendre pourquoi telle idée de la solution proposée est pertinente et telle autre ne l'est pas, compte tenu de l'énoncé du cas.
Analyse globale des solutions proposées	Structures de réponse	– Déterminer plus rapidement la marche à suivre dans une situation donnée. – Établir une structure de développement des idées pour un contexte précis ou pour un type de problème ou enjeu donné.
	Comparaison entre les solutions proposées et les guides d'évaluation	– Faire ressortir les points communs (caractéristiques, éléments clés, règles de conduite) des diverses solutions proposées des cas simulés. – Cibler davantage ce qui est attendu de la rédaction d'un cas.
Fiches-info par sujet	Liste d'idées sur un même sujet (parfois dans un tableau)	– Permettre de réviser la matière de certains sujets au moment voulu. – Identifier les idées pertinentes d'un même sujet qui reviennent régulièrement d'un cas à l'autre.

264 En vous présentant ainsi toutes mes idées sur l'analyse globale des simulations, mon but est tout simplement de faciliter votre apprentissage des cas et non de vous faire perdre votre temps avec des exercices qui n'en finissent plus. C'est à vous de faire le tri, de juger quels sont vos besoins et d'évaluer les avantages et les inconvénients de chacun des outils mis à votre disposition. Il ne faut surtout pas vous décourager et déclarer forfait dès le premier « *round* ». Ces fiches et tableaux exigent des efforts de réflexion qui seront, croyez-moi, profitables.

Planifier des rencontres avec d'autres candidats

Il m'apparaît bénéfique de planifier des rencontres avec d'autres candidats qui ont un parcours semblable au vôtre afin de discuter des différentes fiches et tableaux préparés. Cette discussion peut se faire en équipe de deux à cinq personnes dans laquelle chacun peut améliorer et compléter ses propres analyses en échangeant avec les autres.

Les rencontres de groupe favorisent le partage d'idées.

Il est souvent révélateur de comparer sa fiche « Informations sur un cas », par exemple, à celles d'autres candidats. Le fait de connaître la perception qu'a une autre personne du même cas permet la confirmation ou l'ajout d'éléments à vos observations personnelles. Ainsi, un confrère peut avoir noté le fait que le guide d'évaluation ignore totalement un sujet plus secondaire. Cela peut également vous permettre de répondre à l'item « Éléments que je ne comprends pas dans la solution proposée ou dans le guide d'évaluation ».

POINT DE VUE

Je vous suggère d'étaler ces rencontres dans le temps en tenant compte de l'évolution de votre apprentissage des cas et de la teneur des fiches et tableaux préparés. Ainsi, l'analyse individuelle d'un cas peut faire l'objet d'une discussion de groupe très tôt dans le processus, le lendemain d'une simulation par exemple. Par contre, les fiches ou tableaux issus de l'analyse globale des énoncés apparaissent plus tard, puisqu'il faut avoir simulé quelques cas auparavant.

Finalement, la discussion sur les fiches ou tableaux élaborés lors de l'analyse globale des solutions proposées (et des guides d'évaluation) ou sur les fiches-info par sujet sera plus avantageuse à l'approche d'un examen officiel. Ces derniers documents résultent en effet d'un processus d'analyse basé sur plusieurs cas et leur préparation requiert une bonne expérience en simulation.

Il est certainement très tentant de se simplifier la vie en photocopiant les fiches et les tableaux des autres candidats. Vous ne serez certainement pas surpris d'apprendre que je ne suis pas d'accord avec ce moyen rapide d'obtenir l'information recherchée. À mon avis, vous devez amasser vos notes et construire vous-même fiches et tableaux si vous désirez en retirer pleinement les bénéfices. Tout cela résulte, avant tout, d'un effort d'analyse individuel et d'un processus de réflexion qui sont indispensables à l'amélioration de votre performance. Certes, il peut être intéressant, à une étape donnée, de comparer son propre matériel à celui d'un autre pour compléter ses connaissances. Cet exercice demande qu'on ait d'abord fait un minimum d'effort individuel et doit avoir lieu assez tard dans le processus d'apprentissage des cas.

La mise en garde précédente m'apparaît d'autant plus importante lorsqu'il s'agit d'éléments qui ne s'appliquent qu'à vous et à vous seul. La liste des points À AMÉLIORER et les fiches-info par sujet en sont des exemples. Leur contenu est adapté aux besoins de l'auteur et sera donc particulièrement bénéfique s'il fait ressortir ses forces et ses faiblesses. Il est certes plus rapide d'obtenir des fiches toutes faites, mais elles ne correspondront pas nécessairement – ni parfaitement – à vos besoins. D'ailleurs, le degré de rétention du contenu sera moindre si le candidat ne l'a pas bâti lui-même.

> **Il faut tout d'abord faire le travail individuellement**
> **avant de planifier une rencontre d'équipe.**

Compte tenu des propos précédents, vous comprendrez pourquoi je ne fourni pas davantage de fiches ou de tableaux tout faits dans le présent volume. En effet, je me suis constamment gardée de vous donner des références directes à des cas d'examens professionnels. Certes, quantité d'exemples illustrent mes propos, mais ils servent de guide pour votre démarche, qui demeure fondamentalement individuelle. Ils ne la remplacent pas.

Conserver précieusement fiches et tableaux

Les nombreuses fiches et tableaux que vous préparez sont d'excellents éléments de référence, régulièrement mis à jour, lus et relus. Ces outils d'apprentissage servent à vous rappeler quels sont les éléments essentiels à retenir de vos simulations de cas. Je ne peux trop insister sur le fait que le cartable ou le fichier informatique comprenant l'ensemble des analyses est très important. C'est votre actif le plus précieux... à conserver sous votre oreiller!

Toutes ces fiches et tableaux ainsi amassés avec le temps sont particulièrement utiles dans la période qui précède un examen officiel. Les fiches sur l'analyse globale des énoncés du cas et des solutions proposées, par exemple, sont d'ailleurs bien souvent les derniers documents que vous lirez juste avant de vous présenter à un examen. Ils offrent un portrait clair et succinct des caractéristiques et des implications de l'ensemble des situations étudiées. Ils rafraîchiront rapidement votre mémoire.

Conclusion

En guise de conclusion à ce volume, je vous présente une série de questions qui me sont souvent posées par des candidats se dirigeant vers un examen professionnel. Vous allez peut-être vous reconnaître! Je vous résume la réponse que je fournis normalement à ces questions, mais vous êtes en mesure de constater qu'il est vraiment difficile de répondre à certaines d'entre elles.

Sylvie, j'ai vraiment essayé, mais je ne suis pas capable de rédiger à l'encre... et cela m'énerve, car l'examen est dans deux semaines!

    ❧ Laisse tomber... Si près de l'examen, il y a sûrement des choses plus importantes à parfaire. Tu fais partie des rares exceptions qui écrivent leur examen professionnel au crayon à mine. Ce seul facteur ne t'empêchera pas de réussir.

Je ne sais pas quoi faire, car je ne peux pas m'empêcher de donner des idées de fiscalité sur tous les sujets qui sont traités dans un cas.

    ❧ Il faut s'en tenir au travail à faire et demeurer dans la « boîte » du cas. Si on ne demande pas de traiter de fiscalité, rien à faire! Quoi que tu dises, quoi que tu fasses, cela ne sera pas retenu dans l'évaluation de la solution.

    ❧ Tu dois trouver un truc pour éviter cela : une grosse pancarte, de petits papiers jaunes collés un peu partout! Le meilleur moyen est de t'obliger à relire l'Objet du cas aussitôt que des idées de fiscalité te viennent en tête.

J'ai beaucoup de difficulté à trouver les procédés de vérification. En fait, j'en trouve, mais ce ne sont jamais ceux de la solution proposée!

    ❧ Il faut habituellement que le procédé soit lié à la question comptable afin de permettre au vérificateur de mieux appuyer sa recommandation. Par exemple, on se demande si les produits doivent être constatés cette année ou l'an prochain. Le procédé approprié sera de lire dans le contrat quand les services seront rendus. Le fait de retracer le dépôt est certes un procédé acceptable, mais non relié à l'élément clé de la comptabilisation – à savoir quand constater les produits. Il a donc peu de chance d'être considéré comme pertinent.

    ❧ Remplir la phrase suivante est un truc qui peut t'aider : « s'assurer de... en... » (ex.: s'assurer de l'existence du stock en faisant ouvrir certains barils ». Rappelle-toi, toutefois, que le premier « ... » concerne l'objectif du procédé et que le deuxième « ... » est le procédé lui-même.

    ❧ Dans ces situations, penser aux assertions est un bon truc. L'existence, l'intégralité et la valeur sont fréquemment au cœur de la discussion.

- Il faut examiner les cas de ce genre une fois qu'ils ont été simulés et faire ressortir les points communs : autorisation, responsabilités, limites, séparation de tâches, formation, documentation, période des vacances, etc. Cela donnera au moins un cadre de référence pour faciliter la génération d'idées à la simulation suivante.

- Il faut toujours bien intégrer au cas les réponses aux questions « Qui? », « Quoi? ».

- La discussion doit mener aux procédures à implanter (ex.: apposer un tampon « payé » sur les factures). Il ne faut pas seulement en donner l'objectif (ex.: s'assurer de ne pas payer la même facture deux fois).

Je me répète beaucoup. J'ai de bonnes idées mais comme je les dis deux ou trois fois, mes résultats demeurent faibles.

- Il faut prendre un peu plus de temps avant d'écrire et t'assurer d'émettre l'idée précise et complète la première fois.

- Tu dois mettre des titres et sous-titres précis qui sépareront bien les sujets. Les idées se rapportant à un même problème ou enjeu doivent se retrouver sous la même rubrique. Si tu penses à une idée sur un sujet précédemment traité, il faut revenir en arrière et l'ajouter au bon endroit. De cette façon, tu éviteras plus facilement les répétitions.

Je n'écris que les idées complexes ou difficiles.

- Il faut rédiger la solution comme si elle s'adressait à un exécutant qui a terminé une année d'études universitaires. Cela t'aidera à mieux définir le niveau d'explications nécessaire. Tu ne t'adresses certes pas à un expert qui en connaît autant ou davantage que toi.

Pas facile avec la fiscalité, je l'oublie ou je ne sais pas comment écrire mes idées.

- En fiscalité, il faut identifier « quand » l'élément discuté sera imposable ou déductible.

- Si cela fait partie de la demande, il est clair que le guide d'évaluation en tiendra compte. Il ne faut donc pas négliger volontairement un sujet demandé.

- Truc à retenir (sans en abuser!) quand on ne connaît absolument pas la règle fiscale : écrire au moins « fisc. : idem comptable ».

Souvent, je ne sais pas quoi écrire. Je manque constamment d'idées.

- Il faut penser à faire une liste d'idées susceptibles d'être pertinentes pour un problème ou enjeu donné. C'est dans ces situations que la préparation de fiches-info par sujet est particulièrement utile.

- De plus, le fait de se référer aux concepts de base, tels les principes et postulats comptables, peut donner des idées. Le principe du rapprochement des produits et des charges et le principe de réalisation sont souvent appelés à la rescousse.

- Finalement, rappelle-toi ces trois questions : « Pourquoi? », « Quel est l'impact? » « Comment? » et n'oublie pas ces deux conjonctions fort utiles : « CAR » et « DONC ».

L'indicateur « mesure de la performance et information » est celui avec lequel je me sens le moins à l'aise. As-tu un truc pour moi?

- Tu peux ressortir tous les cas publiés depuis trois ans dont le guide d'évaluation contient cet indicateur. Après avoir fait imprimer cette partie de chacun des cas, place-les l'une à la suite de l'autre, tous cas confondus. Ensuite, essaie d'en dégager les similitudes, les différences, les termes utilisés dans chacun des critères, les éléments indispensables pour passer d'un niveau à l'autre, etc.

J'ai de la difficulté à dire s'il s'agit d'un enjeu stratégique ou opérationnel. Je me trompe souvent.

- Avec la pratique, il sera de plus en plus facile de faire une telle distinction. Les enjeux stratégiques sont des options ou des décisions importantes pour l'entreprise. Ils surviennent à un moment où l'environnement externe (marché, cycle de vie des produits, concurrence, etc.) change. Les enjeux opérationnels concernent plutôt le fonctionnement interne; l'exploitation courante.

- À retenir : un enjeu stratégique est une action à entreprendre et commence donc par un verbe à l'infinitif. De plus, l'analyse qualitative s'exprime sous la forme d'avantages et d'inconvénients pour l'entreprise.

Et, pour terminer ce volume…

Je vous souhaite tout simplement d'apprécier vos simulations de cas!

Conclusion

Imprimé sur du papier SILVA 100M,
contenant 100% de fibres recyclées postconsommation,
certifié Éco-Logo, Procédé sans chlore, FSC Recyclé
et fabriqué à partir d'énergie biogaz.